Neue Lenkdrachen und Einleiner bauen und fliegen

Wolfgang Schimmelpfennig

Neue Lenkdrachen und Einleiner bauen und fliegen

FALKEN

Inhalt

Einleitung

Nach wie vor ist der Drachenboom ungebrochen. Die Zahl der Drachenfreunde steigt, und eine kaum überschaubare Anzahl von Drachenläden wirbt mit immer perfekteren Drachen aus dem Ein- und Mehrleinerbereich. Es scheint einiges nachzuholen zu sein. Größer, schneller und wendiger heißt die Devise, und findige Drachenbauer konstruieren im Sog des Drachenbooms, was das Zeug hergibt.
Neueinsteigern wird es leicht gemacht: reiß- und wasserfeste Segelmaterialien und superleichte Gerüststäbe mit einer enormen Bruchlast sind auf dem Markt und werden immer preiswerter. Schnell sind die ersten einfachen Drachen gebaut, und die Suche nach geeigneten Bauplänen für schwierigere Drachen beginnt. Wer keinen Drachenladen in der Nähe hat, besorgt sich das Material beim Segelmacher oder im Hobbymarkt.
Meist erfolgt der Einstieg über die Lenkdrachen, welche mit ihren wahrhaft tollkühnen Manövern die Aufmerksamkeit der Zuschauer auf sich lenken. Erst später entdeckt so mancher Drachenbauer die Freude am selbstgebauten Einleiner, der wie angenagelt am Himmel steht. Diese Drachen imponieren weniger durch Geschwindigkeit und aufsehenerregende Sturzflüge als durch ihre ästhetische Gestalt. Drachenkünstler spielen mit Formen und Farben und lassen in eigener Werkstatt phantastische Drachen entstehen.
Das vorliegende Buch gibt hierfür Ratschläge und Anregungen. Neue, moderne Baumaterialien werden in ihrer Vielfalt vorgestellt und Hinweise für deren Verarbeitung werden gegeben. Aus einer Vielzahl von gezeigten Nähtechniken kann die geeignete ausgewählt und auf den jeweiligen Drachen angewandt werden.
Die vorgestellten Lenkdrachen repräsentieren eine große Bandbreite. Schnell, präzise oder mit starker Zugkraft: Für jeden Geschmack findet sich der passende Drachen. Jedoch sollten bei der Wahl des geeigneten Drachens die eigenen Fähigkeiten berücksichtigt werden.
Bei der Konstruktion wurde auf möglichst geringe Geräuschentwicklung geachtet, um unnötige Lärmbelästigungen zu vermeiden. Die Einleiner zeigen eine Reihe von neuen konstruktiven Elementen und sind eine interessante Bereicherung des Drachensports.
An dieser Stelle möchte ich allen danken, die bei der Herstellung des Buches geholfen haben. Insbesondere gilt mein Dank Peter Morgenbrodt, der mit viel Engagement hervorragende Schritt-für-Schritt-Zeichnungen schuf.

Drachen im Wandel der Zeit

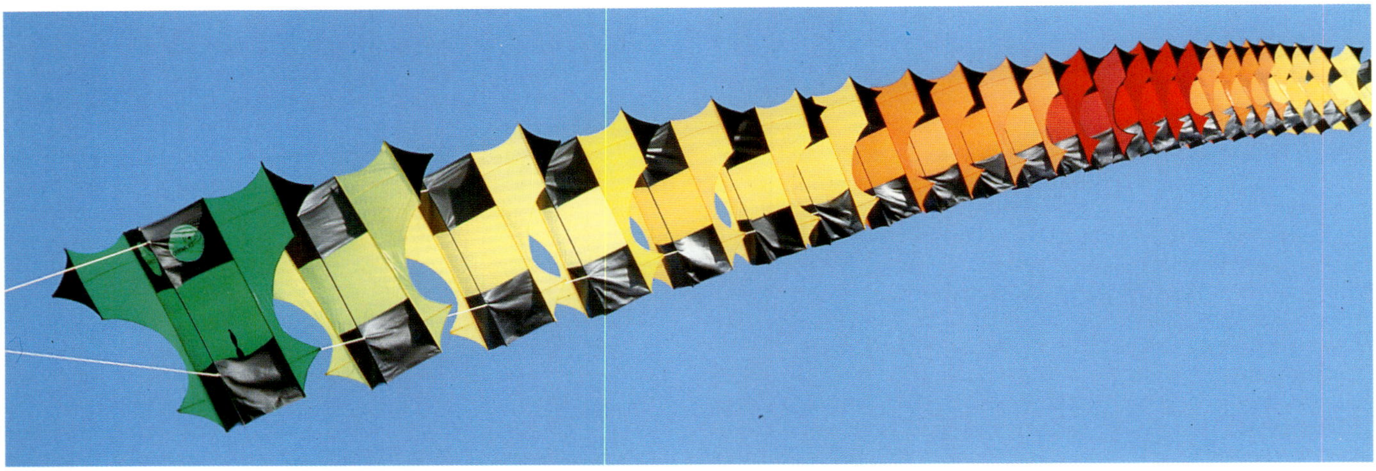

Diese Cody/Conynedrachenkette erhebt sich zu einem eindrucksvollen Flug am blauen Himmel

Drachen wurden schon vor über 2000 Jahren geflogen. Damals wie heute sind Akteure und Zuschauer von ihrem Spiel mit dem Wind hingerissen. Manche Drachen scheinen durch raffinierte aerodynamische Eigenschaften der Schwerkraft ein Schnippchen zu schlagen, andere ziehen durch zauberhafte Gestaltung, Kunstwerken gleich, die Blicke in ihren Bann.

Die Technik des Drachenbaus hat sich dabei immer wieder verändert und mit der Entwicklung neuer Materialien stets verbessert. Gegen Ende des 19. Jahrhunderts erlebte der Drachenbau eine Renaissance. Berühmte amerikanische Konstrukteure, wie Samuel Franklin Cody, William A. Eddy und Alexander Graham Bell, schufen Drachen, die bis heute nichts von ihrer Popularität verloren haben. Der in England geborene Lawrence Hargrave entwickelte damals seinen Kastendrachen, welcher später die konstruktive Grundlage für den bemannten Motorflug werden sollte. Nach Beendigung des Zweiten Weltkrieges waren es wieder amerikanische Erfinder, die revolutionäre Drachen konstruierten. Francis Rogallo erfand 1948 einen Drachen, der mit zwei flexiblen Tragflächen und mit Steuerleinen ausgerüstet war. Dieser Drachentyp war so erfolgreich, daß er in der Raumfahrtindustrie eingesetzt wurde. Später wurden auf der Basis dieses halbflexiblen Drachens die Hanggleiter entwickelt.

1963 erfand Domina C. Jalbert die ohne Verstrebungen fliegende Parafolie. Dieser Drachentyp wird ausschließlich aus Spinnakernylon zusammengenäht. Sein Flugverhalten ist so effektiv, daß noch heute viele Hersteller von Fallschirmen, Gleitschirmen und Drachen von dieser Erfindung profitieren.

1977 machte der Engländer Peter Powell eine erstaunliche Erfindung. Mittels zweier Steuerleinen ließ er einen rautenförmigen Drachen wahre Kunstflüge durchführen. Mehrere solcher Stunter, aneinandergereiht und mit 20 m langen Schlauchschwänzen versehen, ergeben ein eindrucksvolles Bild am Himmel. Wenig später, 1978, erfand der Amerikaner Steve Edeiken einen neuen Drachen-

Für den erfolgreichen Start eines Großdrachens ist ein erfahrenes Team notwendig

Lenkdrachenfliegen im Team findet besonders viele Anhänger unter den Drachenfreunden

typ, den Rainbow Stunter. Wie sein Vorgänger hatte der Drachen noch eine Rautenform, war aber durch seine flexibleren Flügel besser manövrierbar und ließ sich auch präziser lenken.
Zu Beginn der achtziger Jahre beschäftigte sich dann eine Reihe von Insidern mit dem sportlich-kreativen Drachenbau. Zunächst wurden Delta- und Eddydrachen aus Holz und Bambus gebaut. Erste Drachenläden eröffneten und versorgten die Drachenbauer mit modernem Material wie Spinnakernylon und glasfaserverstärktem Kunststoff (GFK). Wichtigster Ratgeber war der Engländer David Pelham, der mit seinem Buch »Drachen« und den darin vorgestellten Drachenbauanleitungen bereits 1977 einen Meilenstein setzte.
Während viele Drachenbauer ausschließlich sogenannte Einleiner schufen, nahm die Schar der Lenkdrachenspezialisten immer weiter zu. Der amerikanische Lenkdrachentyp Skynasaur kam 1979 auf den Markt und ist bis heute populär. Die kleinen Hyperkite-Drachen folgten wenig später und ließen sich zu wahren Riesenketten, bestehend aus bis zu 180 Einzeldrachen, formieren.
Mit der Erfindung des Action Kite begann 1982 die Karriere des in Kalifornien lebenden Don Tabor. Dieser nach dem rogalloschen Prinzip der halbflexiblen Tragflächen konstruierte Lenkdrachen mit Gerüststäben aus Graphit wurde Grundlage vieler weiterer Lenkdrachenkonstruktionen. In den folgenden Jahren entwickelte Tabor so erfolgreiche Lenkdrachen wie den Avenger und den ebenso bekannten Hawaiian.
Die Einleinerkonstrukteure waren indessen auch nicht untätig. Die professionellen Drachenspezialisten Peter Waldron, George Peters, Martin Lester und Peter Lynn, um nur einige zu nennen, leisteten Beachtliches. Ihre Drachen, Prof. Waldof Box, Twin Tail Dragon, Shark und die legendäre Tri-D-Box sind heute noch weltbekannte Markenzeichen ihrer Erfinder.
Die Drachen anderer Konstrukteure wurden hingegen immer größer. So entstanden bis zu 90 m^2 große Parafoils und Codys mit einer Spannweite von 10 m. Deltas, Flares und Kastendrachen wuchsen gegen Mitte der achtziger Jahre in atemberaubende Dimensionen. Das Gestänge dieser Drachen wurde zunächst aus Holz oder Bambus gefertigt. Später ergänzten dann glasfaserverstärkter Kunststoff sowie Carbonrohr die Palette der Baumaterialien. Großdrachen haben im allgemeinen den Nachteil des schwierigen Transports. Doch damit nicht genug. Allein für den Auf- und Abbau werden schon einige Leute benötigt. Start und Landung können zu einem Alptraum werden, wenn die Crew unerfahren ist: Schnell geht etwas zu Bruch oder Personen können verletzt werden. Es bedarf mindestens eines erfahrenen Drachenpiloten, auf dessen Kommando die ganze Crew hört. Die Gefahr, die von einem abhebenden Großdrachen ausgeht, ist nicht zu unterschätzen. Im schlimmsten Fall können sogar Personen mit in die Höhe gezogen werden. Deshalb ist Vorsicht geboten: Es sind schon viele Unfälle passiert.
Inzwischen machte ein weiterer Lenkdrachen Furore (1992). Seine Erfinder, die Engländer Ray Merry und Andrew Jones, nannten den tragflächenähnlichen Drachen Flexifoil.

Der Drachenboom: Lenkdrachen und Einleiner

Gegen Ende der achtziger Jahre begann in Deutschland und Europa ein richtiggehender Lenkdrachenboom. Eine unüberschaubare Menge neuer Lenkdrachen nach dem rogalloschen Prinzip erschien auf dem Markt. Flogen die Drachen anfangs noch mit erheblichen Knattergeräuschen, so kamen später immer mehr leise Drachen in den Handel. Die neuen Drachen fliegen präzise und lassen sich auf Meisterschaften nach komplizierten Figuren fliegen.
Inzwischen bauen die Einleinerspezialisten wieder Drachen in der handlichen Größenordnung zwischen zwei und fünf Metern. Ihre Drachen zeichnen sich durch aufwendige, kunstvolle Applikationen und Gestänge aus Carbon aus. Stablose Lenkdrachen, wie der Paraflex, und einleinige Softkites werden immer mehr geflogen. Ihre Vorteile - leichter Transport und gefahrloser Flug - liegen auf der Hand. Diese Drachen sind zudem in einem weiten Bereich von Windgeschwindigkeiten einsetzbar. Nach dem Motto »Vom Lenkdrachen zum Einleiner« überlegt sich jetzt so mancher Lenkdrachenspezialist, einen Einleiner zu bauen und zu fliegen.

Drachenbauer scheuen keinen Aufwand bei wunderschönen Designs

Peter Lynns Kugelfisch ist eine Attraktion auf vielen Drachenfesten

Drachen kreativ gestalten

Auf den verschiedenen Drachenfesten fallen immer wieder einzelne Drachen durch eine besonders gelungene Komposition von Form und Farbe auf. Es sind Kunstschaffende verschiedenster Couleur, die mit diesen fliegenden Objekten den Zuschauer dazu anregen, auch selbst einmal einen Drachen zu entwerfen, um dabei den Geheimnissen von Form und Farbe auf die Spur zu kommen. Meist kommt die Erkenntnis sehr schnell, daß man durch die Anwendung erlernbarer Techniken selbst in der Lage ist, seine Ideen und Überlegungen bei der Konstruktion eines Drachens umzusetzen.

Die unten abgebildeten Drachen des Hawaiianers Donald Collado, Bird Of Paradise und Pink Pineapple, lassen eine harmonische Farb- und Formwahl erkennen. Collados Arbeiten bieten einen faszinierenden Einblick in die Vielfältigkeit kreativen Drachendesigns.

Auf den folgenden Seiten sollen einige Anregungen zum Bau künstlerisch anspruchsvoller Drachen gegeben werden. Wichtigste Voraussetzung für die Konstruktion neuer Drachen ist die Kreativität des Drachenbauers. Sie besteht in der Fähigkeit, ein unverwechselbares Original zu schaffen. Dabei kommt es darauf an, durch imaginäres Geschick Ideen und Vorstellungen in Farben, Muster und Formen zu übertragen. Das Endprodukt kreativen Handelns bezeichnet man dann als Komposition. Sie ergibt sich aus dem Mischen, Verbinden oder Arrangieren von Farben, Formen und Gebilden in möglichst ästhetischen Proportionen. Aus dem Übertragen von Strukturen und Symmetrien in eine imaginäre Idee entsteht so durch Kreativität und konstruktive Arbeit ein visuelles Produkt mit einem ganz spezifischen Design.

Lange bevor mit Papier und Bleistift eine Zeichnung oder ein Entwurf für ein neues Drachenmodell entsteht, reifen im Kopf bereits die Ideen heran. Dabei spielen Emotionen und Inspirationen eine wesentliche Rolle. Wichtige Eindrücke können beim Lesen von Magazinen, Prospekten oder ähnlichem aufgenommen werden. Auch bei Gesprächen und Begegnungen mit anderen Leuten werden Ideen geweckt, die es nun ausnahmslos zu sammeln gilt. Jeder Entwurf besteht aus verschiedenen kleinen Schritten, die aber nie in einer bestimmten Reihenfolge gegangen werden. Deshalb ist es wichtig, sich alle Gedanken über Farbe und Form nicht entgehen zu lassen und sich Notizen anzufertigen. Es gibt erfolgreiche Drachenbauer, die nie ohne ein Notizbuch unterwegs sind. Skizzieren Sie grundsätzlich alles, was einmal für das Design Ihres Drachens wichtig werden könnte. Dabei ist es egal, ob das Notierte später auch tatsächlich Anwendung findet. Manchmal dauert es Jahre, bis auf bestimmte Aufzeichnungen zurückgegriffen wird.

Bevor nun mit dem eigentlichen Entwurf des Drachens begonnen wird, müssen noch einige grundsätzliche Fragen beantwortet werden. Bedenken Sie

1. den zu erzielenden Effekt. Welche Reaktionen sollen beim Betrachter hervorgerufen werden? Soll es zum Beispiel ein Drachen sein, der bei Nacht geflogen wird? Soll der Drachen durch eine aggressive Farbwahl bestechen oder soll er ein eher unauffälliges Design erhalten?

2. die Form des Drachens: quadratisch, rechteckig oder kubisch. Oft hängt die Form des Drachens mit dem gewählten Motiv zusammen, zum Beispiel bei Drachenketten.

3. den vorhandenen Platz auf dem Drachensegel. So eignen sich mit Kielen ausgestattete Parafolien nur bedingt für die Unterbringung von komplexen Zeichnungen.
4. die Größe des Drachens. Hier muß immer der Transport mitbedacht werden. Aber auch die geplante bildliche Darstellung entscheidet mitunter über die Größe des Segels. Viele Motive sind einfach nicht mehr erkennbar, wenn der Drachen in einer gewissen Entfernung am Himmel schwebt. Für umfangreichere Motive werden deshalb Drachen mit Abmessungen um die vier Meter empfohlen.
5. die Kosten. Nicht immer sind große Drachen auch preiswert herzustellen. Ein solches Fluggerät kann leicht einige Quadratmeter Spinnakernylon verschlingen. Berücksichtigen Sie immer den Verschnitt und die Tatsache, daß Sie für einen größeren Drachen auch eine entsprechende Menge an teuren Carbonstäben benötigen.
6. das Material. Spinnakernylon kann von unterschiedlicher Beschaffenheit sein. Die wichtigsten Faktoren sind dabei Gewicht und Dehnbarkeit. Parafolien erfordern elastisches Material, während Lenkdrachensegel aus sehr festem Nylon gefertigt werden müssen. Das Gestänge muß nicht unbedingt aus Carbonstäben bestehen. Oft reichen auch Holzstäbe aus. Selbst komplizierte Drachenkonstruktionen können mit Holz durchgeführt werden. Der unten abgebildete Kastendrachen des Bremer Drachenkünstlers Peter Malinski hat ein Holzgestänge. Für ihn ist es kein Problem, schnell mal einen gebrochenen Holzstab auszutauschen.
7. die Näharbeit. Nicht immer kann das gewünschte Design auch nähtechnisch umgesetzt werden. Da nicht jeder Drachenbauer ein perfekter Schneider sein kann, sind der Segelherstellung oft enge Grenzen gesetzt. Versuchen Sie also, Ihr Können realistisch einzuschätzen. Bei eventuell auftretenden Fragen geben Ihnen die Fachleute aus den Drachengeschäften sicher bereitwillig Auskunft.
8. die zur Verfügung stehende Freizeit. Manche Motive sind derart aufwendig, daß die Fertigstellung mehrere Monate in Anspruch nimmt. Wenn der Drachenbau als Hobby betrieben werden soll, muß die aufgewendete Zeit in einem vertretbaren Verhältnis zu den übrigen Aktivitäten stehen. Umfangreichere Arbeiten können erst mit zunehmender Erfahrung, vor allem an der Nähmaschine, bewältigt werden.

Farben

Die Welt der Farben ist unendlich vielfältig. Unser Auge kann über 10 000 verschiedene Farbeindrücke wahrnehmen. Natürlich ist die Farbauswahl beim Spinnakernylon lange nicht so groß. Dennoch sollte man sich grundsätzlich vor der Auswahl der Farben über deren Abstimmung und über deren Wirkung Gedanken machen.
Im Lauf der Geschichte haben viele Gelehrte Theorien über das Zusammenstellen von verschiedenen Farben geäußert. Bereits Goethe erkannte die Zusammenhänge zwischen harmonisierenden Farben und schuf mit dem Farbkreis ein bis heute wichtiges Handwerkszeug für den Künstler. Man sollte diese Gesetzmäßigkeiten aber nicht als Dogmen auffassen. Sagte man früher noch, grün und blau paßten nicht zusammen, so ist diese Auffassung heute längst überholt.
Trainieren Sie Ihren Umgang mit Farben, indem Sie mit Hilfe kleiner Papierschnipsel die verschiedenartigen Kombinationen herstellen. Sie können sich dabei am abgebildeten Farbkreis orientieren. Die Farben, die sich im Kreis gegenüberliegen, werden als Komplementärfarben bezeichnet. Sie bilden einen starken Kontrast, stehen aber dennoch in einem harmonischen Verhältnis zueinander. Mischt man die Komplementärfarben untereinander, so erhält man eine unbunte Farbe wie Weiß, Grau oder Schwarz. Aber nicht nur die Farben, die sich im Farbkreis als Gegensätze darstellen, ergeben bei Vermischung eine unbunte

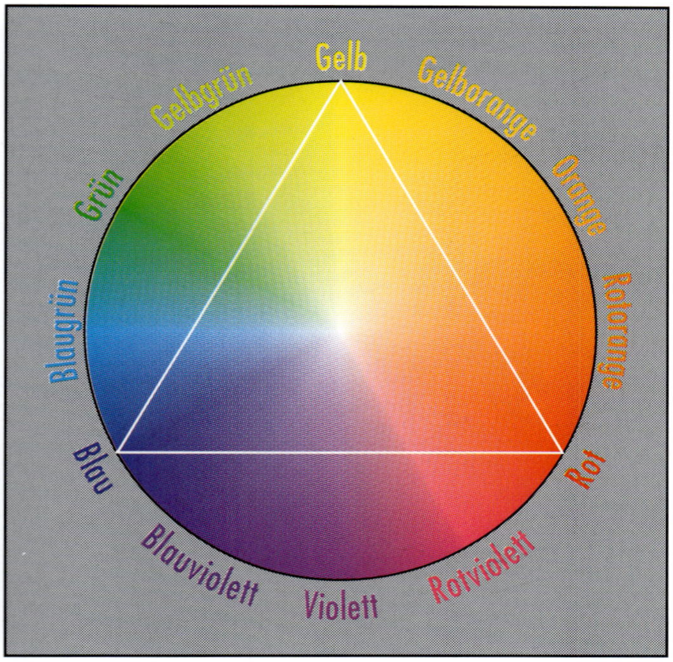

Farbe, sondern auch drei (siehe Seite 9), vier oder mehrere Farben, die im Farbkreis gleich weit voneinander entfernt sind. Entsprechend gelten nicht nur die Komplementärfarben untereinander als harmonisch, sondern auch Zusammenstellungen von drei, vier oder mehr Farben, die im Farbkreis den gleichen Abstand zueinander haben. Diese Art der Farbkombination kann man auch erweitern, indem man die benachbarten Töne komplementärer Farben verwendet. Wie diese Farbtöne miteinander harmonieren, kann man an den unten abgebildeten Drachen erkennen.

Die Wirkung der Farbe

Auf den ersten Blick haben Farben und Funktionen nichts miteinander zu tun. Doch jeder weiß, daß ein rotes Auto rascher wahrgenommen wird als ein weißes. Die Hersteller von Warn- und Hinweisschildern berücksichtigen diese Erkenntnisse schon lange bei der Gestaltung ihrer Produkte. Entsprechend sollte man auch bei der Farbwahl für ein Drachensegel beachten, daß die Farben bestimmte Wirkungen entfalten. Diese Wirkungen können sowohl physiologischer als auch psychologischer Natur sein. Im allgemeinen werden den verschiedenen Farbtönen folgende Eigenschaften zugeordnet:

Gelb: Bewegung, belebt, wirkt anregend, erheiternd;
Orange: aktiviert und wirkt belebend, sauer, schrill, herbstlich, organischer Besitz;
Rot: Geschwindigkeit, .Begeisterung, Lautstärke, Hitze, erregt sehr stark;
Violett: macht passiv und beruhigt, wirkt tief und dunkel;
Blau: Konzentration;
Grün: Frische, wirkt ausgleichend und stark beruhigend.

Schwarz und Weiß werden nicht als Farben im engeren Sinne aufgefaßt. Dennoch gilt Weiß als Ausdruck von Reinheit und Klarheit und Schwarz als kraftvoll, düster und schwer.

Farbe und Form

Farben können Gegenstände scheinbar vergrößern oder verkleinern, erleichtern oder erschweren, hervorheben oder zurücksetzen. Beim Gestalten sollte man diese Farbeigenschaften mit berücksichtigen. Schon allein um unerwünschte Nebeneffekte auszuschließen, sollten Farben bewußt eingesetzt werden.
Im Allgemeinen gilt, daß hellere Formen auf einer Fläche in den Vordergrund drängen. Dunklere Flächen dagegen scheinen weiter im Hintergrund zu liegen. Bei räumlichen Darstellungen gilt dagegen genau die umgekehrte Regel: Dunkle Flächen schieben sich nach vorn, also zum Betrachter hin, während helle Flächen entfernter erscheinen.
Der russische Künstler Wassily Kandinsky (1866-1944) ordnet den Formen außerdem einen inneren Klang zu: Formen können demnach die Wirkung der Farbe unterstreichen oder abschwächen. Wird Gelb im Dreieck, Grün im Quadrat oder Blau im Kreis angeordnet, so verstärkt sich deren Wirkung. Bestimmte Farben, wie Gelb, Grün oder Orange, bringen ihre Wirkung demnach stärker in spitzen Formen zum Ausdruck. Andere Farben, wie Blau oder Braun, werden eher durch runde Formen in ihrer Wirkung unterstützt.
Die Brüder Romeo und Donald Collado zeigen in ihren Arbeiten Verständnis für die Wirkung der Farben im Bezug auf die Raumtiefe. Ihr Bird Of Paradise (siehe Seite 8) präsentiert die hellen Segelboote eindeutig im Vordergrund, während der dunkle Himmel scheinbar nach hinten rückt.

Formgestaltung

Durch Formbildung und Formgebung wird das Aussehen der Dinge bestimmt. Die einfachste Form bei der Gestaltung eines Bildes ist der Punkt. Bei aller Einfachheit hat er doch eine wichtige Bedeutung. Er lenkt den Blick auf eine bestimmte Stelle Ihres

Drachensegels. Aneinandergereihte Punkte ergeben eine Linie, die wiederum auf etwas hinweisen kann (A). Man unterscheidet konstruierte und freie Linien. Während die konstruierten Linien einem Plan folgen (B), werden die freien Linien freihändig geführt (C). Ihnen liegt ein lebendiger Rhythmus zugrunde. Bedenken Sie beim Konstruieren von Linien, daß dünne Linien länger wirken als dicke und umgekehrt (D).
Man unterscheidet drei Grundformen von Linien: Die gerade Linie wirkt starr und statisch. Geknickte Linien dagegen erscheinen hart und unnachgiebig (E). Gebogene Linien werden als weich und freundlich empfunden (F).
Wichtig bei der Linienführung ist der Richtungsverlauf. Auch hier kristallisieren sich drei Hauptrichtungen mit unterschiedlichen Merkmalen heraus: Senkrechte Linien wirken aufstrebend und aktiv. Mit ihnen können Aufmerksamkeit und Stolz ausgedrückt werden (G). Waagerechte Linien (H) entsprechen Ruhe und Gelassenheit. Sie sind Ausdruck für Horizonte und Stabilität. Die Diagonale ist fortschreitend. Sie bringt Bewegung und wirkt lebendig (I). Für den rechts orientierten Menschen steigt sie nach rechts oben, und sie fällt nach links unten.

Körper- und Raumdarstellung auf einer Fläche

In der Regel ist man bei der bildnerischen Gestaltung von Drachensegeln auf zwei Dimensionen beschränkt. Soll der Eindruck der Dreidimensionalität vermittelt werden, so sind weitere Gesetzmäßigkeiten zu beachten. Die Illusion der räumlichen Tiefe läßt sich durch zwei scheinbare Ebenen hervorrufen: den Vordergrund und den Hintergrund. Vergrößerungen und Verkleinerungen vermitteln den Eindruck von Nähe oder Ferne: Ein Gegenstand wirkt kleiner, je weiter er von uns entfernt ist (A). Dieser Eindruck wird verstärkt durch das Überdecken und Verkleinern (B). Linien, die nicht parallel zur Bildfläche verlaufen, fliehen scheinbar nach hinten (C). Ebenso erzeugt eine Verkleinerung von Abständen der einzelnen Flächen Raumtiefe (D). Unterstützt wird die plastische Wirkung durch Kontraste. Wie bereits erwähnt, treten helle Flächen nach vorn, während dunkle Flächen in den Hintergrund rücken. Dementsprechend kann auch durch Licht- und Schatteneffekte ein räumlicher Eindruck erzeugt werden. Schräg einfallendes Licht wirft zum Beispiel einen Schatten, der bei korrekter zeichnerischer Darstellung die Fläche als Körper erscheinen läßt. Neben den schwarzen und weißen Flächen spielen bei solchen Darstellungen auch Grautöne eine Rolle. Sie eignen sich als formtragender Untergrund (E, F, G, H, I).

Anregungen zur Gestaltung von Drachensegeln

Jeder interessant gestaltete Drachen zieht die Aufmerksamkeit der Zuschauer auf sich. Der bekannte Drachenbauer Donald Collado meint hierzu: »Die besten Kunstwerke sind derart komponiert, daß sich die Augen in einer ästhetischen und emotionalen Weise über jeden Teil des Werkes bewegen.«
Wie kann das erreicht werden? Neben den bereits beschriebenen Regeln zur Gestaltung ist die Positionierung der Figur auf dem Segel von Bedeutung. Nicht immer muß das Zentrum des Drachensegels auch zugleich Bildmittelpunkt sein. Man kann zum Beispiel eine interessante Spannung erzeugen, indem man bedeutende Teile einer Figur in die Randbereiche des Segels verlegt. Diese Asymmetrie kann eine gewisse Dynamik vermitteln. Indem Teile der Figur durch flatternde Segelteile, wie Schwänze, Schläuche oder ähnliches, nach außen verweisen, werden auch die Blicke der Betrachter über die Segelgrenze hinausgelenkt. Die Arbeiten der Drachenkünstler Michèle Gressier (siehe Seite 6) und Randy Tom (siehe Seite 10) sind ein Beispiel hierfür.
Die Ideen und Anregungen für solche originellen Drachengestaltungen umgeben uns tagtäglich: in Büchern und in Zeitschriften, im Fernsehen und im Kino, bei kulturellen oder sportlichen Veranstaltungen. Generell gilt: Wer Augen und Ohren offen hält, wird schnell eine Fülle von Ideen parat haben.

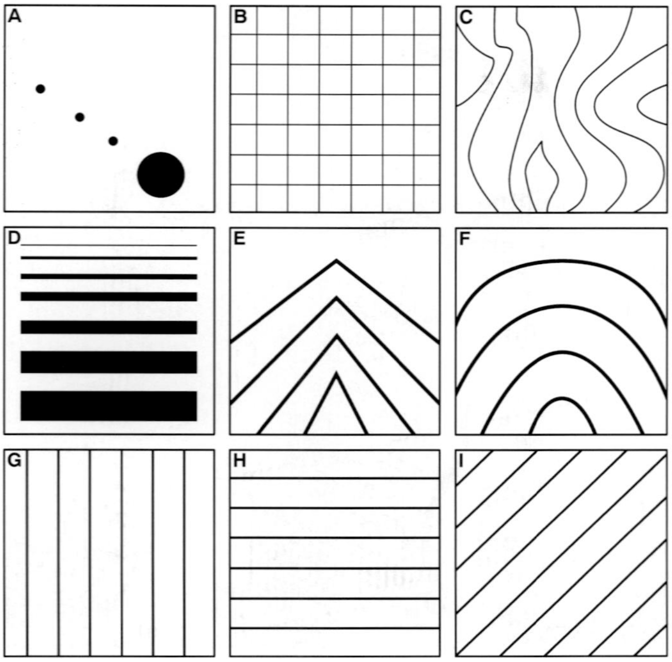

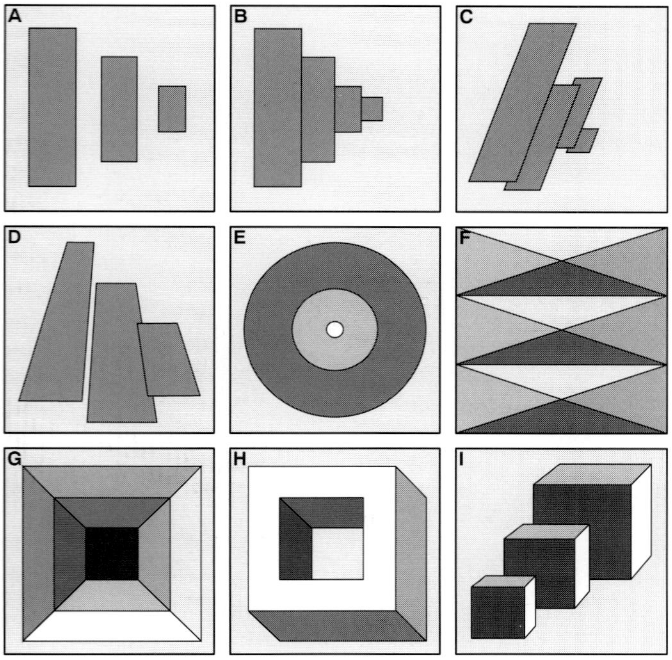

Materialien und Arbeitstechniken

Segelmaterial

Die rasche Weiterentwicklung der Drachen in den letzten Jahren wurde vor allem durch die Verbesserung der im Drachenbau verwendeten Materialien möglich. Mit der Einführung von Spinnakernylon stand erstmals ein widerstandsfähiges und zugleich leichtes Segelmaterial zur Verfügung. Das Tuch ist in Gewichtsklassen von 20 bis 65 g pro qm erhältlich. Außerdem ist Nylon mit unterschiedlichen Dehnungsgraden im Handel. Während man Parafolien aus elastischem Material näht, werden Lenkdrachen eher aus dehnungsarmem Material hergestellt.
Die Nähte von Parafolien sind starken Belastungen ausgesetzt. Ist der Stoff z.B. bei böigen Winden nicht in der Lage nachzugeben, wird die Naht zu stark belastet und droht auszureißen. Lenkdrachen dagegen werden in der Regel mit Dacronbändern eingefaßt. Hier bringt ein besonders steifes Segel mehr Geschwindigkeit, außerdem reduziert es das Flattern der Schleppkante.

Noch schnellere Segel für Lenkdrachen sind mit Mylar beschichtet. Dieses Tuch hat kaum Dehnung, ist aber etwas schwieriger zu verarbeiten, da es zum Verknittern neigt. Lenkdrachenspezialisten setzen unter anderem auch Polyestertuche zum Herstellen der Segel ein. Sie zeichnen sich ebenfalls durch geringe Elastizität aus, lassen sich aber besser verarbeiten.
Mittlerweile ist das gebräuchliche Spinnakernylon in vielen Farben und Qualitäten zu erhalten. Nicht immer ist es notwendig, den teuersten Stoff zu verwenden. Ist das Material besonderen Belastungen ausgesetzt, sollte allerdings auf das Verarbeiten von zweitklassigem Nylon verzichtet werden. Die links abgebildeten Spinnakerstoffe geben einen Einblick in die Vielzahl der erhältlichen Farben.

Gerüstmaterial

Die Beschaffenheit des Gerüstmaterials ist von entscheidender Bedeutung für die Aerodynamik des Drachens.

Drachenläden bieten verschiedenfarbiges Spinnakermaterial an

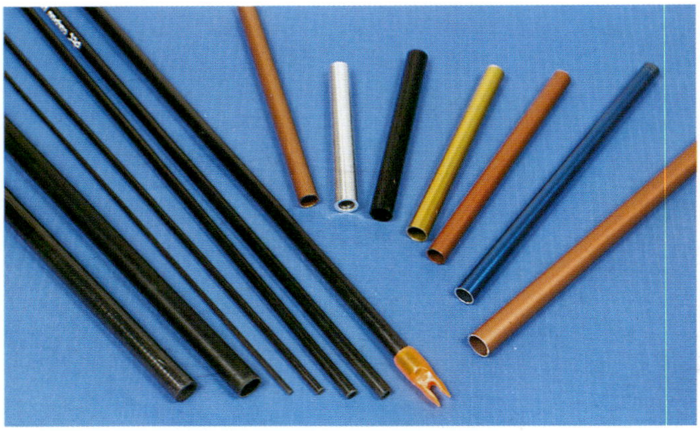

Unterschiedliches Gerüstmaterial steht zur Auswahl

Traditioneller Drachenbau mit Bambus und Papier in Thailand

Holz und Bambus:
Bekanntermaßen sind Holz und Bambus geeignete Materialien für das Drachengerüst. Noch heute wird in Asien von den traditionellen Drachenbauern Bambus, sei es in runder oder gespaltener Form, verwendet. Die Abbildung auf Seite 12 zeigt einen thailändischen Drachenbauer beim Glätten von gespaltenen Bambusstäben. Um Bambus in der richtigen Weise zu spalten und einzusetzen, sollte der Rohling mindestens drei bis vier Zentimeter Durchmesser haben. Fachleute spalten Bambus mit einem Durchmesser von fünf Zentimetern und mehr. Da Bambus in diesen Stärken bei uns nur schwer zu bekommen ist, wird das Material in gespaltener Form fast ausschließlich von Konstrukteuren asiatischer Drachen eingesetzt.
Bambus wird aber auch ungespalten verwendet. Er eignet sich mit Einschränkungen für preiswerte Gerüste großer Drachen. Die Stäbe müssen sorgfältig ausgesucht werden, damit die Symmetrie gewahrt bleibt. Nachteilig ist ihr relativ hohes Gewicht. Außerdem neigt das Material dazu, sich nach Verformung nicht wieder genau in die Ursprungsform zu begeben.
Auch Buchen- oder Raminholz ist ein preiswertes und nicht zu unterschätzendes Gerüstmaterial. Der riesige, auf Seite 9 abgebildete Kastendrachen ist nur ein Beispiel dafür, wie Holz auch im Zeitalter moderner Materialien Anwendung findet. Zerbricht ein Stab, was hin und wieder vorkommt, ist er leicht austauschbar. Viele Drachen werden zunächst als Prototypen mit einem preiswerten Holzgerüst hergestellt. Später, wenn der Drachen seine Bewährungsprobe bestanden hat, können die Stäbe gegen ein Gerüst aus hochwertigerem Material getauscht werden.
Im folgenden soll nun eine Übersicht über die modernen Gerüstmaterialien gegeben werden:

Aluminium:
Wegen des hohen Gewichts und der starken Verformbarkeit eignet sich herkömmliches Aluminium weniger als Gerüstmaterial. Allenfalls die Verbindungen können aus diesem Material hergestellt werden. Im Bogensport gebräuchliche Pfeilschäfte sind aus einer hochwertigen Aluminiumlegierung. Dieses Material eignet sich hervorragend für Zellendrachen, wie die von Bell. Der hohe Preis läßt manchen jedoch zu einem anderen Material greifen.

Glasfaserverstärkter Kunststoff (GFK):
GFK, aus dem Wassersport bekannt, eignet sich mit Einschränkungen als Gerüstmaterial. Seine Vorteile sind der relativ geringe Preis und eine hohe Festigkeit. GFK-Stäbe sind in allen gängigen Größen als Hohlstäbe erhältlich. Ihre hauptsächliche Anwendung finden diese Stäbe im Großdrachenbau mit Stabdurchmessern von 1,2 bis 2,2 cm. Dünne GFK-Vollstäbe (0,2 bis 0,3 cm) eignen sich sehr gut für Accessoires im Gerüstbereich, wie Stand-offs, Segellatten und Segelhalterungen, welche mehr der Dekoration dienen, als daß sie dem Drachen Auftrieb bringen. Nachteil des GFK ist die starke Elastizität und das hohe Gewicht. Er eignet sich daher nur bedingt zur Konstruktion moderner Drachen. Beim Verarbeiten von GFK ist Vorsicht geboten: Der entstehende Staub ist gesundheitsschädigend und darf nicht eingeatmet werden.

Epoxid:
Hohlstäbe aus epoxidverstärkten Glasfasern werden nicht nur im Bogensport und im Modellbau, sondern auch im Drachenbau eingesetzt. Die Stäbe finden dort einen großen Anwendungsbereich. Sie sind im Vergleich zu den GFK-Stäben leichter und starrer. Epoxidstäbe sind im Innenbereich gewickelt. Die Glasfasern werden dann längs über das Material gezogen. Durch dieses Sandwichverfahren erhalten die Stäbe eine gute Steifheit. Sie werden in Längen ab 82,5 cm angeboten. Reicht diese Länge nicht aus, so kann der Stab mit passenden Verbindermuffen verlängert werden. Außerdem gibt es Epoxidhohlstabsysteme. Die Verbinderteile werden mit Sekundenkleber je zur Hälfte in ein Stabende geklebt. Der zu verbindende

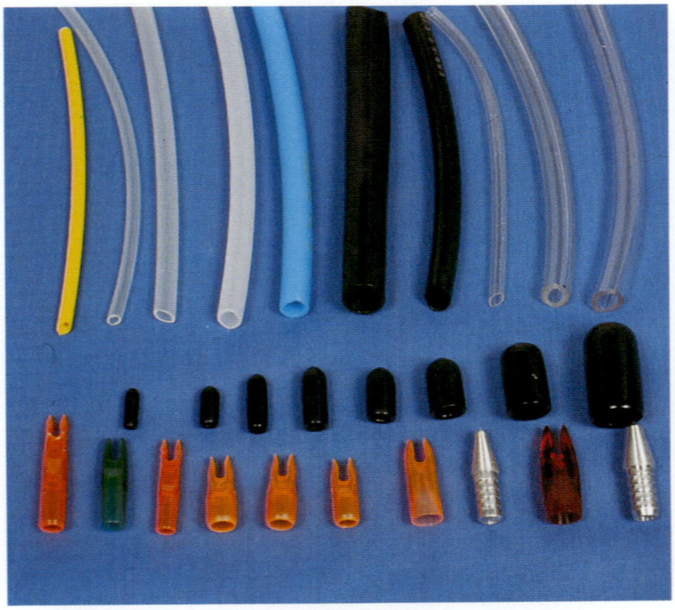

Kunststoffschläuche verbinden Drachenstäbe dauerhaft, während Pfeilnocken mit Hilfe von Gummibändern das Segel stramm spannen

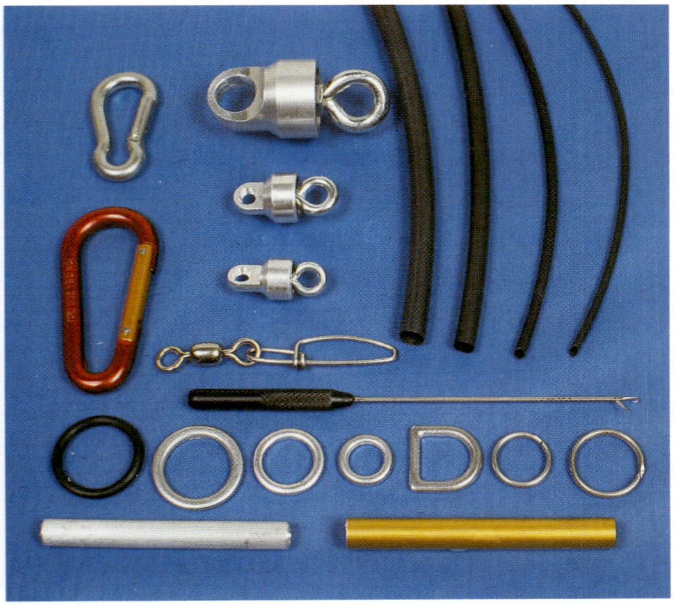

Mit Schrumpfschläuchen werden Knoten gesichert. Wirbel, Karabiner und Ösen sind zum Verbinden von Drachenleinen unerläßlich

Stab wird dann über das andere Ende der Muffe gesteckt. Besonders findige Drachenbauer versehen die mit Muffen verbundenen Stäbe mit einem innenliegenden Gummiband, das an den Stabenden mit einer Sicherungskugel fixiert ist. Wird der Stab zerlegt, können die Einzelstäbe bei erneutem Zusammenbau nicht verwechselt werden. Am Stabende kann je nach Bedarf entweder eine Pfeilnocke mit Aluspitze oder eine Gummikappe befestigt werden.

Carbon (CFK):
Carbon ist das zur Zeit modernste Baumaterial. Die leichten und steifen Stäbe sind im Drachenbau vielseitig einsetzbar. Aufgrund ihrer ungemeinen Biegefestigkeit werden sie häufig für den Bau von Lenkdrachen verwendet. Die Stäbe werden in der Regel aus Kohlefasersträngen hergestellt. Als Vollmaterial sind die Stäbe zwischen 0,2 und 0,3 Zentimeter stark. Darüber hinaus werden Hohlstäbe in den verschiedensten Abstufungen angeboten. Das Material wird höchsten Ansprüchen gerecht und ist nahezu unzerbrechlich. Wenn es jedoch bricht, ist Vorsicht angesagt: Die spitzen Kohlefasern dringen leicht in die Haut ein und sind nur schwer zu entfernen. Beim Bearbeiten von Carbonstäben darf der entstehende Staub nicht eingeatmet werden. Im Handel wird ein vielseitiges Nockenprogramm, auf die verschiedenen Stabgrößen abgestimmt, angeboten. Bei Stäben mit größerem Durchmesser werden die Nocken mittels einer Aluspitze am Stabende befestigt. Dünnere Stäbe erhalten sogenannte Fit-over-Nocken, die direkt über dem Stabende sitzen.

PVC-Schläuche:
Nach wie vor gelten Verbinder aus PVC-Schlauchabschnitten als die universellste und preiswerteste Lösung. Diese Schläuche sind in verschiedenen Durchmessern und Festigkeiten erhältlich (siehe Seite 13). Die dünnen, undurchsichtigen Schläuche eignen sich sogar eingeschränkt zum Tragen von Gerüstteilen.

Verbindungstechniken

Mit dem Material hat sich im Laufe der letzten Jahre auch die Technik, mit der Drachen gebaut werden, verändert. Wo früher Holz- oder Bambusstäbe durch kreuzweises Abbinden miteinander verbunden wurden, wartet die Drachenindustrie heute mit einer Reihe komplexer Verbinder aus Hart-PVC, Ertalon, PUR oder Gummi auf. In Asien werden die Drachenstäbe auch heute noch mit herkömmlichen Methoden verbunden. Der abgebildete balinesische Bebean sei nur ein Beispiel dafür, wie komplexe Systeme auch unter Zuhilfenahme traditioneller Baumaterialien entstehen können. Entscheidender Nachteil dieser Bauformen ist ihre schlechte Zerlegbarkeit. Deshalb sind die großen, phantastischen Drachen aus Bali auch nicht im Ausland zu sehen. Westlich orientierte Drachenbauer haben es da leichter. Der fast fünf Meter große Sterndrachen von Peter Malinski unten links kann zu einem Packmaß von 150 cm Länge zerlegt werden.

Bambusgerüst des balinesischen Bebean

Verbinder für große Kastendrachen werden aus einem Hartkunststoffrohling selbst angefertigt

Asymmetrische Drachen verlangen eine sorgfältige Auswahl des Gerüstmaterials sowie unterschiedliche Verbindungstechniken

Ebenso setzen High-Tech-Verbinder immer wieder neue Maßstäbe im Lenkdrachenbau. Der auf Seite 40 vorgestellte Scanner mit dem am Kielende angebrachten Ruder und seinem Gerüst aus Carbonstäben ist ein Beispiel für die Anwendung moderner Materialien. Wie bei allen im Buch vorgestellten Drachen, sind die Kreuz- oder T-Verbinder zum größten Teil nach herkömmlichen Methoden aus Schläuchen hergestellt worden. Diese Teile können jedoch bei Bedarf leicht gegen die abgebildeten Verbinder ausgetauscht werden. Das Foto zeigt in erster Linie Lenkdrachenzubehör:

1. T-Verbinder für die Drachenspitze,
2. Kreuzverbinder für V-förmige Drachen,
3. Kreuzverbinder für Profildrachen,
4. Seitenholm- und Spreizenverbinder aus Gummi,
5. gekerbte Endkappen.

Diese Materialien erleichtern den Drachenbau enorm. Sie wiegen nicht viel, sind schnell verarbeitet und kommen damit der Flugleistung des Drachens zugute. Aber auch Verbinder aus Schlauchteilen erfüllen ihren Zweck. Sie sind preiswerter und leichter zu beschaffen. Der Verarbeitungsaufwand ist jedoch größer, denn die Schläuche müssen meistens mit Tape oder Sekundenkleber fixiert werden.

Die Abbildung zeigt einen kleinen Ausschnitt aus der Palette der Einleiner-Verbinder. Auch diese Teile sind im Handel erhältlich:

1. Kreuzverbinder für Tetraeder-Drachen,
2. verschieden große Mittelstücke für sternförmige Drachen,
3. Endstopfen,
4. geschlitzte Endstopfen,
5. V-Verbinder für Eddydrachen.

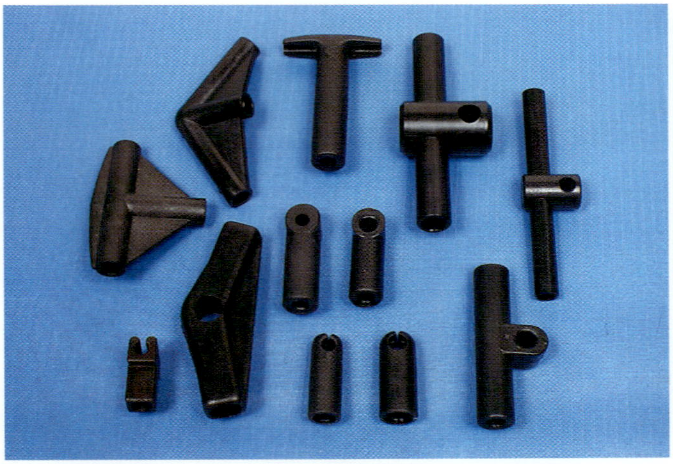

Die abgebildeten Verbinder für Lenkdrachen sind im Drachenfachhandel erhältlich

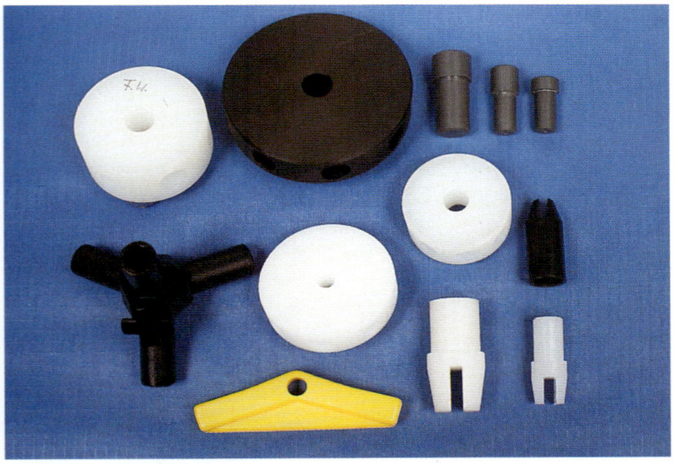

Aus Hartkunststoff lassen sich individuelle Verbinder für Einleinerdrachen herstellen

Der Nachbau dieses modernen Lenkdrachens ist auf den Seiten 40-45 beschrieben

Moderne T-Verbinder, welche am Seitenholm nicht verrutschen, vereinfachen die Herstellung des Gerüstes

Im Lenkdrachenbau hat die Drachenindustrie eine rasante Entwicklung vollzogen. Immer mehr Verbinderteile sind in den Drachenläden erhältlich. Jedoch gilt das Interesse nicht nur den Verbindern, auch die Verarbeitung der Segel wird immer besser. Ständig ändern sich die Segelprofile und machen die Drachen dadurch präziser und schneller. Die unten abgebildeten Segeltaschenspanner zeigen einige Möglichkeiten, dem Segel seine ursprüngliche Form zu erhalten:

1. gekerbte Nocken, die über einen Gummi die Seitenholmtaschen spannen,
2. gebohrte Endkappe mit einer zusätzlichen Spannvorrichtung für eine Schnur in der Schleppkante,
3. Klettband, das je nach Belieben die Seitenholmtasche stramm oder lose halten kann.

Besondere Bedeutung kommt der Verarbeitung des Segels an stark belasteten Stellen zu. Dieses gilt nicht nur für Lenkdrachen. Nur zu gern reißen die Segel dort aus, wo mehrere Teile des Gerüstes zusammenlaufen. Die Abbildung oben rechts zeigt eine Vorrichtung zum Halten eines Stand-offs an der Segelschleppkante. Schleppkante sowie Segel wurden durch schweres Segeltuch derart verstärkt, daß ein vorzeitiges Ermüden des Materials verhindert wird. So auch in der Abbildung rechts Mitte. Die Verstärkungen verhindern ein Einreißen des Segels und geben dem Drachen somit eine lange Lebensdauer.

Stand-offs müssen einen sicheren Halt an der Schleppkante des Lenkdrachens finden

Wichtig zum Spannen von Segelholmtaschen ist die Verstellmöglichkeit der Spanner

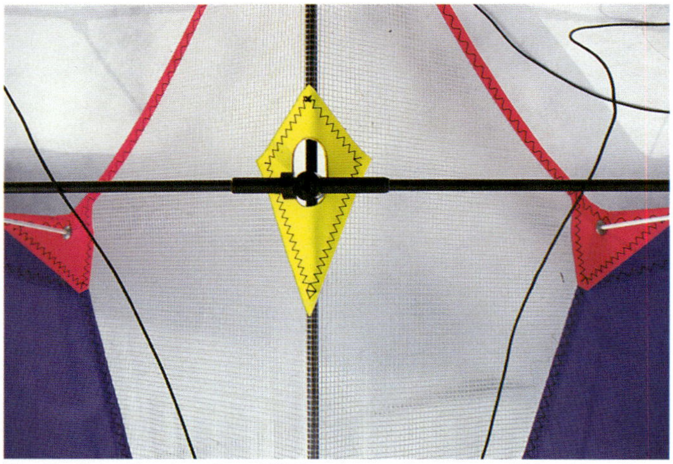

Wo Gerüststäbe dem Segel Halt geben, müssen sorgfältige Verstärkungen angebracht werden

Nähtechniken

Interessant gestaltete Drachensegel besitzen eine magische Ausstrahlung. Kaum legt ein aufwendig verarbeiteter Drachen eine Flugpause ein, wird er auch schon von vielen Augen bestaunt. Beim näheren Hinsehen fallen dann diverse Techniken auf, mit denen die verschiedenen Drachensegel hergestellt worden sind. Besonders problematisch erscheint es, runde oder unregelmäßige Formen auf die Segelfläche zu nähen. Wenn jedoch die Applikationstechnik einmal verstanden und nähtechnisch umgesetzt wurde, ist es leicht, selbst schwierige Formen zu applizieren. Die abgebildeten Drachen in Katzengestalt sind ein Beispiel für solch ein einfallsreiches Gestalten.

Wenn die Möglichkeit besteht, sollte der Drachen zunächst mit der Grundbespannung fertig genäht und geflogen werden, bevor weitere Teile appliziert werden. Bei Flachdrachen oder V-fömigen Drachen ist das möglich, bei Parafolien oder Kastendrachen leider nicht. Je nach Verarbeitungsqualität können Sie verschiedene Methoden anwenden. In der Regel wird bei allen Verfahren mit einer Zickzacknaht genäht. Sie ist gut belastbar und hat den Vorteil, daß sie bei Dehnung bis zu einem bestimmten Grad nachgibt.
Vor dem Verarbeiten wird eventuell faltiges Spinnakertuch mit dem Bügeleisen geglättet (Einstellung »Nylon«). Denken Sie daran, daß beim Applizieren im Bereich der Naht stets dunkle Teile vor helleren Teilen liegen sollten. Sie vermeiden so das Durchscheinen des Materials im Übergangsbereich. Außerdem wirken die Übergänge kontrastreicher.
Gehen Sie beim Zusammennähen der Stoffteile folgendermaßen vor: Nähen Sie erst die kleinen Teile zusammen, bevor Sie die fertigen Stücke wiederum auf größere nähen. So wird eine unnötige Beanspruchung des Materials vermieden.
Bei dem einfachsten Applikationsverfahren werden die aufzunähenden Teile mit Stecknadeln befestigt. Während des Nähvorgangs wird dann Nadel um Nadel entfernt. Leider läßt es sich häufig nicht vermeiden, daß das Material rutscht und dadurch Falten entstehen. Eine etwas bessere Arbeitsweise kann durch das Befestigen der Teile mit Tesafilm erreicht werden. Sie nähen einfach über den Klebestreifen, der nach dem Nähen wieder entfernt wird.
Spinnakertuch kann man auch durch punktuelles Anwenden von Sekundenkleber verbinden; dazu wird der Kleber im Abstand von etwa 4 cm aufgebracht. Bei diesem Verfahren muß schnell gearbeitet werden. Eine ebene Unterlage sowie faltenfreie Stoffteile sind unbedingt notwendig. Der Nachteil dieser Methode ist, daß sich auf hellen Stoffen die Klebestellen dunkel abzeichnen. Durch Lösen der Klebestellen nach dem Vernähen können diese Flecken teilweise wieder verschwinden. In jedem Fall muß sorgfältig genäht werden, da sich die Klebestellen oft wieder lösen.
Besonders silikonisierte Spinnakerstoffe lassen sich schlecht kleben. In diesem Fall werden die Teile mit einem hauchdünnen, etwa 0,5 cm breiten beidseitigen Klebefilm verbunden, den Sie in jedem Drachenfachgeschäft erhalten. Die Streifen werden sorgfältig entlang des Randes der zu applizierenden Teile geklebt. Wie beim doppelseitigen Teppichklebeband wird danach die Schutzfolie abgezogen und das Tuch aufgeklebt. Ein Nachteil dieses Verfahrens ist, daß sich nach wenigen Stichen mit der Nähmaschine kleine Klebstoffklumpen an der Nadel bilden, die immer wieder entfernt werden müssen. Der Klebefilm verbleibt nach dem Nähen zwischen dem Material - auf diese Weise kann das Material nicht mehr verrutschen. Die Klebestellen halten gut, und selbst größere Flächen können mit der Zickzacknaht appliziert werden.
Bei der eleganten Hot-Tack-Methode werden die zu verbindenden Teile mittels einer feinen Lötkolbenspitze zusammengeschweißt. Amerikanische Drachenbauer verwenden diese Methode sehr häufig. Als Schweißgerät wird ein lötkolbenähnliches Werkzeug genommen. Dieses Werkzeug wird normalerweise für Einbrennarbeiten in Holz verwendet und ist in Heimwerkermärkten erhältlich. Der Hot-Tack-Kolben muß eine Leistung von 20-25 Watt entwickeln, seine Spitze muß rund sein und einen spitzen Winkel von 30° aufweisen. Außerdem sollte die Spitze am Ende leicht abgeknickt sein. Mit einer Metallfeile bringen Sie sie in die entsprechende Form und feilen sie dabei sehr spitz zu. Nachdem die Nylonteile ausgeschnitten und geglättet sind, werden sie auf einer ebenen Fläche übereinander gelegt. Warten Sie, bis der Kolben seine richtige Temperatur erreicht hat. Im Abstand von etwa 5–6 cm setzen Sie jetzt feine Schweißpunkte an den Rand des zu applizierenden Stoffteils. Die Punkte liegen etwa

Ein Beispiel für umfangreiches Applizieren von Drachensegeln

Ein außergewöhnlicher Parafoildrachen von dem Kalifornier Ed Wright

0,2–0,3 cm von der Kante entfernt und müssen vor dem Vernähen ausgekühlt sein. Bei dem Zusammennähen der Teile wird sorgfältig vorgegangen. Das Material darf nicht zu stark geknickt werden - beim Verarbeiten von größeren Spinnakerteilen ist das oft schwierig - , da sich sonst die Heftungen lösen. Es hilft in jedem Fall, wenn die Nähmaschine in die Arbeitsplatte eingelassen ist und einen Abstand von etwa 20–30 cm von der Tischkante hat. So kann das Tuch auf dem Tisch ausgebreitet werden, ohne daß sich Falten bilden. Das Perforieren des Spinnakernylon beeinträchtigt nicht die Haltbarkeit der Naht, und selbst Parafolien werden nach dieser Methode genäht. Die kleinen Löcher sind zwar etwas größer als die Einstiche der Nähnadeln, durch ihre verschmolzenen Kanten aber sehr haltbar.

Nach dem Zusammennähen der Stoffteile wird das doppelt liegende Material auf der Segelrück- oder Vorderseite entfernt. Mit einer kleinen, sehr scharfen (um das Ausfransen der Kanten zu verhindern), aber nicht spitzen Schere wird im Abstand von etwa 0,1 cm entlang der Zickzacknaht geschnitten. Ist der Stoff heller und liegt er verdeckt, das heißt hinter dem sichtbaren dunkleren Stoff, muß er nicht entfernt werden. Er bringt jedoch zusätzliches Gewicht und beeinträchtigt gegebenenfalls die aerodynamischen Eigenschaften des Drachens.

Die Segel der unten abgebildeten Drachen von Fritz Jansmar und George Peters wurden zum einen durch Applizieren und zum anderen durch Zusammennähen der Stoffteile hergestellt. Letztere Methode ist wesentlich unkomplizierter, jedoch können mit ihr nur gerade Kanten miteinander verbunden werden. Nähen Sie die Stoffteile in zwei Nähschritten zusammen (siehe Seite 27). Die offene Kappnaht, bei der der Saum auf der Rückseite des Segels liegt, ist sehr haltbar und wird mit einer Geradeausnaht genäht. Um das Ausfransen des Nylons zu vermeiden, schneiden Sie das Material mit dem Heißschneider. Wenn das Tuch zum Ausfransen neigt, wird die geschlossene Kappnaht genäht. Bei ihr wird die erste Naht durch entsprechendes Falten des Tuches mit der zweiten Naht verdeckt.

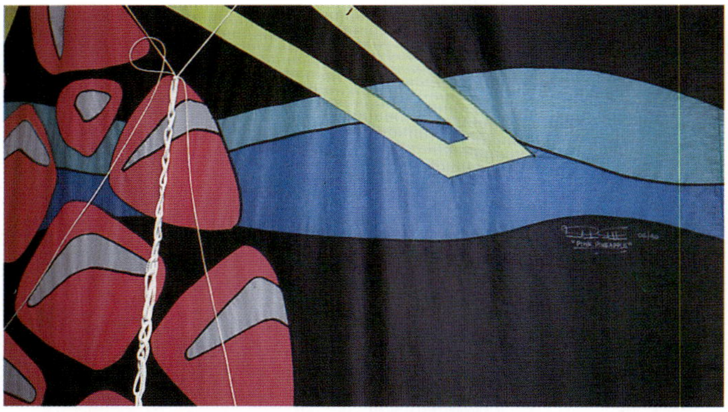

Die Collado-Brüder zeigen mit ihren fliegenden Kunstwerken aufwendige Applikationen

Amerikanische Drachenbauer überraschen immer wieder mit perfekter Patchworktechnik

Fritz Jansmar erreicht durch aufwendiges Applizieren mit seinem Drachen einen eindrucksvollen Effekt

Der amerikanische Drachenkünstler George Peters beeindruckt durch skurrile Drachenformen

Lenkdrachentuning

Die Schleppkanten von Lenkdrachen neigen bei hohen Geschwindigkeiten zum Flattern. Damit einher geht eine nicht unerhebliche Geräuschentwicklung. Wie der abgebildete Drachen zeigt, ist der äußere Bereich davon am meisten betroffen. Das Flattern bremst außerdem die Geschwindigkeit des Drachens. Präzisionsflieger profitieren von diesem Effekt. Durch das in Kurven besonders reduzierte Tempo läßt sich der Drachen genauer steuern. Geräuschempfindliche Drachenbauer versuchen jedoch, das Knattern zu unterbinden. Sie haben dabei verschiedene Möglichkeiten:

1. Verwenden Sie ein möglichst steifes Spinnakernylon. Experten nehmen Tuche aus Polyester oder Dacron.
2. Geben Sie der Schleppkante im äußeren Bereich eine konkave Rundung. Dadurch sitzt das Segel in diesem Bereich unter Winddruck strammer und kann nicht mehr flattern.
3. Nähen Sie in die Schleppkante eine Nylonschnur, und spannen Sie damit die Schleppkante (siehe Abbildung unten und Seite 36 Relax).
4. Fassen Sie die Schleppkante mit Nahtband oder Dacron ein (siehe Seite 48 Heavy Duty).
5. Geben Sie beim Zuschnitt des Segels etwas »Bauch«. Unter Winddruck kommt dann eine erhöhte Spannung auf die Schleppkante, und das Flattern wird reduziert.
6. Nähen Sie parallel zur Schleppkante Gaze (siehe Abbildung). Der Druck auf die Kante wird reduziert und damit das Flattern.
7. Nähen Sie kleine Taschen auf das Segel. In den Taschen fängt sich der Wind und gibt dem Segel im kritischen Bereich ein Profil, welches das Flattern mindert.

Das optimale Segel muß dem Zweck des Drachens angepaßt werden und wird eine Mischung der angegebenen Möglichkeiten sein.

Durch Stand-offs an der Segelschleppkante kann das Flattern ebenfalls reduziert werden. Zusätzlich verbessern die dünnen Stäbe die Flugleistung des Lenkdrachens im Extrembereich: Hoch am Wind läßt sich der Drachen besser lenken, und er neigt dadurch weniger zum Abschmieren. Die Abbildung zeigt verschiedene Möglichkeiten der Befestigung von Stand-offs am Segel.

Starker Druck auf der Schleppkante erzeugt ein Flattern und damit störende Geräusche

Unterschiedliche Ausführungen von Schleppkanten

Durch das Anbringen von Stand-offs werden deutlich bessere aerodynamische Flugleistungen erreicht

Drachen bauen

Alle Drachen, die in den nachfolgenden Bauanleitungen beschrieben sind, wurden von mir gebaut und geflogen. Entscheiden Sie sich unter Berücksichtigung des angegebenen Einsatzbereiches für die Drachen Ihrer Wahl. Die einzelnen Lenkdrachen weisen unterschiedliche Herstellungstechniken auf. Das betrifft vor allem den Bereich der Verbindungen und der Segeltaschen. Es wurden bewußt eine Vielzahl von verschiedenen Methoden gewählt, um ein möglichst breites Spektrum an Techniken zu zeigen. Sehen Sie sich die unterschiedlichen Lenkdrachen an, und entscheiden Sie dann gegebenenfalls, welche Verbindungstechnik Sie einsetzen wollen, denn nicht immer ist das passende Material verfügbar.
In Klammern gesetzte Buchstaben im Text verweisen auf die entsprechende Zeichnung.
Lesen Sie die Anleitungen auf jeden Fall aufmerksam durch, bevor Sie mit dem Material- und Werkzeugeinkauf beginnen.
Suchen Sie eine möglichst offene Fläche für den ersten Start, denn um die Waage exakt einstellen zu können, braucht man gleichmäßigen Wind. Flugtips und Einstellhilfen finden Sie im Kapitel »Tuning« auf Seite 78.

SOLAR FIRE

Wer schnelle Lenkdrachen liebt, hat mit dem Solar Fire den richtigen Drachen gefunden. Sein Carbongestänge sowie der flache Segelschnitt geben diesem Lenkdrachen eine enorme Fluggeschwindigkeit. Die Segel sind durch leicht gekrümmte Nähte etwas gewölbt; dadurch entsteht eine starke Spannung an der Schleppkante, so daß der Drachen nahezu geräuschlos fliegt. Kurze Stand-offs ermöglichen es, den Drachen hoch am Wind (gegen den Wind) zu fliegen, ohne daß die Strömung am Segel abreißt und der Drachen abstürzt.
Der Solar Fire fliegt bei Windstärken zwischen 2,5 und 6 (nach Beaufort); er ist also für hohe Windgeschwindigkeiten geeignet. Die dabei auftretenden Zugkräfte halten sich in erträglichen Grenzen. Anfänger sollten jedoch zunächst bei geringeren Windstärken (um 3) mit dem Fliegen dieses Drachens beginnen, um so dessen rasante Flugeigenschaften kennenzulernen. Verwenden Sie eine Schnur mit einer Belastbarkeit von 80 bis 100 kg.
Das Einstellen der Waage muß in kleinen Schritten erfolgen, am besten millimeterweise. Stellen Sie die Waage zunächst wie in der Rißzeichnung angegeben ein. Durch unterschiedliche Nahtbreiten kann es vorkommen, daß die Waage von Drachen zu Drachen variiert. Der Neigungswinkel kann problemlos an den Waageringen verändert werden.
Die einfache Konstruktion erlaubt es auch Anfängern, den Solar Fire nachzubauen. Beschaffen Sie sich zunächst das komplette Baumaterial im Drachenfachgeschäft. Auch Bastel- und Hobbyläden führen in der Regel Drachenzubehör.

Hinweis:
Beim Sägen von Carbonstäben oder von glasfaserverstärkten Stäben (GFK-Stäben) und beim Heißschneiden des Segelmaterials mit dem Lötkolben den entstehenden Staub bzw. die Dämpfe auf keinen Fall einatmen, da dies zu gesundheitlichen Schäden führen kann.

Baumaterial:
1,8 m^2 Spinnakernylon,
45 g/m^2, verschiedene Farben
1,8 m^2 Pappe oder Sperrholz
7 Carbonstäbe, 82,5 cm lang, 0,59 cm ø
2 Aluhülsen, 5 cm lang, 0,59 cm ø innen
1 GFK-Stab, 35 cm lang, 0,3 cm ø
4 Gummiendkappen,
0,3 cm ø innen, 0,8 cm ø außen
1 PVC-Schlauch,
20 cm lang, 0,6 cm ø innen

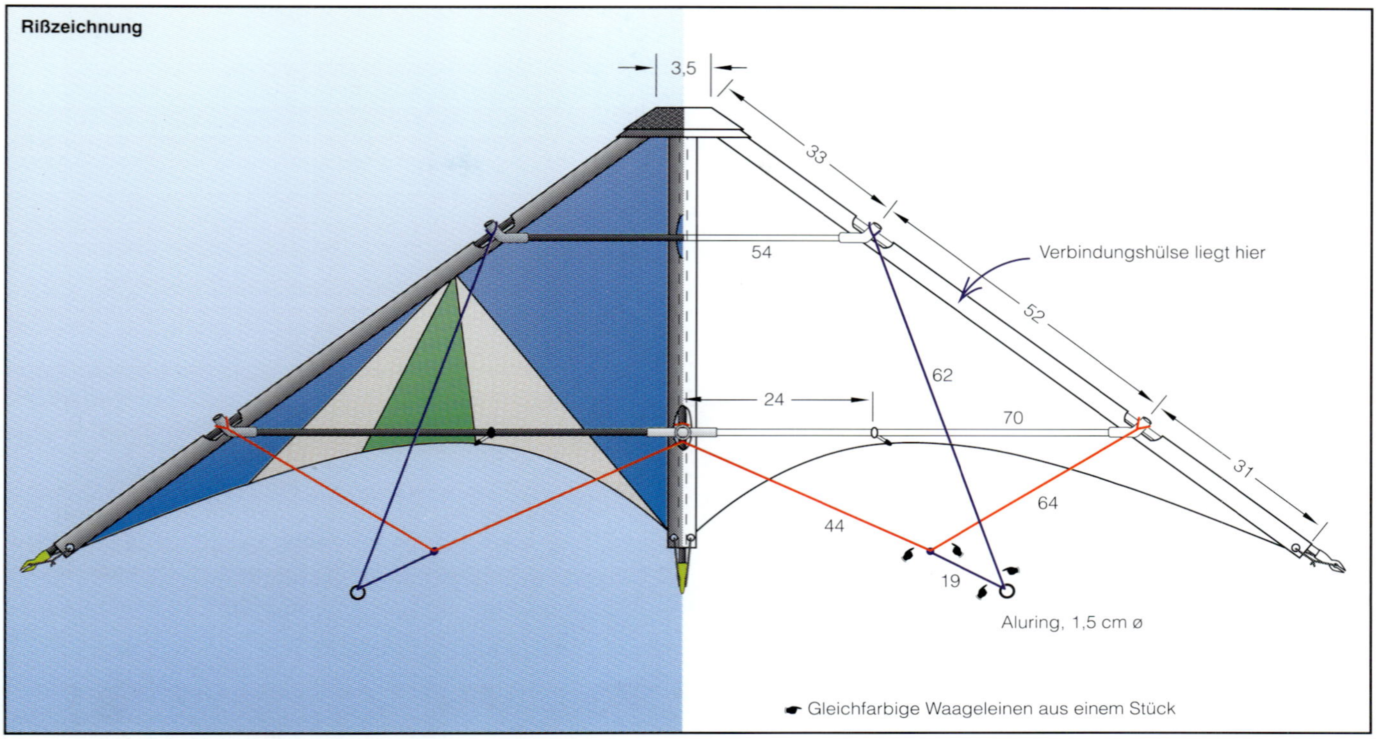

1 Hochdruckschlauch, 3 cm lang, 0,6 cm ø innen
1 Dacronband, 260 cm lang, 5 cm breit
1 Dacronband, 75 cm lang, 2,5 cm breit
3 Pfeilnocken, 0,59 cm ø innen
1 Gummiband, 30 cm lang, 0,3 cm ø
1 Steckverbinder (Aluhülse), 6 cm lang, 0,59 cm ø innen
1 Gurtband, 12 cm lang, 4 cm breit
4 Hohlnieten (Kauschen), 0,5 cm ø
1 Dacronschnur, 500 cm lang, 0,1 cm ø
2 Kabelbinder, 0,3 cm breit
GFK-Tape
1 Gummiband, 30 cm lang, 0,3 cm ø
2 Schlüsselringe, 1,5 cm ø

Bauanleitung:

Stellen Sie als erstes Schablonen zum Zuschneiden der fünf verschiedenen Segelteile her; Sie können so jederzeit den Drachen reproduzieren. Wenn er mehrmals nachgebaut wird, sollten Schablonen aus dünnem Sperrholz gefertigt werden. Entnehmen Sie die Maße der Schablonen der Segelrißzeichnung A. Mit einem scharfen Teppichmesser wird die Pappe ausgeschnitten. Um dem Segel ein Profil zu geben, werden einige Segelkanten abgerundet. Dazu legen Sie grobes Schmirgelpapier

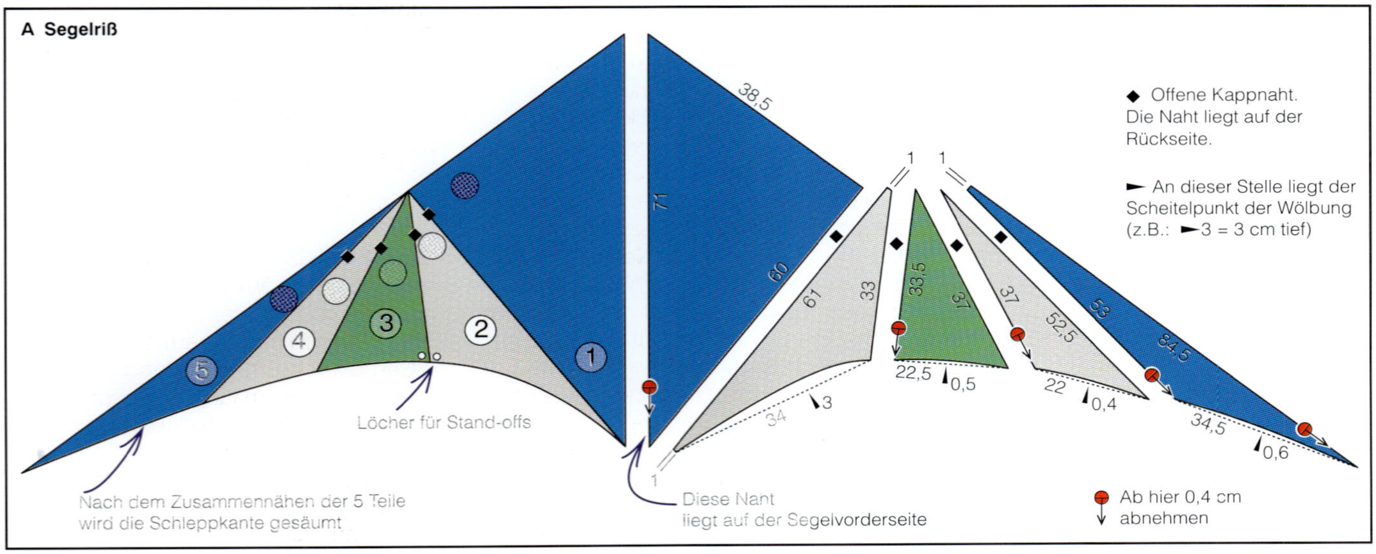

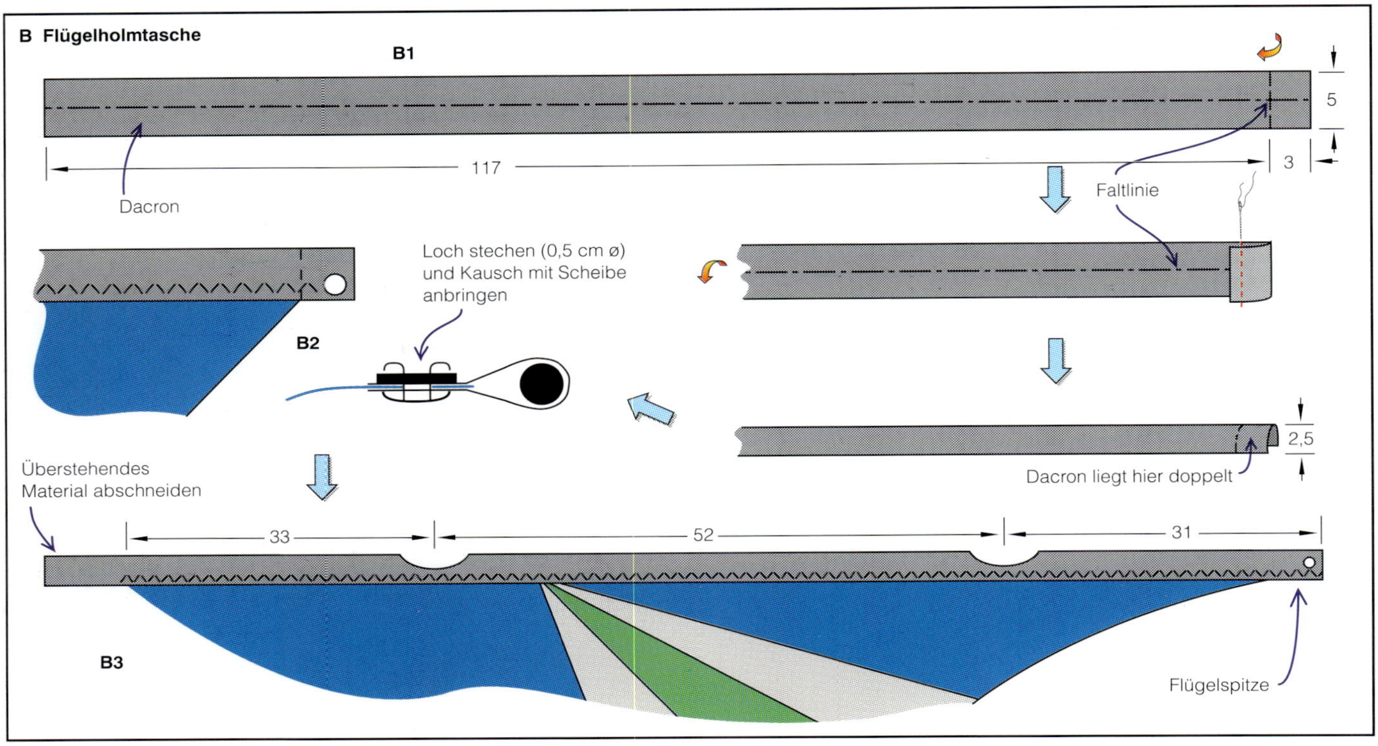

auf einen Tisch und fahren vorsichtig mit der Schablonenkante darüber. So wird das Material behutsam abgetragen. Es muß eine gleichmäßige, leichte Wölbung entstehen, welche etwa 20 cm vom Ende der Kante her beginnt. Hier müssen etwa 0,4 cm abgetragen sein. Siehe dazu auch Seite 23. Achten Sie darauf, daß nur Kanten mit dem entsprechenden Zeichen (↧, A) abgerundet werden.

Schneiden Sie als nächstes die zehn Segelteile mit einem Heißschneider aus. Dabei muß sehr genau auf den Fadenverlauf geachtet werden (A). Wählen Sie nicht zu viele Farben für Ihren Drachen aus, denn er fällt durch seine spektakulären Flugeigenschaften bereits genug auf. Nähen Sie die Segelteile wie folgt zusammen: erst die eine, dann die andere Hälfte. Die Nähte liegen auf der Rückseite der beiden Segelhälften. Nach dem Zusammennähen werden die beiden Segelhälften nebeneinander gelegt. Sollte die Schleppkante jetzt ungleichmäßig sein, wird sie mit einem Heißschneider egalisiert. Nehmen Sie dazu die Krümmung der Rißzeichnung als Referenz. Jetzt werden die beiden Schleppkanten doppelt gesäumt (siehe auch Seite 23). Der Saum mit der dop-

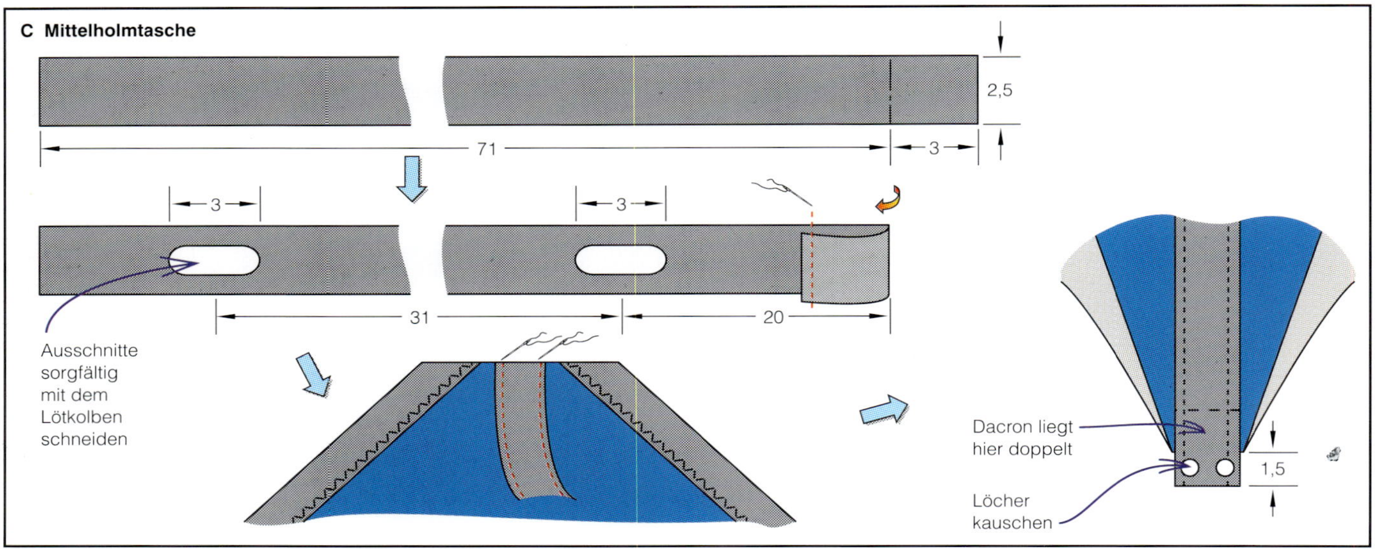

E Seitenholm (4x)

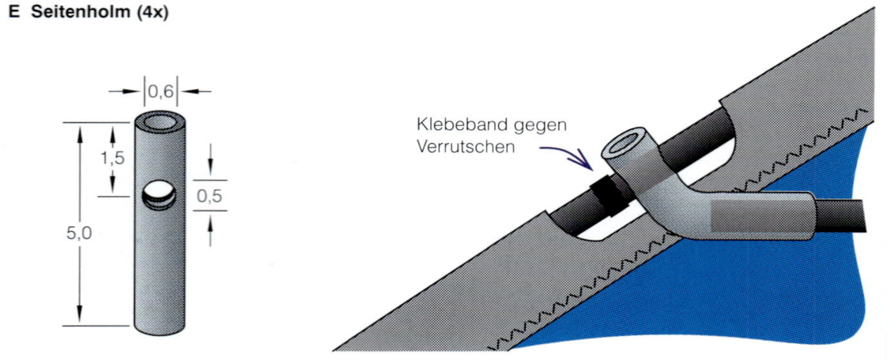

F Mittelkreuzteil

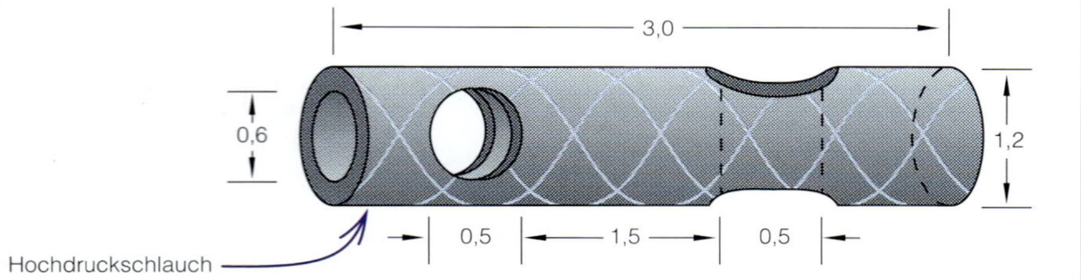

pelten Naht liegt auf der Rückseite der Segel. Er sollte etwa 0,6 cm breit sein. Die Einzelnähte der Doppelnaht müssen einen Abstand von 0,4 cm haben. Achten Sie darauf, daß beim Zusammennähen der beiden Segelhälften der Saum auf der Vorderseite des Segels liegt.

Schneiden Sie nun die Seitenholmtaschen zu. Der Dacronstreifen muß insgesamt 120 cm lang sein. Bringen Sie die Falzungen gemäß der Zeichnung B1 an. Die Ausschnitte für die Seitenholmverbinder werden mit einem Heißschneider durchgeführt (B3).

Beginnen Sie an der Flügelspitze mit der Zickzacknaht. Das Nylon wird dabei etwa 1 cm in die Dacrontasche hineingeschoben und festgenäht. Wie auf der Zeichnung B2 zu sehen ist, liegt das Dacron an der Flügelspitze doppelt; hier kann später die Kausch angebracht werden. Die Mittelholmtasche befindet sich über der Naht auf der Vorderseite des Segels. Wiederum werden die Ausschnitte gemäß den Maßen in der Zeichnung C mit einem Lötkolben vorgenommen. Dabei sollten keine scharfen Kanten entstehen - sie könnten später einreißen. Das Dacron wird mit zwei einfachen Nähten direkt auf die mittlere Naht genäht und verdeckt diese.

Die Kopfverstärkung verhindert, daß bei einem Absturz des Drachens die Carbonstäbe durchstoßen. Zuerst wird eine Lage längs gefaltetes Dacron (5 cm breit) über die Spitze gelegt und gemäß Zeichnung D festgenäht. Im Anschluß daran falten Sie ein etwa 12 cm langes Stück Gurtband (4 cm breit) und legen es ebenfalls über die Spitze. Jetzt sollte die Nähmaschinennadel gegen eine stärkere getauscht werden, denn beim Annähen des Gurtbandes muß eine Menge Material durchstoßen werden.

Nähen Sie zunächst die Naht rechts und links der Mittelholmtasche, danach die beiden Nähte an der Innenseite der Seitenholmtasche. Zum Schluß werden die beiden Nähte an den Außenkanten angebracht. Jetzt können Sie mit einem Heißschneider das überstehende Material abtrennen.

Die Näharbeiten am Drachensegel sind jetzt beendet. An den Flügelspitzen sowie am Ende der Mittelholmtasche müssen nun vier Kauschen (0,5 cm ø) angebracht werden. Stechen Sie mit einem Lötkolben Löcher mit einem Durchmesser von 0,4 cm in das Dacron (B). Es ist nicht so schlimm, wenn Sie dabei das Nähgarn berühren. Die umbördelten Kanten der Kausch halten die Naht. Es handelt sich bei den Kauschen um handelsübliche Hohlnieten, die in jedem Kaufhaus oder Baumarkt erhältlich sind. Mit einer entsprechenden Zange wird die Kausch befestigt. Die Mittelholmtasche erhält zwei Kauschen. Um das Segel straff zu spannen, wird in den Kauschen ein Gummiband (0,3 cm ø) befestigt. An den Flügelspitzen wird eine etwa 2,5 cm lange Schlaufe geknotet und anschließend durch die Kausch gesteckt. Der Knoten verhindert, daß die Schlaufe aus der Kausch rutscht. Bei der Mittelholmtasche wird zunächst ein einfacher Knoten ans Ende des Gummis geknotet. Der Gummi wird von der Rückseite des Drachens durch die eine Kausch gesteckt, durch die andere Kausch wieder zurückgesteckt und verknotet. Lassen Sie aber etwa 3 cm Spiel im Gummi.

Jeder Seitenholm enthält zwei Schlauchverbinder aus PVC-Schlauch (0,6 cm ø innen). Schneiden Sie vier 5 cm lange Abschnitte zu, und stanzen Sie je ein 0,5 cm großes Loch hinein (E). Das Werkzeug erhalten Sie in jedem Baumarkt.

Das Mittelkreuzteil wird aus etwas festerem Hochdruckschlauch mit 0,6 cm ø (innen) zugeschnitten. Dieses Material hat zusätzlich eine Armierung aus Nylongewebe, ist dickwandiger und eignet sich somit für Verbinder mit hoher Belastung. Zwei Löcher à 0,5 cm Durchmesser werden kreuzweise gestanzt. Achten Sie dabei genau auf die in Zeichnung F angegebenen Maße.

D Kopfverstärkung

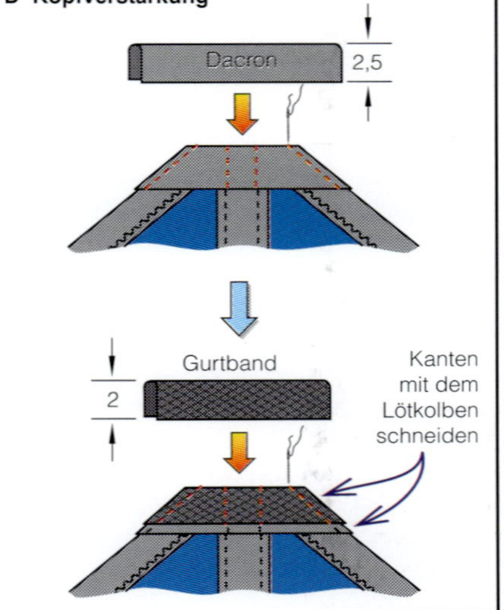

Die Stäbe für das Gerüst bestehen aus Carbonrohr (0,59 cm ø). Die Seitenholme werden aus je 1,5 Stablängen zusammengesetzt. Teilen Sie einen 82,5 cm langen Stab genau in der Mitte. Die beiden Hälften werden für den linken und rechten Seitenholm verwendet. Verbinden Sie einen ganzen und einen halben Stab je mit einer 5 cm langen Aluhülse. Sie erhalten diese Hülsen im Drachenfachhandel. Verkleben Sie die Aluhülsen mit Sekundenkleber. Schieben Sie die Seitenholme in ihre Taschen. Im Bereich der Ausschnitte müssen die Schlauchverbinder über die Stäbe geschoben werden. Es ist etwas schwierig, den Aluverbinder durch den Schlauch zu schieben, aber mit etwas Spülmittel geht es ganz gut.

Die Stäbe sollten etwa 2,5 cm länger als die Tasche sein - bei Überlänge werden sie entsprechend gekürzt. Mit je einer Pfeilnocke und dem Gummiband spannen Sie die Tasche.

Der Mittelholm besteht aus einem Stück. In seinem hinteren Ausschnitt liegt das Kreuzteil (Rißzeichnung). Nachdem der Stab (0,59 cm ø) in der Tasche sitzt, wird er auf Länge gesägt. Er sollte 2,5 cm über die Tasche hinausragen. Pfeilnocke und Gummi spannen auch diese Tasche.

Die vordere kleine Spreize ist 54 cm lang. Sie wird zugesägt und in die dafür vorgesehenen Schläuche gesteckt (E). Im Hochdruckschlauchstück des Mittelkreuzteils sitzt der Aluverbinder für die hintere Spreize. Die beiden hinteren Spreizen sind je 70 cm lang. Schneiden Sie die Stäbe zu, und schieben Sie sie in die Aluhülse und in die Schlauchstücke am Seitenholm (G). Sollte der Aluverbinder keinen Mittelanschlag haben, müssen Sie die Stäbe mit GFK-Tape gegen Verrutschen sichern. Die vordere Spreize wird mit einer Abbindung am Mittelholm fixiert. Sichern Sie diese Spreize mit Tape. Die Stand-offs verhindern den Strömungsabriß in extremen Flugsituationen. Die im folgenden beschriebene Anbringung der Stäbe kann auch auf andere Weise durchgeführt werden. Weitere Möglichkeiten finden Sie auf den Seiten 39 und 51.

Stechen Sie mit einem spitzen Lötkolben je zwei kleine Löcher links und rechts der Naht in die Schleppkante (A). Achten Sie dabei darauf, daß das Garn nicht verletzt wird. Mit einem kleinen Kabelbinder wird eine Endkappe (0,3 cm ø) darin befestigt (H). Zwei weitere Endkappen werden gestanzt und jeweils über eine hintere Spreize geschoben. Die etwa 14 cm langen GFK-Stand-offs (0,3 cm ø) werden jetzt in die Endkappe geschoben (I). Zur besseren Fixierung können die Stabenden mit etwas GFK-Tape umwickelt werden.

Bringen Sie die Waage gemäß der Rißzeichnung an. Achten Sie darauf, daß der Schlüsselring mit einer verstellbaren Schlaufe versehen wird. Sie können so auf einfache Weise den Neigungswinkel des Solar Fire entsprechend der Windgeschwindigkeit verändern.

G Mittelkreuz

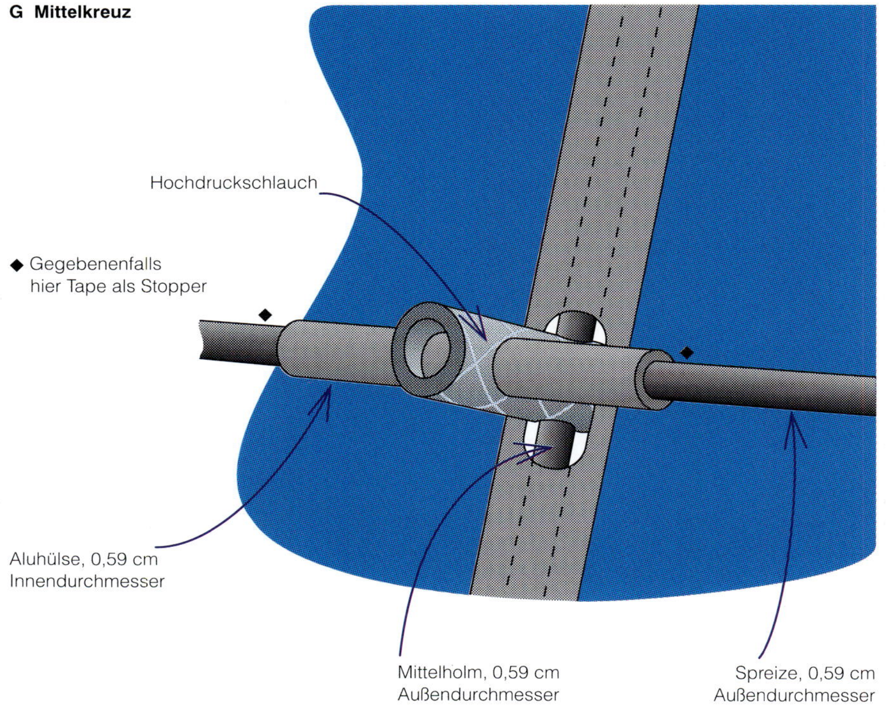

H Stand-off Segelverbindung

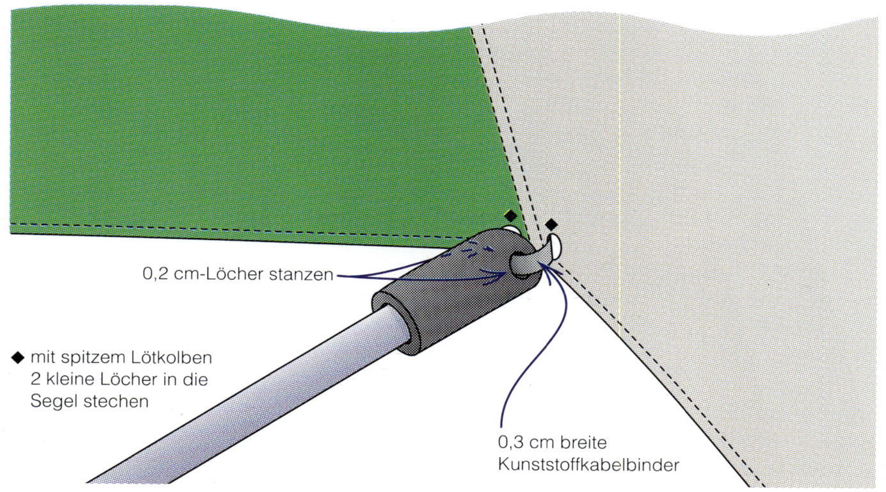

I Stand-off

Endkappen (je 2x):

- ◆ 0,3 cm ø innen für Spreize
- ✖ 0,3 cm ø innen für Segel

Kappnaht

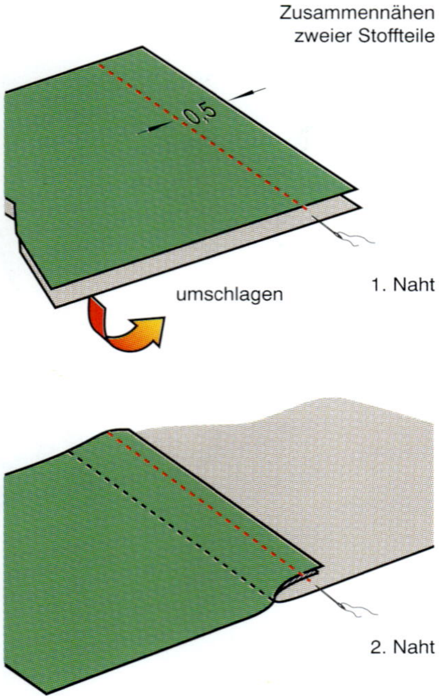

Legende

sichtbare Kante

Faltlinie

verdeckte Linie

Naht

neue Naht

Zickzacknaht

Hinweispfeil

Hier nähen

Maßpfeil

Ab hier runden

Abfolgepfeil

Richtungspfeil

Panel-Nr.

Bewegungspfeil

Fadenverlauf

Alle Maßangaben in cm

Pictogramme

Schotstek

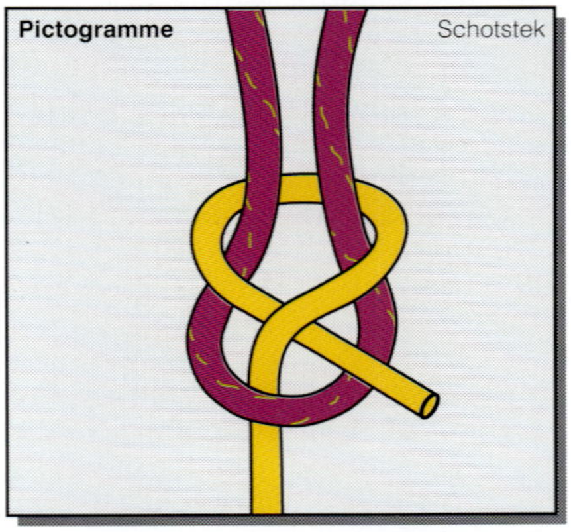

Webeleinenstek

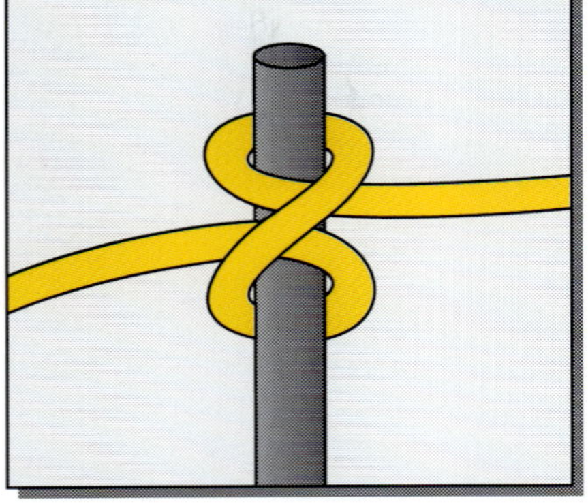

A Schablone runden

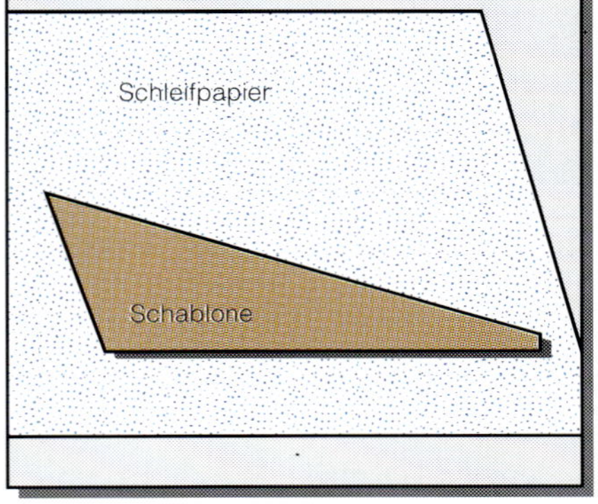

Kreuzknoten

Buchtknoten

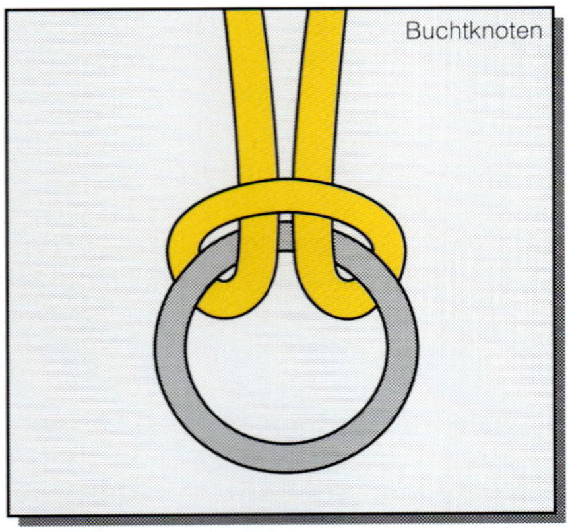

B Schablone runden

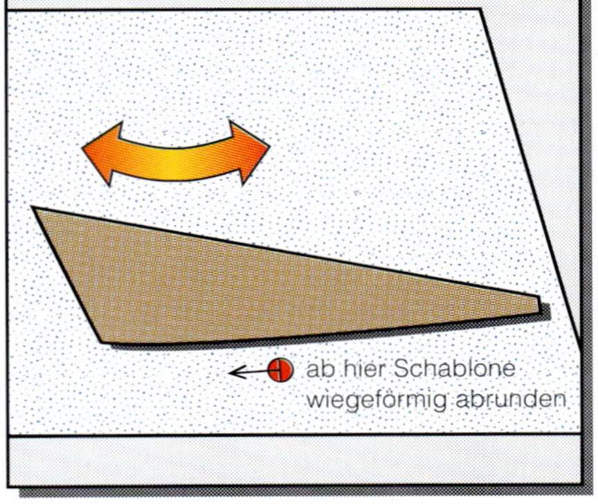

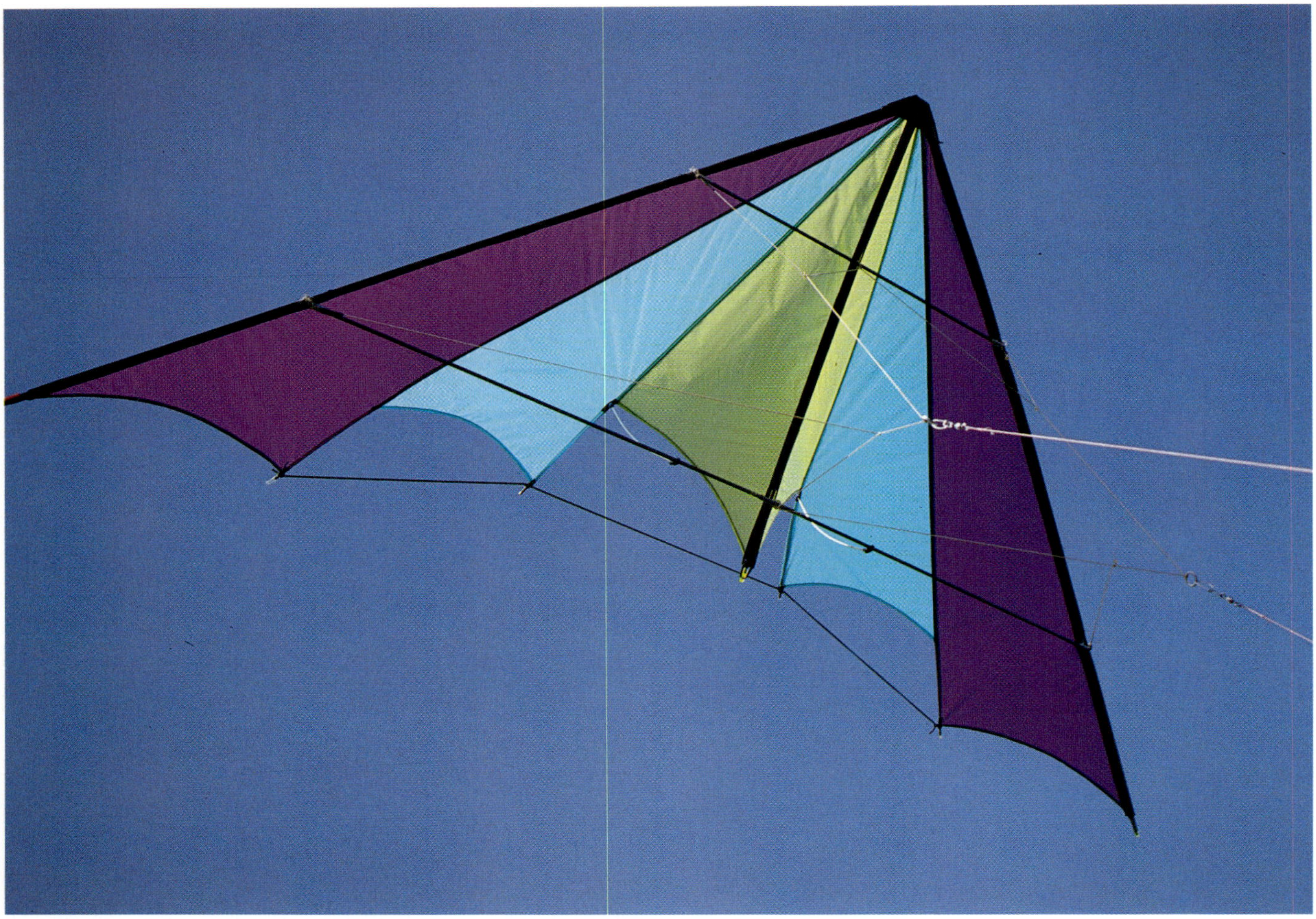

BEL AIR

Es gibt verschiedene Klassen von Lenkdrachen. Die Faktoren Segelfläche und Gewicht spielen dabei eine große Rolle. Der oben abgebildete Bel Air wiegt nur 100 g und ist damit ein ausgezeichneter Leichtwinddrachen. Schon bei Windstärke 2 zeigt er seine Vorteile: präzise Flugfiguren, rasches Ansprechen auf Steuermanöver und einen hohen Flugradius. Beim Zusammenstellen des Baumaterials wurde auf ein möglichst geringes Gewicht geachtet. Selbstverständlich kann der Drachen auch für höhere Windgeschwindigkeiten gebaut werden - Sie wählen in diesem Fall ein stärkeres Gestängematerial aus. Die Näharbeiten sind beim Bel Air nicht besonders aufwendig; er eignet sich demnach auch für diejenigen, die noch nicht so viel Erfahrung im Umgang mit Nähmaschinen haben.

Die Segel des Bel Air sind leicht vorprofiliert. Der Drachen erfährt so einen guten Auftrieb. Beim ersten Probeflug und dem damit verbundenen Einstellen der Waage ist es wichtig, bei gleichmäßigem Wind zu fliegen. »Gleichmäßig« heißt in diesem Zusammenhang, daß möglichst weder Bäume, Häuser noch Hügel den Wind verwirbeln. Ein ruppiger, ungleichmäßiger Wind verfälscht die Einstellung der Waage. Ist die Waage einmal richtig justiert, so kann mit Hilfe von Markierungen der Anstellwinkel des Drachens an jede Windstärke angepaßt werden. Zum Fliegen des Drachens reicht eine Schnur mit einer Belastbarkeit von 80 bis 100 kg.

Hinweis: Beim Sägen von Carbonstäben oder von glasfaserverstärkten Stäben (GFK-Stäben) und beim Heißschneiden des Segelmaterials mit dem Lötkolben den entstehenden Staub bzw. die Dämpfe auf keinen Fall einatmen, da dies zu gesundheitlichen Schäden führen kann.

Baumaterial:

1,3 m^2 Spinnakernylon,
32 g/m^2, verschiedene Farben
1,3 m^2 Pappe oder Sperrholz
7 Carbonstäbe, 82,5 cm lang, 0,5 cm ø
1 GFK-Stab, 400 cm lang, 0,2 cm ø
2 Gummiendkappen, 0,2 cm ø innen
2 Gummiendkappen, 0,4 cm ø innen
1 Schlauch, 200 cm lang, 0,5 cm ø innen
1 Schlauch, 15 cm lang, 0,3 cm ø innen
1 Schlauch, 4 cm lang, 0,4 cm ø innen
1 Schlauch, 3 cm lang, 0,6 cm ø innen
1 Dacronband, 260 cm lang, 4 cm breit
1 Dacronband, 75 cm lang, 2 cm breit
1 Dacronstück, 15 x 8 cm
3 Pfeilnocken, 0,5 cm ø innen

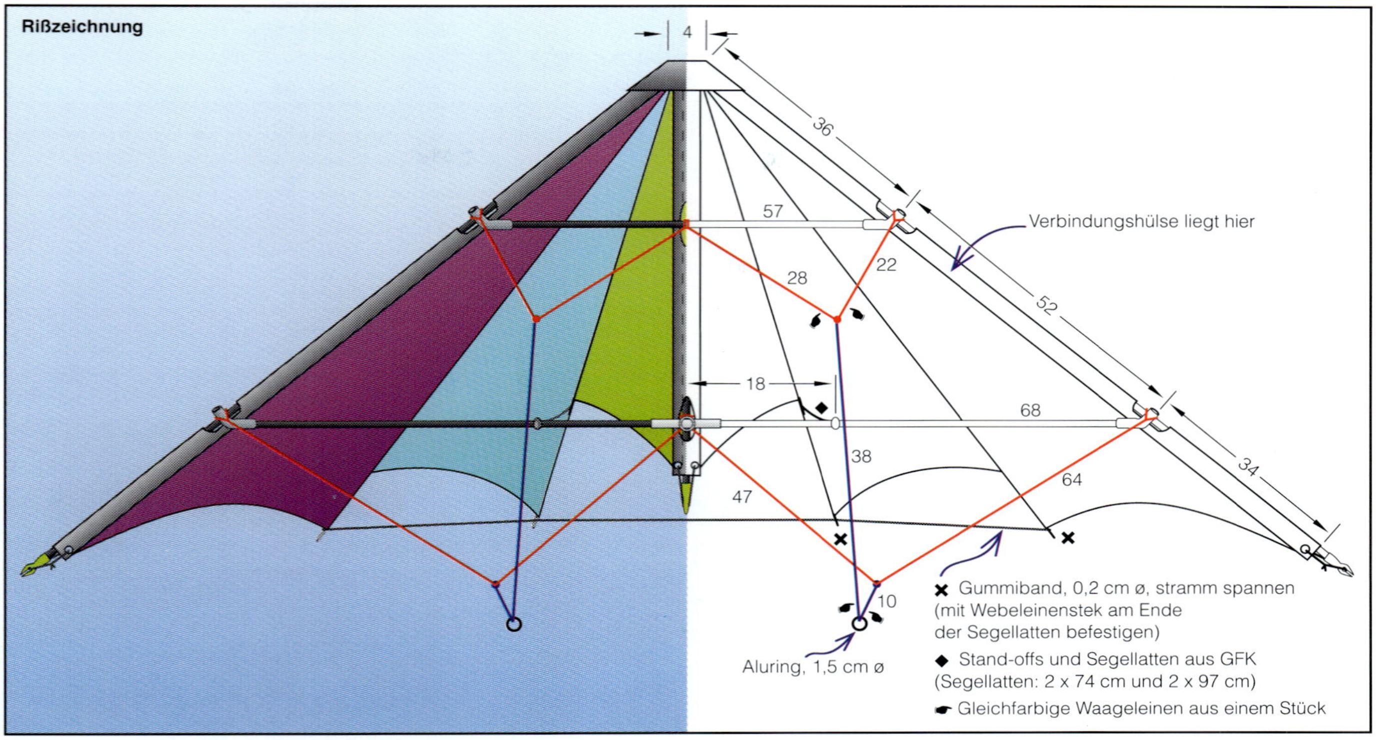

3 Steckverbinder (Aluhülsen), 6 cm lang, 0,5 cm ø innen
1 Gummiband, 170 cm lang, 0,2 cm ø
1 Dacronleine, 0,1 cm ø
2 Aluringe, 1,5 cm ø
1 Nahtband, 12 cm lang, 0,5 cm breit
1 Dacronschnur, 500 cm lang, 0,1 cm ø

Bauanleitung:
Stellen Sie anhand der angegebenen Maße (A) Schablonen aus Pappe oder Sperrholz her. Die mit dem entsprechenden Symbol versehenen Kanten (⬤↓, A) werden vorsichtig mit Schmirgelpapier gerundet. Es muß sich dabei eine gleichmäßige Wölbung ergeben, wobei schließlich 0,4 cm des Materials abgetragen sein müssen (siehe dazu auch Seite 27).

Mit Hilfe der Schablonen schneiden Sie jetzt die sechs Segelteile aus. Ein Heißschneider erleichtert diese Arbeit und verhindert, daß das Nylon später ausfranst. Achten Sie auf die angegebene Laufrichtung der Fasern (A).
Die Schleppkanten müssen zum Säumen doppelt umgelegt werden, wobei der Saum auf der Rückseite des Segels liegt. Am Übergang der Segelteile 1 und 2 wer-

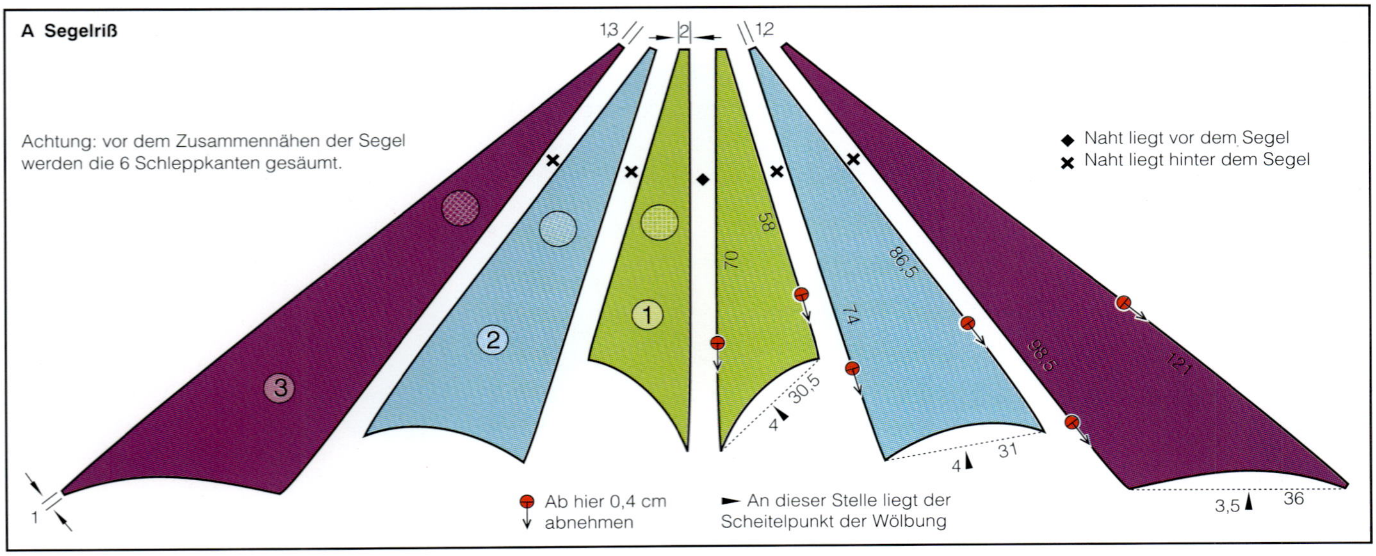

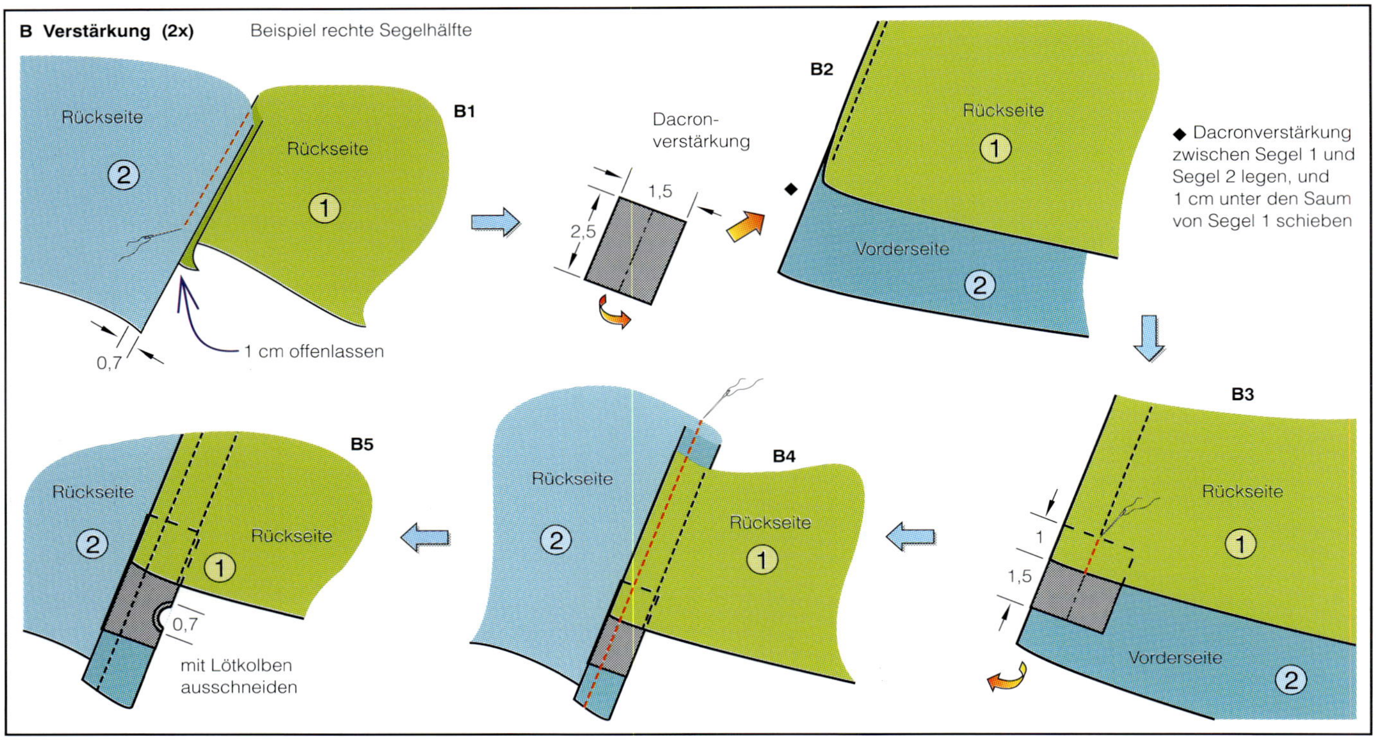

den an der Segellatte die Stand-offs befestigt. Deshalb muß hier eine Verstärkung aus Dacron angebracht werden. Nähen Sie die Segelteile 1 und 2 gemäß der Zeichnung B1 zusammen, und achten Sie darauf, daß am Ende des Segelteils 1 etwa 1 cm der Naht offen bleibt. Unter diese Öffnung schieben Sie eine 1,5 x 2,5 cm große Verstärkung aus Dacron (B2, B3). Jetzt wird das Segelteil 2 herumgeklappt, und eine zweite Naht schließt die Tasche (B4). Zur Sicherung der Segellatten in den Taschen werden kurze Nahtbandenden am Fußende mit eingenäht (C,Rißzeichnung). Gehen Sie dabei wie folgt vor: Ein 4 cm langes Stück Nahtband wird in 0,7 cm Entfernung vom Rand am Fußende des Segels festgenäht (C1). Erst danach nähen Sie den 0,7 cm breiten Saum der Segellattentasche darüber (C2). Das Nahtband liegt jetzt 1 cm unter dem Saum. 3 cm davon stehen über (C3). Beim Zusammennähen der Segelteile 2 und 3 wird keine Dacronverstärkung benötigt. Die ebenfalls 0,7 cm breite Tasche wird gemäß Zeichnung B, jedoch ohne Dacronverstärkung, hergestellt.
Mit einem spitzen Lötkolben schneidet man nun einen kleinen Ausschnitt von 0,7 cm Durchmesser in die Dacronverstär-

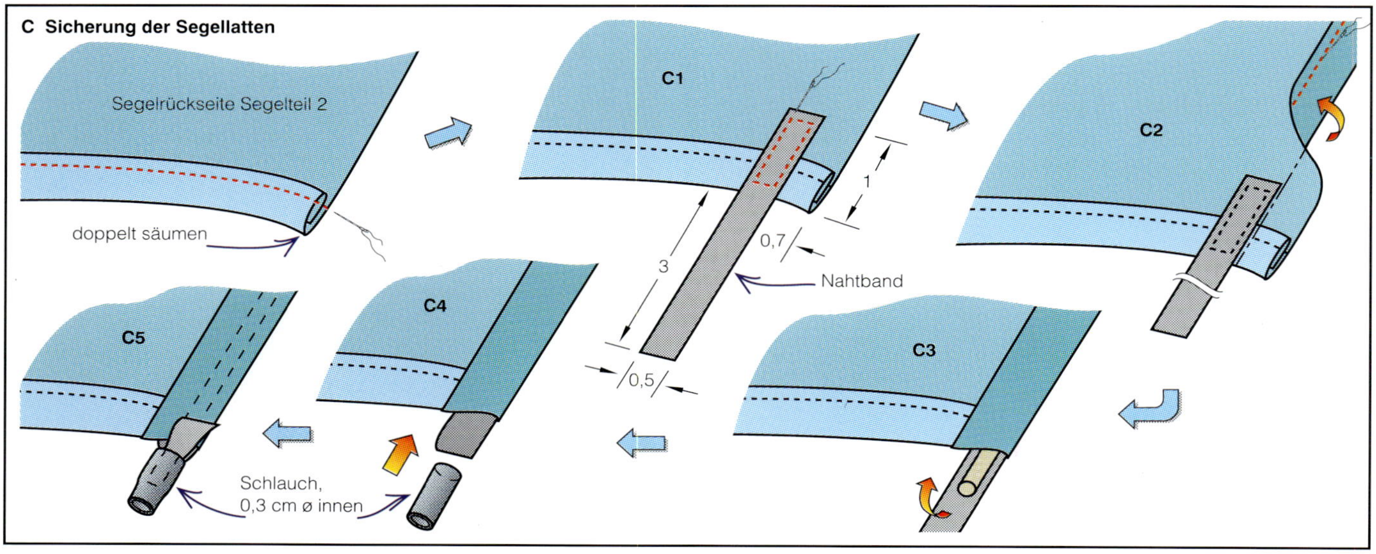

kung (B5). In dieser Öffnung sitzt später die Gummiendkappe zur Aufnahme der Stand-offs.
Sie sollten beide Segelhälften fertig genäht haben, bevor jetzt die Seitenholmtaschen aus Dacron angenäht werden. Entnehmen Sie die entsprechenden Maße der Zeichnung D. Das Dacronband wird der Länge nach gefaltet, bevor es mit dem Nylon vernäht wird. Schieben Sie die Nylonkante etwa 1 cm in die Dacrontasche. Die Ausschnitte für die Seitenholmverbinder werden mit einem Lötkolben ausgeschnitten. Die Maße finden Sie in Zeichnung D. Bei der rechten Segelhälfte beginnen Sie am Kopfteil mit dem Annähen der Tasche. Am Ende der Tasche liegt das Dacron auf 3 cm doppellagig. Bei der linken Segelhälfte beginnen Sie am Ende der Tasche. Legen Sie auch hier das Material auf 3 cm doppelt, und nähen Sie mit einer Zickzacknaht zum Kopfteil hin. An den Enden der Taschen sollte zur Verstärkung ein paarmal hin und her genäht werden.
Jetzt nähen Sie die beiden Segelhälften zusammen. Der Saum liegt bei dieser Naht auf der Vorderseite des Segels, da er später durch die Dacrontasche verdeckt wird. Die Teile werden bündig übereinander gelegt und mit einer offenen Kappnaht verbunden (siehe auch Seite 27). Die Mittelholmtasche besteht aus einem 71 cm langen Stück Dacronband von 2,5 cm Breite. Mit einem spitzen Lötkolben werden ovale Ausschnitte angebracht. In diesen Ausschitten liegt später das Mittelkreuzteil und die vordere Spreize. Die Maße der Ausschnitte entnehmen Sie der Zeichung E1.

D Seitenholmtasche

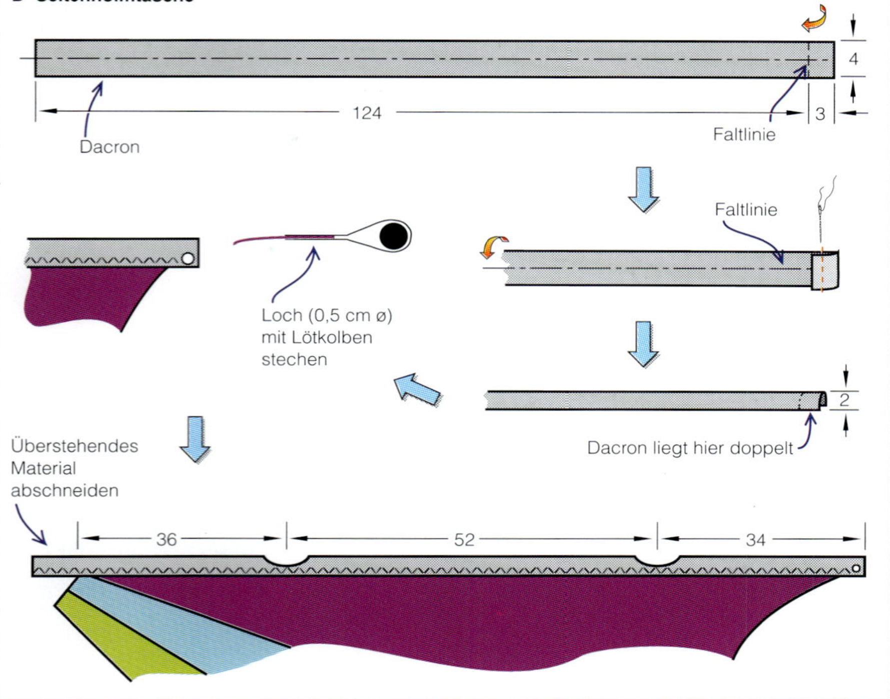

Beginnen Sie am Kopfteil mit der Naht. Zwei parallele Nähte verbinden die Tasche mit dem Segel. Am Fußende liegt das Dacron wiederum doppelt.
Die Dacronverstärkung an der Spitze des Drachens verhindert ein Durchstoßen der Carbonstäbe. Wer auf besonders starken Halt der Stäbe Wert legt, muß zusätzlich Gurtband über das Dacron nähen. Bedenken Sie dabei aber, daß der Drachen dadurch mehr Gewicht bekommt. Da die hier vorgestellte Variante des Bel Air als Leichtwindversion gilt, wurde auf die Gurtbandverstärkung verzichtet. In der Zeichnung E2 ist dargestellt, wie die Nähte an der Verstärkung anzubringen sind. Das überstehende Dacron schneiden Sie mit dem Lötkolben ab. Dabei wird dicht an der außenliegenden Naht entlanggeschnitten, ohne diese dabei zu verletzen.

E1 Mittelholmtasche

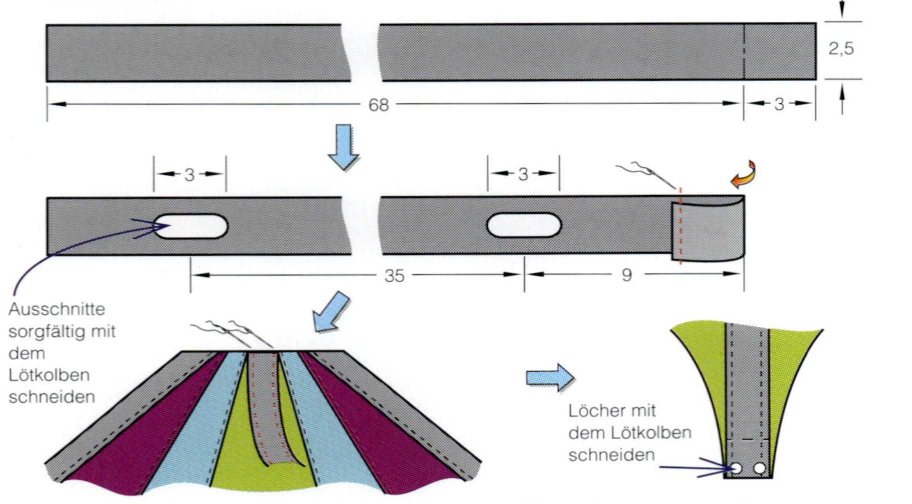

E2 Kopfverstärkung

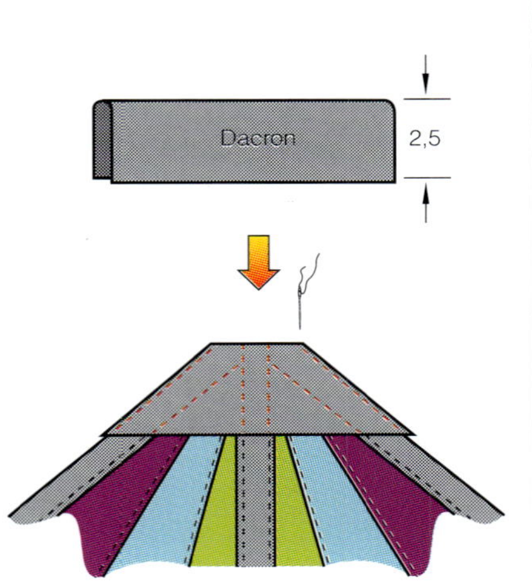

F Seitenholme (je 4x)

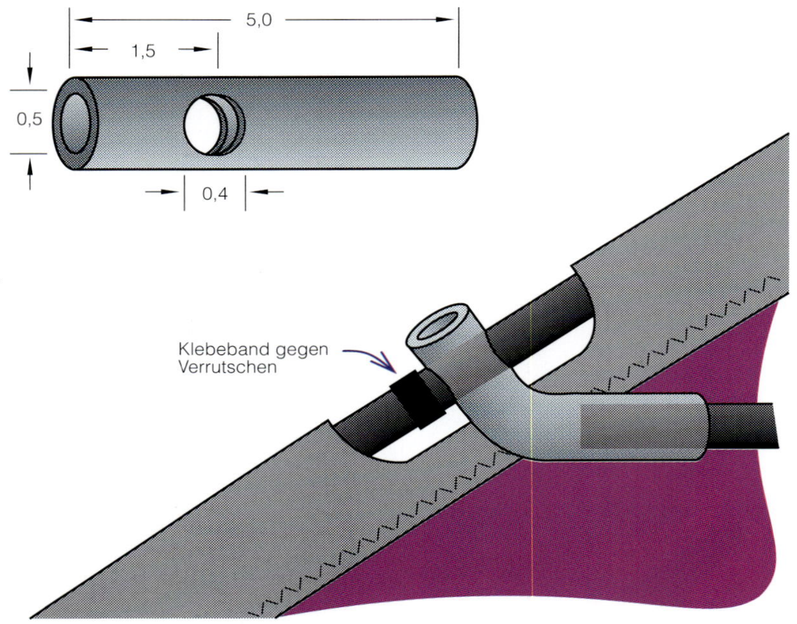

Mit einem spitzen Lötkolben schneiden Sie jetzt kleine Löcher in das doppelt liegende Dacron am Fußende der Taschen (D und E1). In diese Öffnungen verknoten Sie Schlaufen aus Gummiband (0,2 cm).

Die Arbeiten am Drachensegel sind jetzt beendet. Als nächstes werden die Gerüststäbe vorbereitet. Die Seitenholme bestehen aus je 1,5 Stablängen. Eine Aluhülse (6 cm lang, 0,5 cm ø innen) verbindet die beiden Gerüstteile. Entgraten Sie die Hülsen vor dem Einbau. Sägen Sie einen 82,5 cm langen Gerüststab in der Mitte durch. Verbinden Sie die eine Hälfte mit einem der 82,5 cm langen Carbonstäbe. Die Enden der Stäbe werden mit Sekundenkleber in der Hülse verklebt. Die vier T-Verbinder der Seitenholme werden aus dem Schlauch mit 0,5 cm Innendurchmesser abgeschnitten (F).

Mit einer Zangenstanze werden Löcher mit 0,4 cm Durchmesser ans Ende der Verbinder gestanzt. Schieben Sie nun die Seitenholme in die Taschen. Im Bereich der Ausschnitte liegen die T-Verbinder. Das Durchschieben der Aluhülsen ist etwas schwierig, gelingt aber mit geringem Druck.

Bevor der 69 cm lange Mittelholm in die Tasche geschoben wird, muß das Mittelkreuzteil hergestellt werden (G). Es ist ratsam, die Aluhülse zuerst in den Schlauch zu schieben, und erst danach schieben Sie den Carbonstab in die Tasche und den Schlauch des Mittelkreuzteils darüber. Die Enden der Carbonstäbe sollten mit einer Feile entgratet werden, aber Vorsicht: Das Einatmen des Staubes ist gesundheitsschädigend! Schieben Sie nun die Pfeilnocken über die Stabenden. Das Gummiband spannt die Tasche und gibt dem Stab Halt. Jetzt werden die GFK-Stäbe (Segellatten) in die Taschen geschoben. Zunächst werden die Stäbe zwischen den Segeln 2 und 3 eingesetzt. Entnehmen Sie ihre Lage und die Maße der Rißzeichnung. Die Stäbe müssen etwa 2 bis 3 cm aus den Taschen hervorstehen. Sie werden abgesägt und entgratet. Legen Sie das 0,5 cm breite Nahtband (C) stramm über das Ende der Segellatte und sichern Sie es mit einem Stück Schlauch (0,3 cm ø innen). Sie können dafür auch eine entsprechende Gummiendkappe nehmen (C4, C5). Die Segellatten an der Stoßkante von Segel 1 und 2 erhalten zusätzlich je eine Endkappe (0,2 cm ø innen). In diesen Kappen sit-

G Mittelkreuzteil

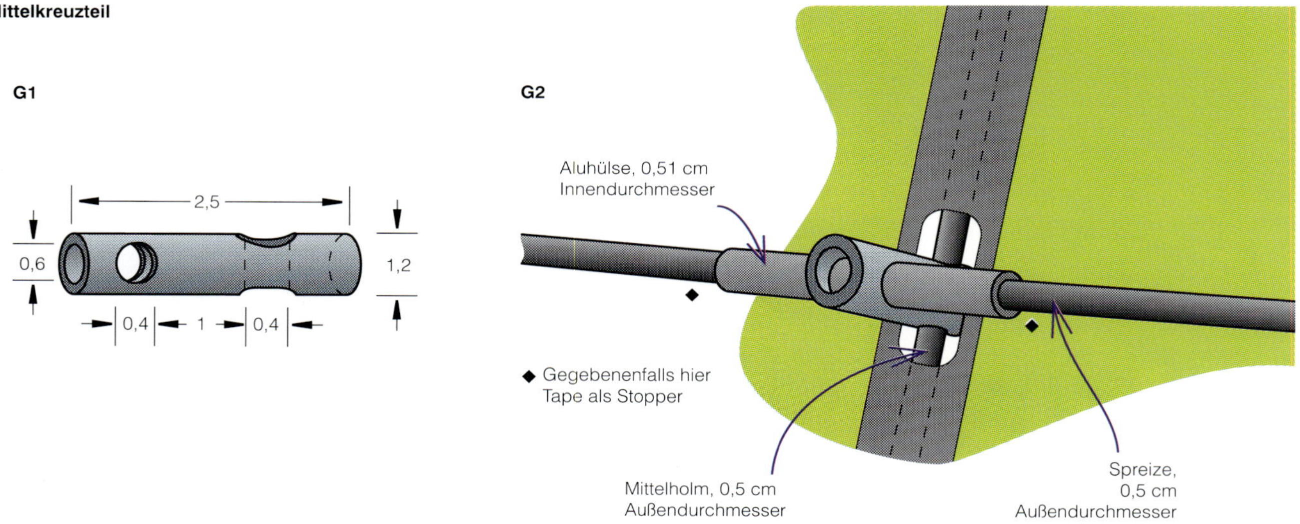

H Halterung für Stand-offs am Segel

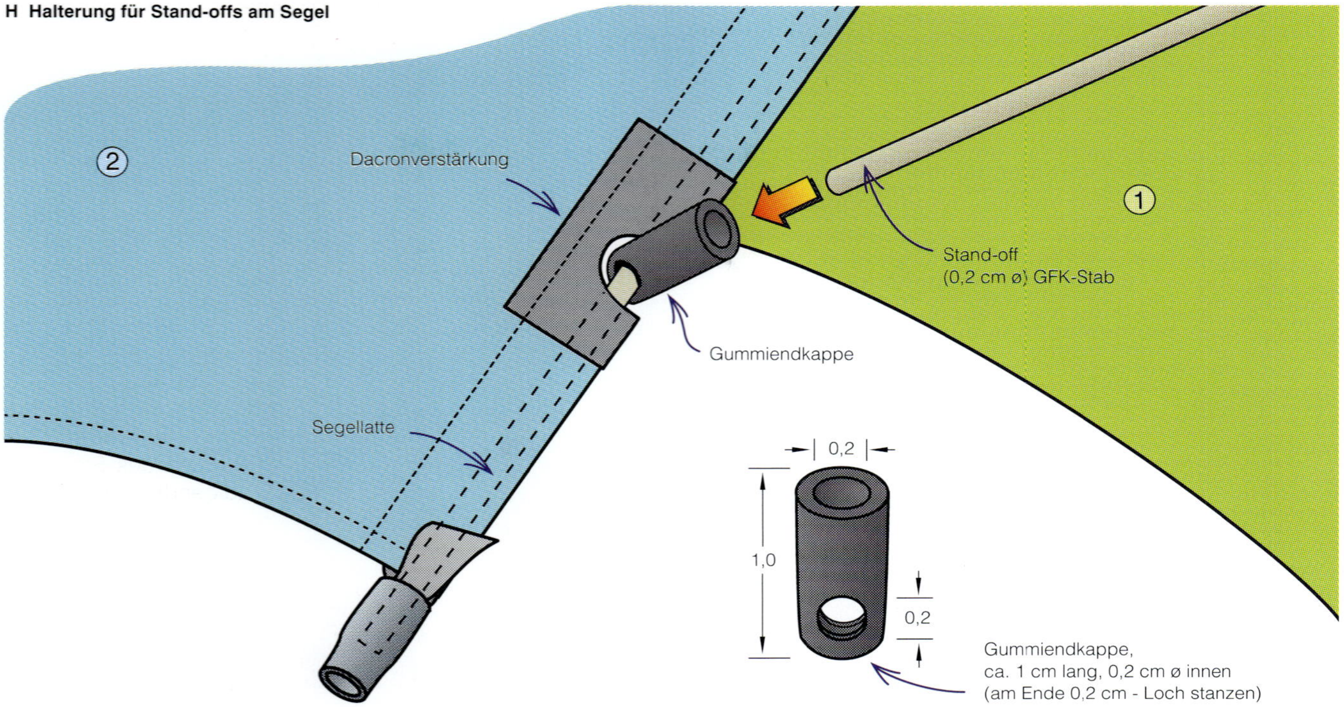

zen später die Stand-offs. Stecken Sie die GFK-Stäbe in die Taschen, und im Bereich der Dacronverstärkungen werden die Endkappen darüber geschoben. Bevor die Gummikappen über die Segellatte geschoben werden, stanzen Sie ein 0,2 cm großes Loch hinein (H).

Jetzt müssen die beiden hinteren Spreizstäbe eingesetzt werden. Die Stäbe sind jeweils 68 cm lang. Es wird jedoch empfohlen, die Stäbe etwas länger zuzusägen, um sie danach durch schrittweises Verkürzen anpassen zu können. Sollten die Stäbe zu lose in den Schlauchverbindern sitzen, müssen die Enden mit Tape umwickelt werden. Hat die Aluverbinderhülse keinen Mittelanschlag, müssen die Spreizstäbe etwa 3 cm vom entsprechenden Ende entfernt mit Tape umwickelt werden. Das Tape verhindert das Durchrutschen der Stäbe. Die Halterungen der Stand-offs an der Spreize bestehen jeweils aus drei kleinen Schlauchabschnitten: 2 x 1 cm lang, 0,4 cm ø innen und 1 x 1,5 cm lang, 0,6 cm ø innen (I). Die kurzen Schlauchabschnitte verhindern das Hin- und Herrutschen des Halters auf der Spreize. Die Schlauchstücke sitzen etwa 18 cm vom Kreuzteil entfernt auf der hinteren Spreize (Rißzeichnung). Setzen Sie die etwa 20 cm langen Stand-offs ein, nachdem Sie in das größere Schlauchstück ein Loch von 0,2 cm Durchmesser gestanzt haben (I).

Bringen Sie jetzt die Waage an. Beginnen Sie, indem Sie die vordere Spreize mit dem Mittelholm verknoten. Danach werden die beiden Enden am T-Verbinder befestigt. Der hintere Waageteil zwischen den T-Verbindern und dem Mittelkreuzstück besteht ebenfalls aus einem Stück Schnur. Beginnen Sie mit einem Webeleinenstek (siehe Seite 27) am Kreuzteil und befestigen Sie daraufhin die beiden Enden an den T-Verbindern. Das Verbindungsstück zwischen vorderer und hinterer Waage wird mit einem Schotstek (siehe Seite 27) befestigt. Durch zwei Aluringe mit 1,5 cm Durchmesser kann die Waage eingestellt werden. Entnehmen Sie die genauen Maße der Rißzeichnung.

I Stand-off Halterung an der Spreize (2x)

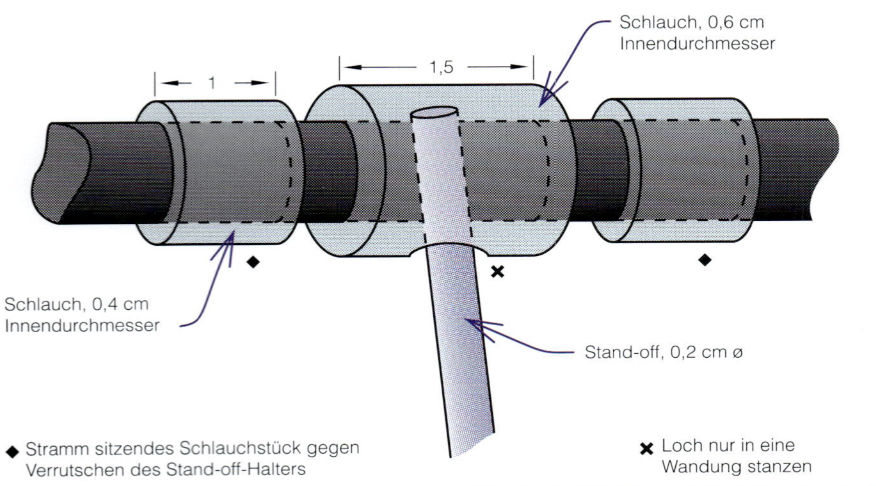

RELAX II

Wer den sportlichen, schnellen und präzisen Flug der Lenkdrachen liebt, ist mit dem Relax II gut bedient. Der im FALKEN Buch 4513 »Phantastische Drachenwelt« vorgestellte Relax stand Pate beim Entwurf dieses High-Tech-Sportgerätes. Wie sein Vorgänger weist dieser Drachen gewölbte Segelflächen auf, welche durch die Segellatten auch bei wenig Wind ihr Profil behalten. Als zusätzliche Maßnahme wurden die Vorderkanten des Segels stark gekrümmt. Der Drachen wird dadurch schneller und wendiger. Als weitere Besonderheit unterstützen jeweils zwei Stand-offs, rechts und links am Drachen angebracht, die Vorspannung des Segels. Für den geräuschlosen Flug sorgt die konkav gebogene Schleppkante. Zusätzlich wurde eine Dacronschnur in die doppelt gesäumte Schleppkante genäht. Der Drachen fliegt geräuschlos und ist in engen Kurven besonders schnell. Die angegebene Waageeinstellung ist für eine extreme Fluglage geeignet. Der Drachen neigt dann jedoch beim Start zum seitlichen Wegkippen. Ist dieser Punkt durch starkes Ziehen an den Leinen überwunden, reagiert er sensibel und schnell auf alle Lenkmanöver. Der Relax II ist für Windstärken von 2 - 5 ausgelegt und muß je nach Windstärke mit 100- bis 120-kg-Leinen geflogen werden. Für stärkeren Wind nehmen Sie kräftigere Gerüststäbe als angegeben.

Hinweis: Beim Sägen von Carbonstäben oder von glasfaserverstärkten Stäben (GFK-Stäben) und beim Heißschneiden des Segelmaterials mit dem Lötkolben den entstehenden Staub bzw. die Dämpfe auf keinen Fall einatmen, da dies zu gesundheitlichen Schäden führen kann.

Baumaterial:
2 m^2 Spinnakernylon,
45 g/m^2, verschiedene Farben
2 m^2 Pappe oder Sperrholz
1 Dacronband, 360 cm lang, 5 cm breit
1 Gurtband, 10 cm lang, 4 cm breit
selbstklebendes Nylon, mind. 4 x 25 cm
8 Carbonstäbe, 82,5 cm lang, 0,69 cm ø
1 GFK-Stab, 370 cm lang, 0,2 cm ø
3 Pfeilnocken, 0,69 cm ø
1 Schlauch, 25 cm lang, 0,6 cm ø innen
1 Schlauch, 6 cm lang, 0,8 cm ø innen
1 Schlauch, 5 cm lang, 0,5 cm ø innen
1 Hochdruckschlauch,
3,5 cm lang, 0,6 cm ø innen
4 Gummiendkappen, 0,5 cm ø innen
6 Gummiendkappen, 0,2 cm ø innen
1 Aluhülse, 8 cm lang, 0,7 cm ø innen
2 Aluhülsen, 0,69 cm ø innen
1 Nahtband, 35 cm lang, 0,5 cm breit

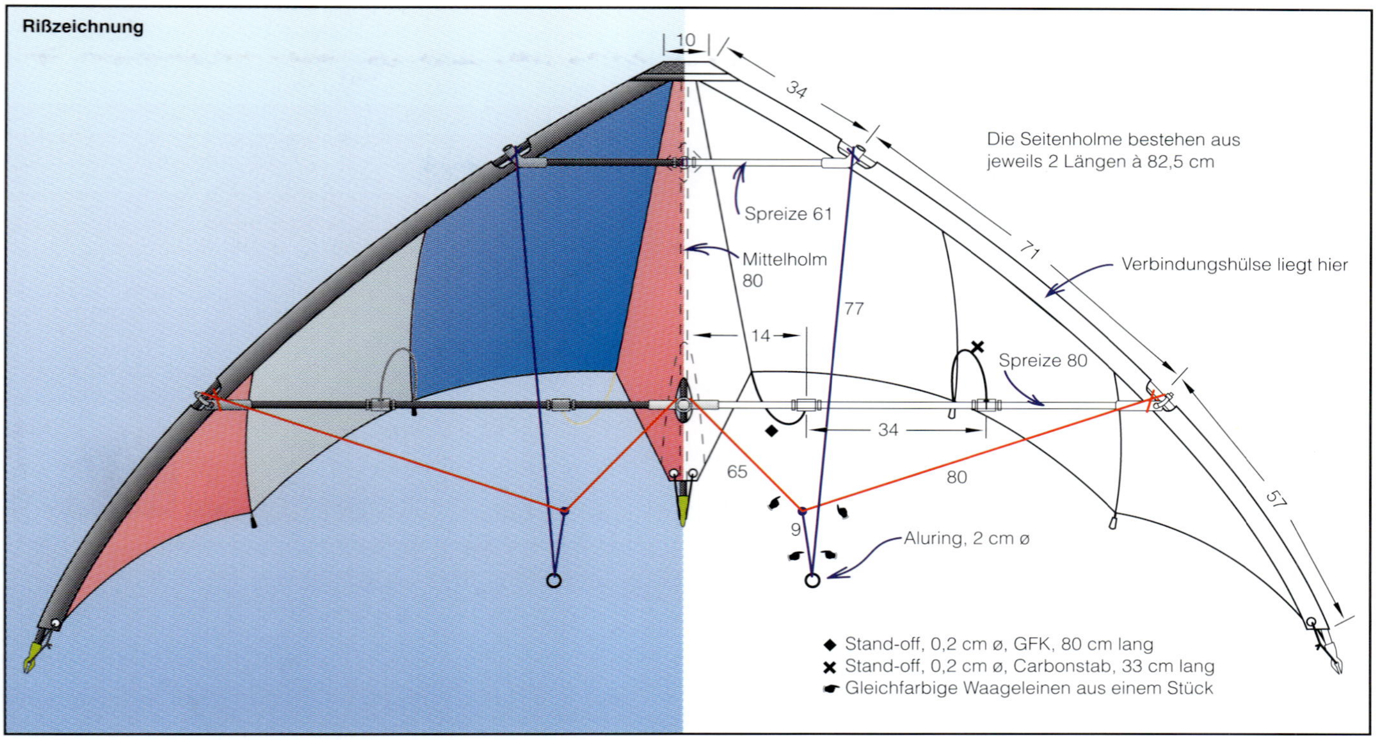

1 Gummiband, 30 cm lang, 0,3 cm ø
4 Kauschen, 0,5 cm ø innen
1 Kausche, 0,8 cm ø innen
1 Nylonband, 350 cm lang, 0,1 cm ø
1 Dacronschnur, 600 cm lang, 0,2 cm ø
2 Aluringe, 2 cm ø
2 Kabelbinder, 0,5 cm breit

Bauanleitung:
Besorgen Sie sich das komplette Baumaterial, bevor Sie mit dem Bau des Drachens beginnen. Ist kein Drachenfachgeschäft in der Nähe, findet man das Material auch in Heimwerker- und Bastelgeschäften. Beim Segelmacher und in Bogensportgeschäften können Sie Spinnakernylon und Carbonstäbe kaufen. Die Kanten der Segelteile 1-4 (A) sind größtenteils gebogen, so daß Schablonen zum Zuschneiden der Segel notwendig sind. An den Stellen der Schleppkante, die mit einem Pfeil bezeichnet sind (A), liegt jeweils der tiefste Punkt der gleichmäßig verlaufenden, konkav gewölbten Schleppkante. An den mit einem Kreis und einem Pfeil bezeichneten Stellen müssen in Pfeilrichtung bis zum Ende der Kante 0,4 cm Material, einer gleichmäßigen Biegung folgend, abgenommen werden (siehe Zeichnung A und

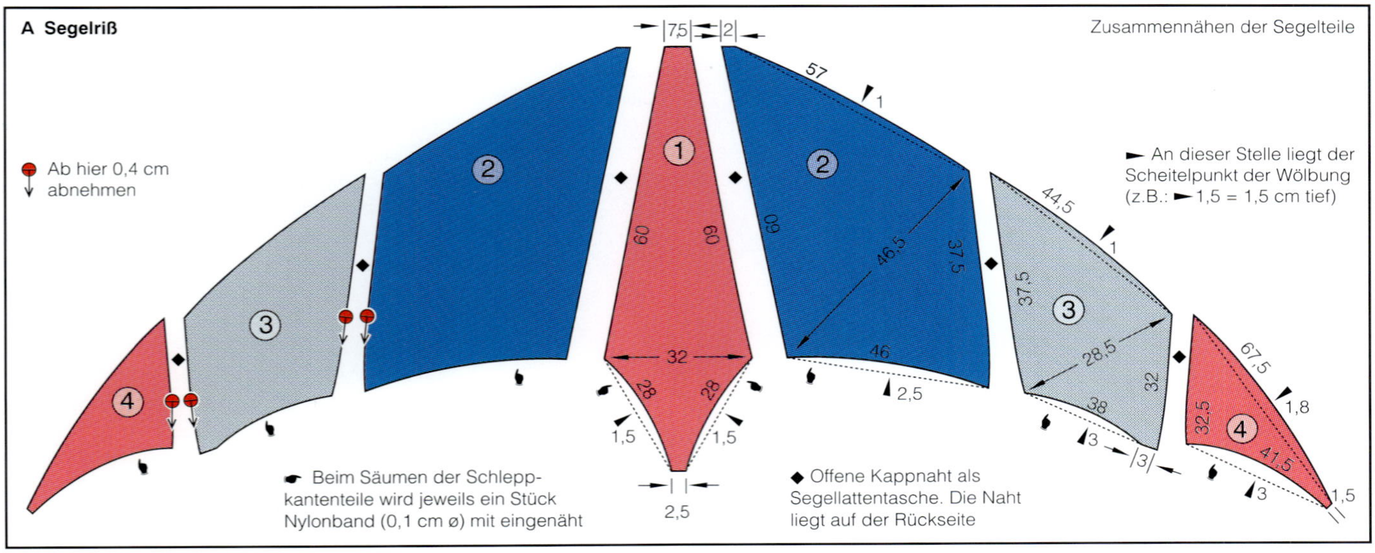

B Verstärkungen aufnähen

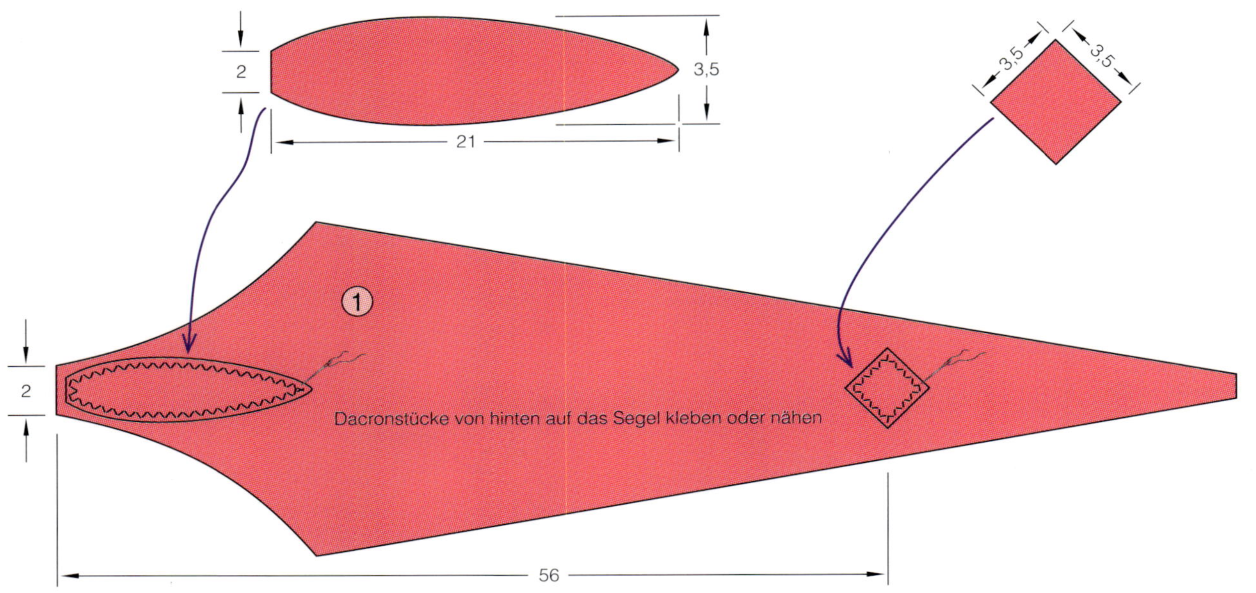

S. 27). Beginnen Sie nun mit dem Säumen der Schleppkante. Die Teile 1-4 werden doppelt gesäumt. In Zeichnung C sehen Sie, daß in dem Saum ein Nylonband (0,1 cm ø) läuft. Lassen Sie das Nylonband etwa 1 cm rechts und links des Saums überstehen. Alle Segelteile werden mit dem Band gesäumt. Das Segelteil 1 erhält außerdem noch zwei Verstärkungen aus selbstklebendem Nylon. Wer dieses Material gerade nicht zur Hand hat, kann auch Dacron aufnähen. Die Verstärkungen liegen auf der Segelrückseite. In der Zeichnung B sehen Sie die Positionen und Maße der Verstärkungen. Nach dem Aufnähen der pfeilartigen Verstärkung wird das Fußende nach hinten umgeklappt und vernäht. Das im Saum eingenähte Nylonband wird dabei sorgfältig mitvernäht. Das Band sollte hinter dem umgeklappten Teil liegen und nicht mehr sichtbar sein.

C Säumen der Schleppkanten mit Nylonband

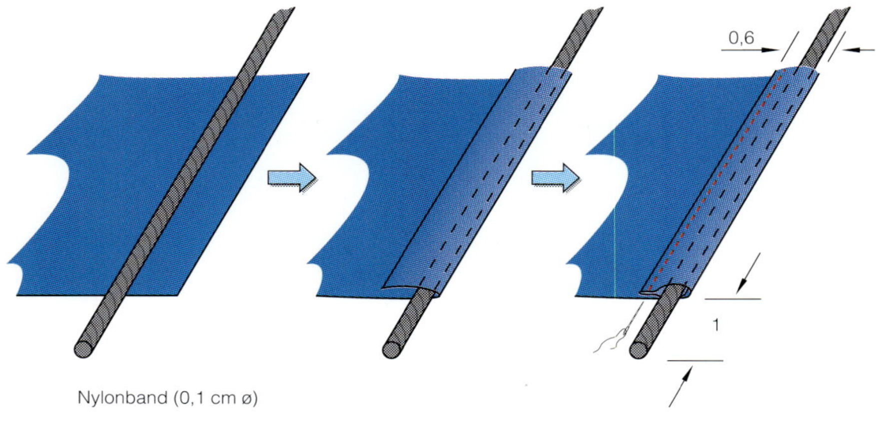

Jetzt werden die sieben einzelnen Segelteile zusammengenäht. Beginnen Sie bei Teil 1, und arbeiten Sie nach außen weiter. Zum Schluß wird jeweils Teil 4 an Teil 3 genäht. Wie Sie der Zeichnung D entnehmen, werden die offenen Kappnähte als Segellattentaschen gearbeitet. Aus diesem Grund muß der Saum mindestens 0,8 cm breit genäht werden. Die Naht beginnt an der Schleppkante. Richten Sie die beiden Segelhälften genau aus. Es muß sich ein gleichmäßiger Übergang von einem Segelteil zum anderen ergeben. Mit einer einfachen Geradeausnaht wird der Saum genäht. Als nächstes wird ein Stück 6 cm langes und 0,5 cm breites Nahtband am Saum der Schleppkante festgenäht. In der Zeichnung D1 wurden aus Gründen der Übersichtlichkeit die um 1 cm überstehenden Enden des Nylonbandes weggelassen. Das Nahtband und das Nylonband müssen sorgfältig vernäht werden. Schneiden Sie jetzt eventuell überstehendes Band ab. Gemäß Zeichnung D2 wird der Saum umgeschlagen und mit einer weiteren Naht festgenäht. Achten Sie darauf, daß eine Öffnung zum Einschieben der Segellatten (0,2 cm ø) bleibt.
Die Taschen der Seitenholme bestehen aus gefaltetem, 5 cm breitem Dacronband (E). Bevor die Tasche an die Kante genäht wird, muß sie mit einem Heißschneider egalisiert

D Segellattentaschen (4x)

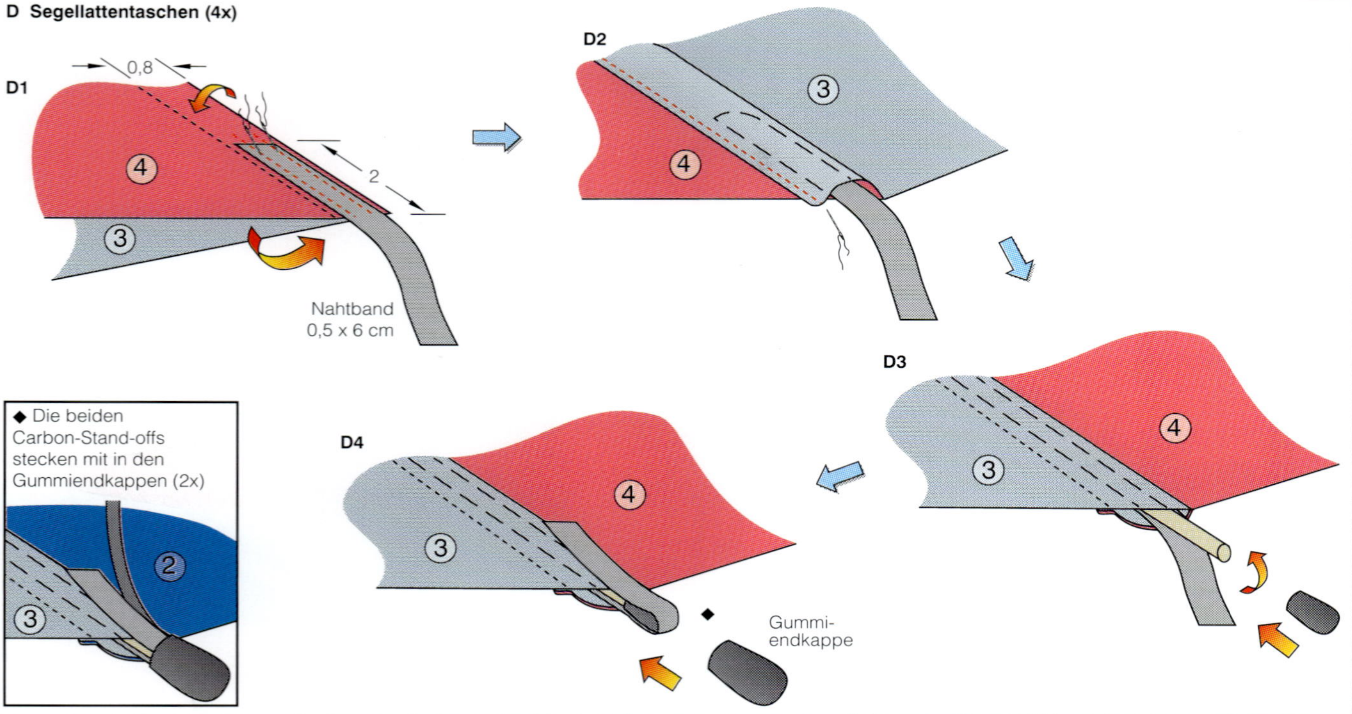

werden. Es muß sich eine gleichmäßige Krümmung ergeben. Die Stelle mit der stärksten Krümmung liegt etwa da, wo die hintere Spreize mit dem Seitenholm verbunden ist. Das Band wird gefaltet und mit einer Zickzacknaht an die Außenkante genäht.

An der Flügelspitze muß das Nylonband sorgfältig mit der Dacrontasche vernäht werden, damit es später nicht ausreißt. Im Bereich der Segelnähte muß etwa 1 cm offen gelassen werden. Mit einem zweiten Nähschritt wird etwas oberhalb der Zickzacknaht der Saum mit einer Geradeausnaht geschlossen. Nähen Sie ein paarmal hin und her, damit die Segellatten später nicht durchstoßen können (E2). An der Flügelspitze liegt das Material doppelt. Hier wird es mit einem spitzen Lötkolben durchstoßen. In den beiden Öffnungen wird je eine Kausch (0,5 cm ø) befestigt. Am Fußteil des Mittelholms werden ebenso zwei Kauschen rechts und links angebracht (siehe auch Zeichnung K).

Die Kopfverstärkung wird nach dem bekannten Schema angebracht. Erst kommt eine Lage Dacron. Darüber wird kräftiges Gurtband genäht. Für diesen Arbeitsgang muß gegebenenfalls die Nadel Ihrer Nähmaschine gegen eine stärkere getauscht werden. Entnehmen Sie der Zeichnung F,

E Seitenholmtasche

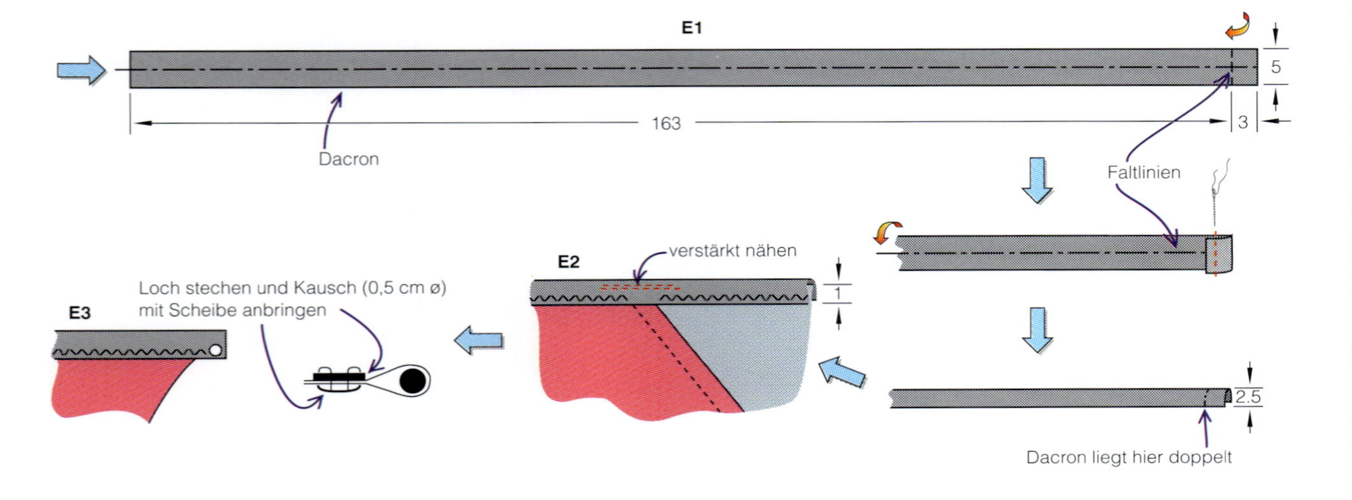

F Kopfverstärkung

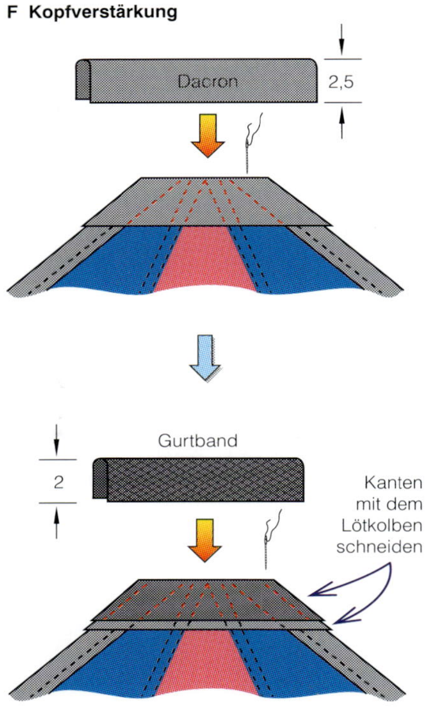

G Seitenholme (je 2x)

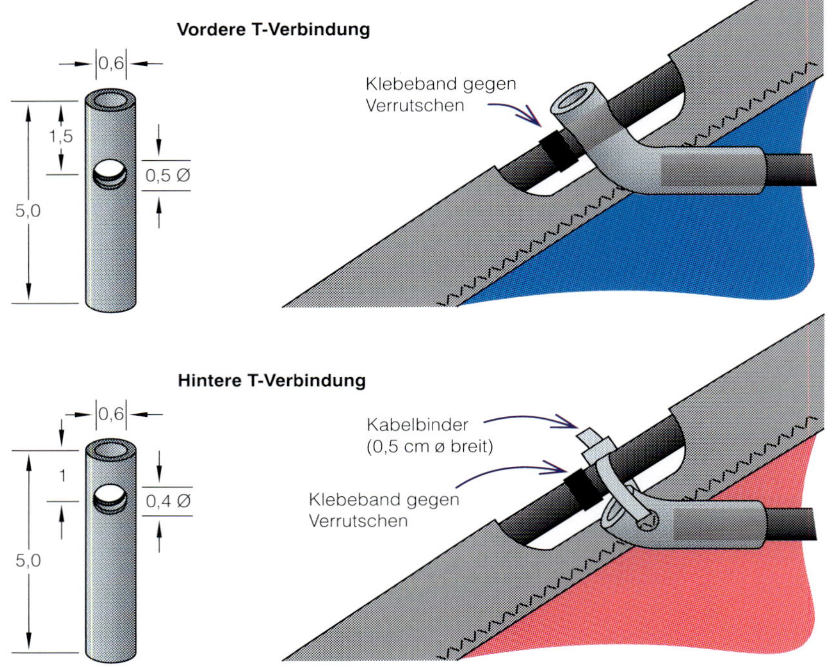

wie die Nähte verlaufen. Dicht an der Außenkante werden Gurtband und Dacron an die Dacrontasche genäht. Das überstehende Material wird mit dem Heißschneider abgetrennt. Mit dieser Verstärkung werden die Stäbe auch bei heftigen Abstürzen nicht durch das Material stoßen.

Die Näharbeiten am Relax II sind jetzt beendet. Stellen Sie nun das Mittelkreuzteil her. Es besteht aus einem Stück Hochdruckschlauch mit 0,6 cm Innendurchmesser und einer Aluhülse als Verbinder. In der Zeichnung H sehen Sie die Maße des Schlauches. Die Verbinderhülse hat einen Innendurchmesser von 0,7 cm und ist etwa 8 cm lang. Schneiden Sie jetzt mit einem spitzen Lötkolben zwei Ausschnitte in die Verstärkungen des Drachensegels. Am Kreuzteil wird ein etwa 5 cm langer ovaler Ausschnitt geschnitten. Im Bereich der vorderen Spreize und des Mittelholms schneiden Sie eine kleine runde Öffnung mit einem Durchmesser von 1 cm. Schieben Sie das Kreuzteil über den 80 cm langen Mittelholm und setzen Sie den Carbonstab in die Tasche. Durch schrittweises Kürzen wird der Stab genau eingepaßt. Eine Pfeilnocke wird über das Ende geschoben und mit einem Gummiband wird das Segel gespannt. Die Seitenholme bestehen aus zwei 82,5 cm langen Carbonstäben. Verbinden Sie die Stäbe mit den Aluhülsen. Mit Sekundenkleber werden die Stäbe in den Hülsen verklebt. Stellen Sie jetzt vier T-Schlauchverbinder aus jeweils 5 cm langen Schlauchabschnitten her (G). Mit einem spitzen Heißschneider müssen jeweils zwei halbmondförmige Ausschnitte in die Seitenholmtaschen geschnitten werden. Entnehmen Sie die Maße der Rißzeichnung.

Schieben Sie die Seitenholme in die Dacrontaschen. Im Bereich der Ausschnitte liegen die T-Verbinder. Beim Schieben der Verbinderhülsen durch den Schlauch muß etwas Druck ausgeübt werden. Am Ende der Stäbe sitzen die Pfeilnocken. Verkleben Sie die Nocken ebenfalls mit etwas Sekundenkleber.

Das Gummiband spannt die Taschen und gibt der Vorderkante die aerodynamisch günstige Form. Setzen Sie durch schrittwei-

H Mittelkreuzteil

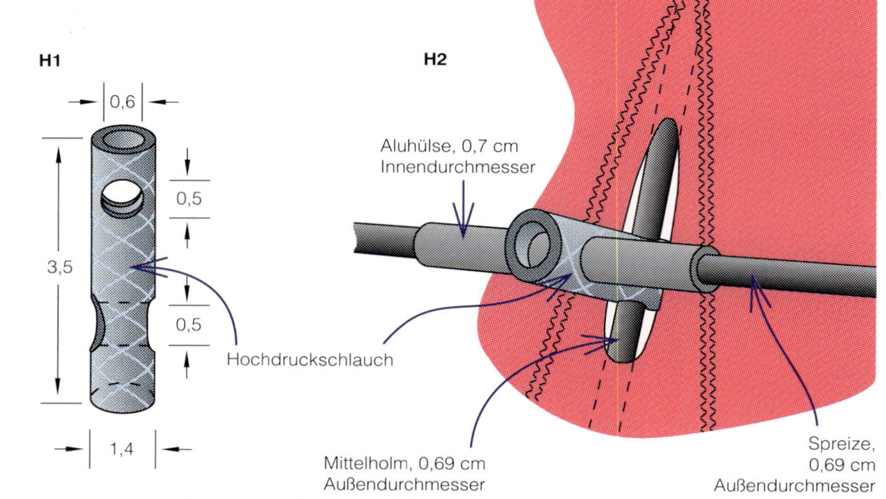

I Stand-offs (2x)

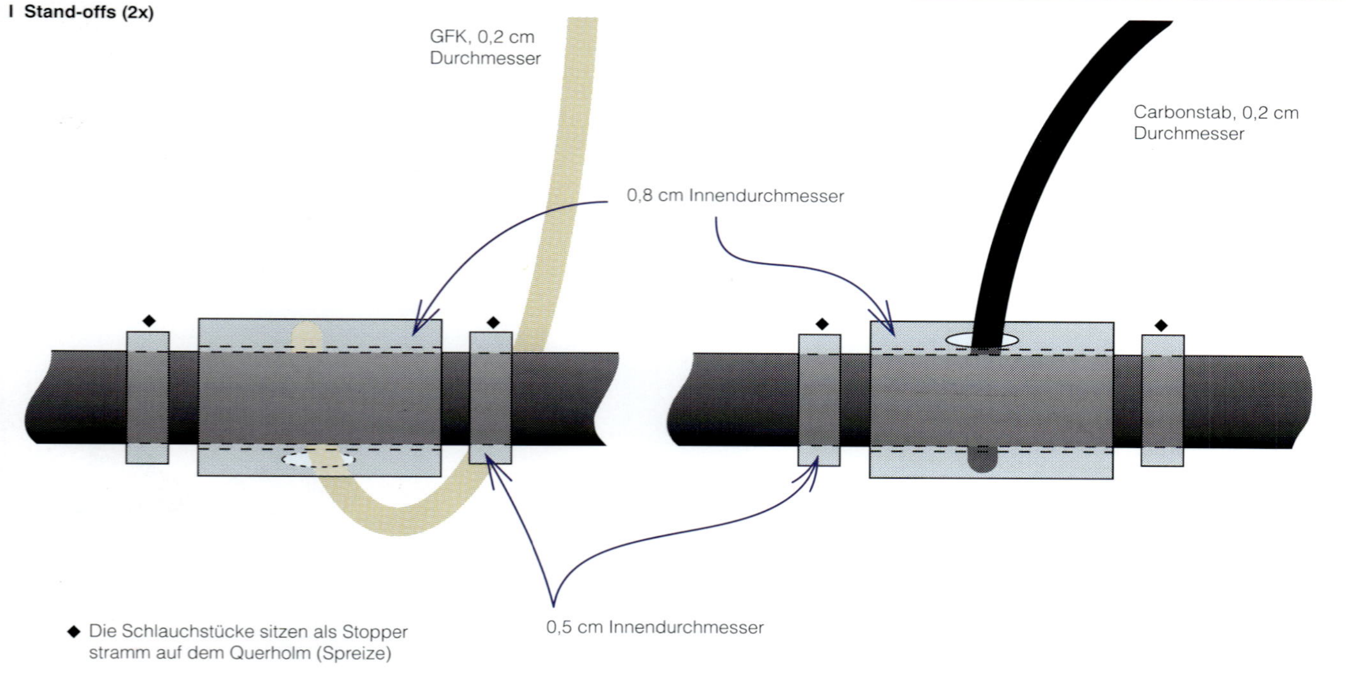

ses Verkürzen die 61 cm lange vordere Spreize ein. Die Speize wird durch mehrfaches Abbinden mit dem Mittelholm verbunden. Um das Ausreißen der Öffnung im Segel zu vermeiden, kann eine 0,8 cm große Öse hier angebracht werden. Rechts und links der Abbindung sitzt jeweils stramm ein Stück Schlauchabschnitt mit 0,5 cm ø (J). Setzen Sie die beiden 80-cm-Stäbe der hinteren Spreize ein. Die beiden Segellatten jeweils rechts und links im Segel werden durch Zusägen angepaßt. Die GFK-Stäbe werden an ihren Enden mit Endkappen (0,2 cm ø) versehen und in die Taschen geschoben. Die Latten werden stramm gespannt und mit einer Endkappe (0,4 cm ø) gesichert (D3,D4). Setzen Sie die Stand-offs (33 cm lang) in die Endkappen (siehe Rißzeichnung) und befestigen Sie sie gemäß Zeichnung I in einem gestanzten Schlauch mit 0,8 cm Innendurchmesser an der Spreize. Die 80 cm langen Stand-offs verlaufen im Segel von der Spitze bis zur Spreize. Dort werden sie ebenfalls in halbseitig gestanzten Schlauchstücken (0,8 cm ø) gehalten. Die Waage wird schließlich mit einem Webeleinenstek am Mittelholm angebracht und mit zwei halben Schlägen (doppelte Knoten) an die Seitenholme (T-Verbinder) geknotet.

J Vordere Spreize

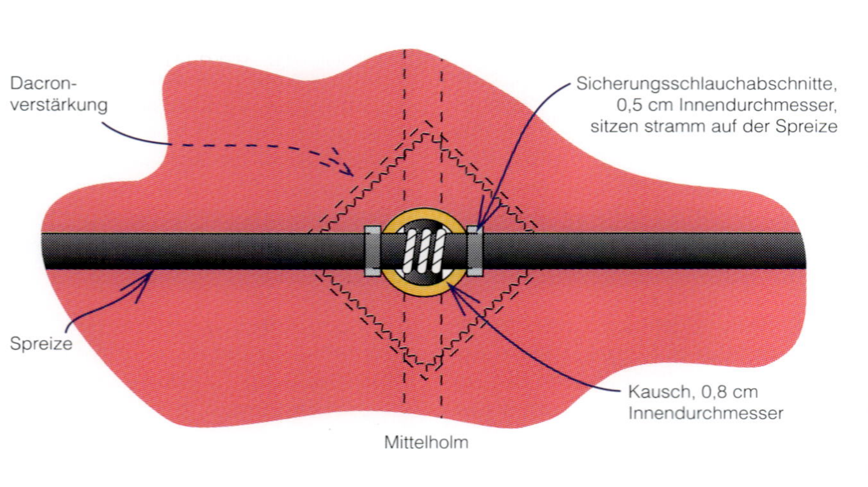

K Fußteil

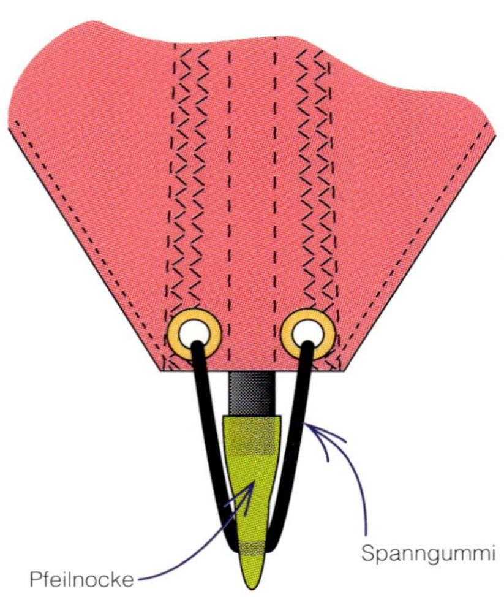

SCANNER

Moderne Lenkdrachen werden im allgemeinen durch Drehung der Segelflächen um den Mittelholm aus ihrer Ruheposition gebracht. Durch die ungleichmäßige Druckverteilung an der rechten und linken Segelhälfte läßt sich der Drachen steuern. Während des Zweiten Weltkrieges machte der Amerikaner Paul Edward Garber eine nützliche Erfindung. Er brachte am Fußteil eines modifizierten Eddy-Drachen ein Ruder an. Dieses Ruder hatte eine vorliegende Anströmfläche und wurde mittels zweier Steuerleinen nach rechts und links bewegt. Auf diese Weise war der findige Amerikaner in der Lage, den Drachen zu steuern. Sein Drachen wurde daraufhin als sogenannter Zieldarstellungsdrachen für die Kanonenschützen der amerikanischen Marine eingesetzt. Mit der Entwicklung von Lenkdrachen nach dem rogalloschen Prinzip der halbflexiblen Tragflächen geriet diese Erfindung von Garber mehr oder weniger in Vergessenheit.

Der im folgenden vorgestellte Lenkdrachen verbindet die Prinzipien von Garber und Rogallo. Ein Kiel dient als Anströmfläche. Er leitet die Luftmassen an ein darauffolgendes Ruder. Die halbflexiblen Tragflächen geben dem Drachen einen guten Auftrieb und sorgen für präzise und effektive Manöver. Der Drachen ist für frischen Wind gedacht und sollte mit einer 100-kg-Schnur geflogen werden.

Hinweis: Beim Sägen von Carbonstäben oder von glasfaserverstärkten Stäben (GFK-Stäben) und beim Heißschneiden des Segelmaterials mit dem Lötkolben den entstehenden Staub bzw. die Dämpfe auf keinen Fall einatmen, da dies zu gesundheitlichen Schäden führen kann.

Baumaterial:

2 m^2 Spinnakernylon,
32 g/m^2, verschiedene Farben
2 Carbonstäbe, 78 cm lang, 0,54 cm ø
5 Carbonstäbe, 82,5 cm lang, 0,59 cm ø
3 Carbonstäbe, 72,5 cm lang, 0,4 cm ø
1 Carbonstab, 17 cm lang, 0,4 cm ø
1 GFK-Stab, 40 cm lang, 0,3 cm ø
3 Pfeilnocken, 0,59 cm ø
2 Pfeilnocken, 0,4 cm ø
1 Pfeilnocke, 0,54 cm ø
1 Schlauch, 24 cm lang, 0,6 cm ø innen
1 Hochdruckschlauch,
3 cm lang, 0,6 cm ø innen
1 Hart-PVC-Schlauch,
4 cm lang, 0,3 cm ø innen
2 Gummiendkappen, 0,3 cm ø innen
1 Aluverbinder, 8 cm lang,
0,59 cm ø innen, mit Mittelsteg
2 Aluhülsen, 0,59 cm ø innen

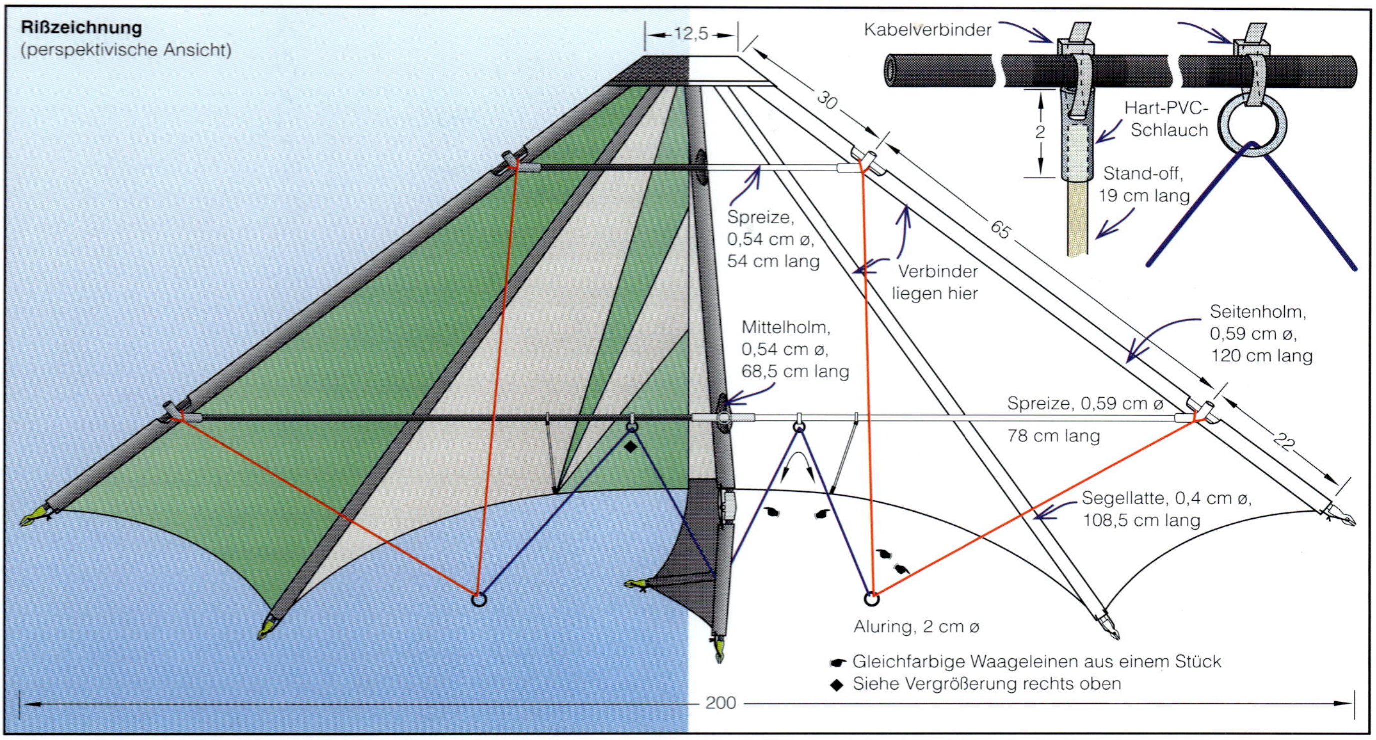

1 V-Verbinder aus Kunststoff, 165 °, 0,54 cm ø innen
1 Dacronband, 350 cm lang, 5 cm breit
1 Dacronband, 240 cm lang, 1,5 cm breit
1 Klettband, 8 cm lang, 2 cm breit
1 Filzband, 8 cm lang, 2 cm breit
5 Niethülsen (Kauschen), 0,5 cm ø innen
1 Nahtband, 25 cm lang, 0,5 cm breit
2 Aluringe, 1,5 cm ø
2 Aluringe, 2 cm ø
4 Kabelbinder, 0,3 cm breit
2 Kabelbinder, 0,5 cm breit
1 Gummiband, 70 cm lang, 0,3 cm ø
1 Gurtband, 20 cm lang, 5 cm breit
1 Dacronschnur, 900 cm lang, 0,1 cm ø

Bauanleitung:

Der Nachbau des Scanner erfordert ein gewisses Können an der Nähmaschine. Die erforderlichen Techniken werden im folgenden Schritt für Schritt gezeigt und sind leicht nachzuvollziehen.

Beginnen Sie mit dem Zuschneiden der zwölf Segelteile (A). Achten Sie dabei auf die gebogene Schleppkante sowie auf die leicht gekrümmt verlaufenden Kanten der Segelteile 5 und 4. Zunächst werden die Segelteile 1, 2 und 3 zusammengenäht. Nähen Sie dann das Segelteil 4 an das Se-

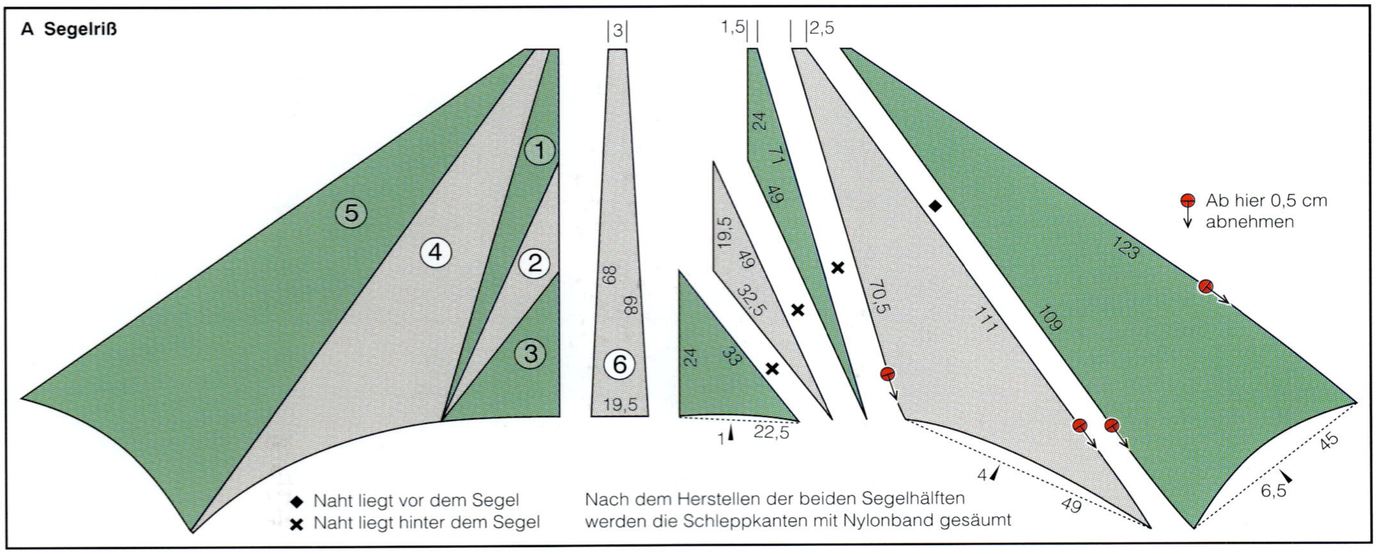

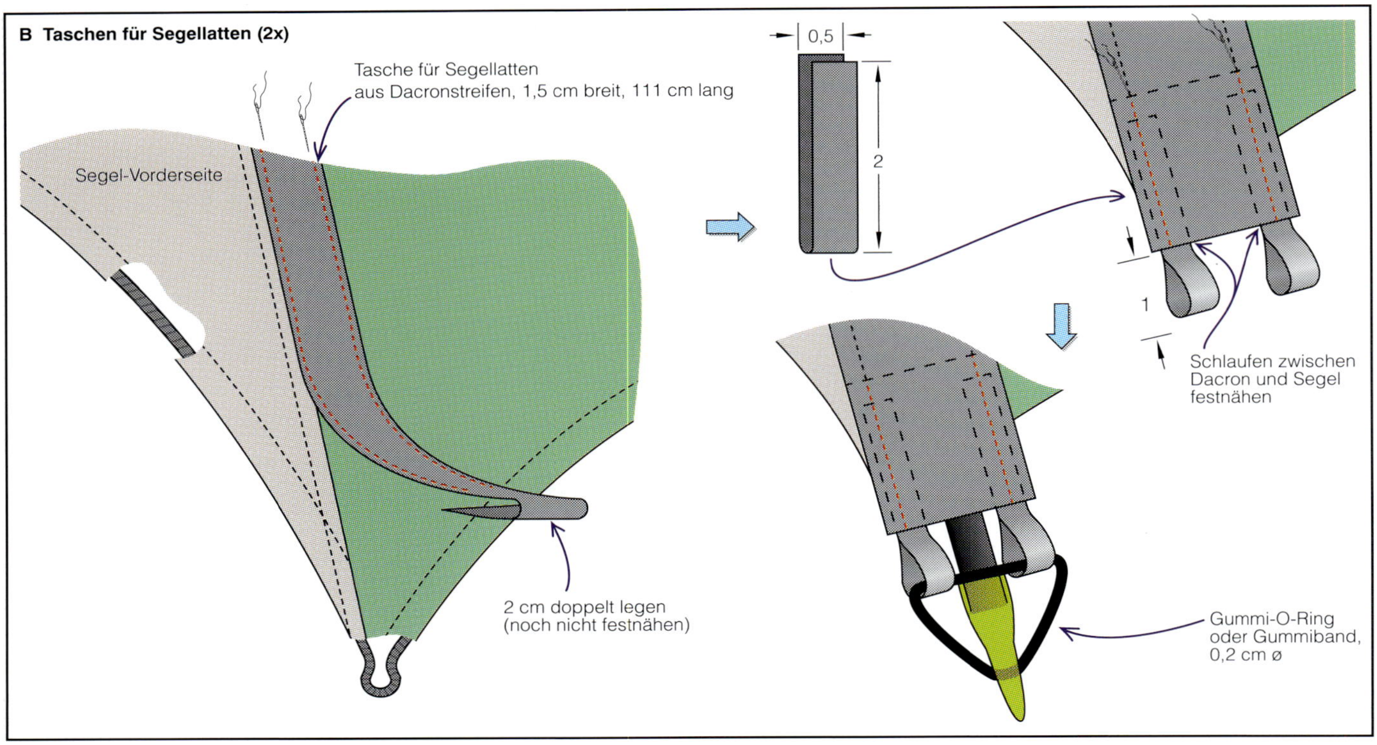

gelteil 1. Die Nähte liegen auf der Segelrückseite. Jetzt wird das Segelteil 5 an das Segelteil 4 genäht, wobei die Naht auf der Segelvorderseite liegt. Stellen Sie auf diese Weise beide Segelhälften her.
Um unnötiges Flattern der Schleppkanten zu vermeiden, werden diese mit einer eingesäumten Dacronschnur versehen (siehe auch Seite 36). Achten Sie darauf, daß der Saum auf der Segelrückseite liegt.
Auf die Naht der Segelteile 4 und 5 wird ein 1,5 cm breiter Dacronstreifen als Segellattentasche genäht. Schneiden Sie dann zwei 111 cm lange Streifen zu, und nähen Sie die Streifen wie in der Zeichnung B angegeben auf die beiden Segelhälften. Am Fußende wird das Material nach innen umgeschlagen und zwei Schlaufen aus 0,5 cm breitem Nahtband werden zusammen mit dem Dacronstreifen festgenäht (B). Die Schlaufen sollen etwa 1 cm aus der Tasche hervorstehen. Die Dacrontasche schließt bündig mit der Segelschleppkante ab.
Als nächstes werden die Seitenholmtaschen in einer Art Sandwichtechnik an die Seitenkanten genäht (C). Schneiden Sie hierfür zwei 121 cm lange Dacronstreifen zu (5 cm breit), und falten Sie diese der Länge nach in der Mitte. Beginnen Sie mit

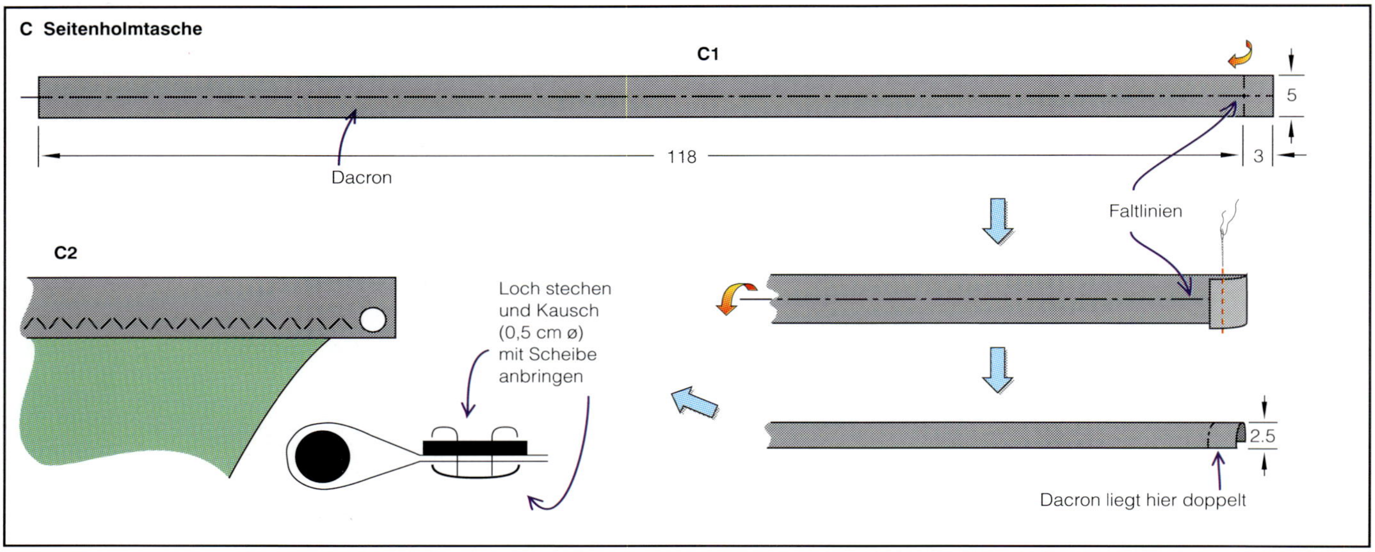

der Zickzacknaht am Kopfende des Segels. Das Segel wird etwa 1 cm in die Dacrontasche geschoben und vernäht (C2). Am Fußende wird das Material 3 cm umgeschlagen und sorgfältig vernäht (mehrmals hin und her nähen). Versehen Sie beide Segelhälften mit den Seitenholmtaschen.

Den Kiel bildet das Segelteil (A). Es wird zunächst an der kurzen Seite doppelt gesäumt. Falten Sie dann das Nylon der Länge nach in der Mitte (D). Die Mittelholmtasche besteht wie die Seitenholmtaschen aus einem 5 cm breiten Stück Dacronband. Das Dacron wird der Länge nach gefaltet und mit 1 cm Überlappung über die gefaltete Kante des Kielteils gelegt (D). Mit einer Zickzacknaht werden jetzt Dacrontasche und Doppelkiel vernäht (D). Zur Verstärkung liegt das Dacron am Fußende doppelt. Achten Sie unbedingt darauf, daß die Tasche bündig mit dem Kiel abschließt.

Jetzt werden die Kieltasche und die beiden Segelhälften zusammengenäht. Dazu muß die Tasche zwischen die beiden Segelhälften gelegt werden (E). Wem diese Näharbeit zu schwierig erscheint, der sollte sie in zwei Schritten durchführen:

1. Annähen des Kiels an die linke Segelhälfte;
2. rechte Segelhälfte an die linke Segelhälfte nähen.

In jedem Fall ist es wichtig, daß der Saum auf der Segelrückseite liegt. Die drei Segelteile müssen unbedingt am Fußende bündig liegen. Dort wird die Naht wegen der sorgfältigen Befestigung des innenliegenden Nahtbandes besonders gründlich vernäht. In der Zeichnung E2 ist zu sehen, daß der Saum umgeschlagen und an einer Segelhälfte festgenäht wird. Stanzen Sie mit einem heißen Lötkolben in die verstärkten Enden der Seiten- und Mittelholmtaschen jeweils ein 0,5 cm großes Loch. In diesen Löchern befestigen Sie je eine Kausch mit 0,5 cm Durchmesser (siehe dazu auch die Zeichnungen C und I).

Mit dem Lötkolben oder einem Heißschneider müssen außerdem Ausschnitte für T- und Kreuzverbinder in die Seitenholmtaschen und die Mittelholmtasche geschnitten werden. Entnehmen Sie die Maße der Rißzeichnung und der Zeichnung D. Beim Heißschneiden von Dacron sollten die Dämpfe nicht eingeatmet werden.

Das Kopfstück des Scanner wird mit einer Lage Dacron sowie mit einer Lage Gurt-

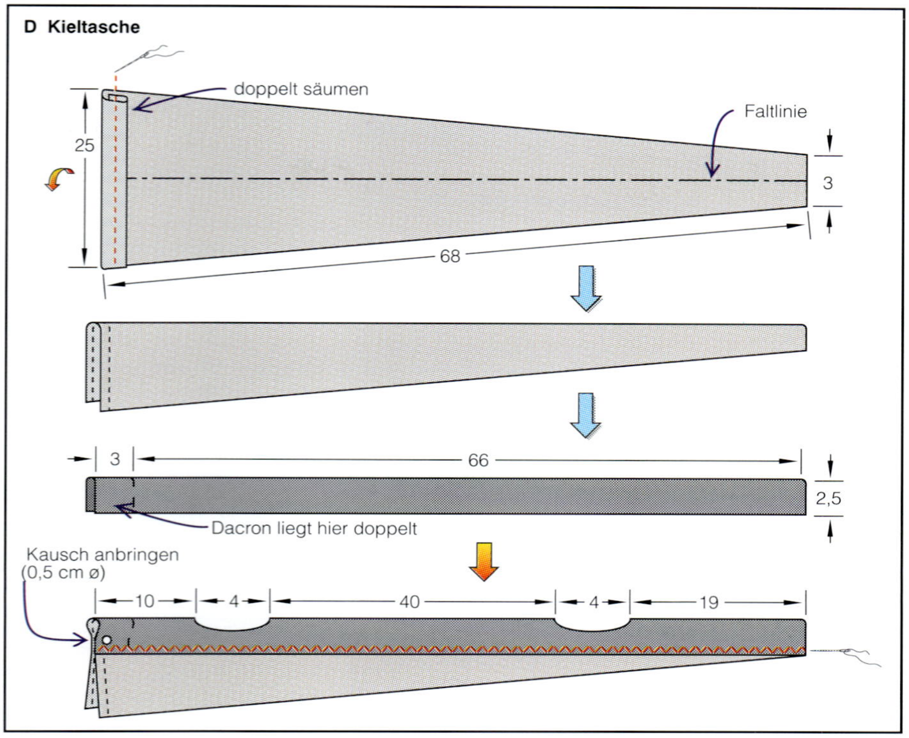

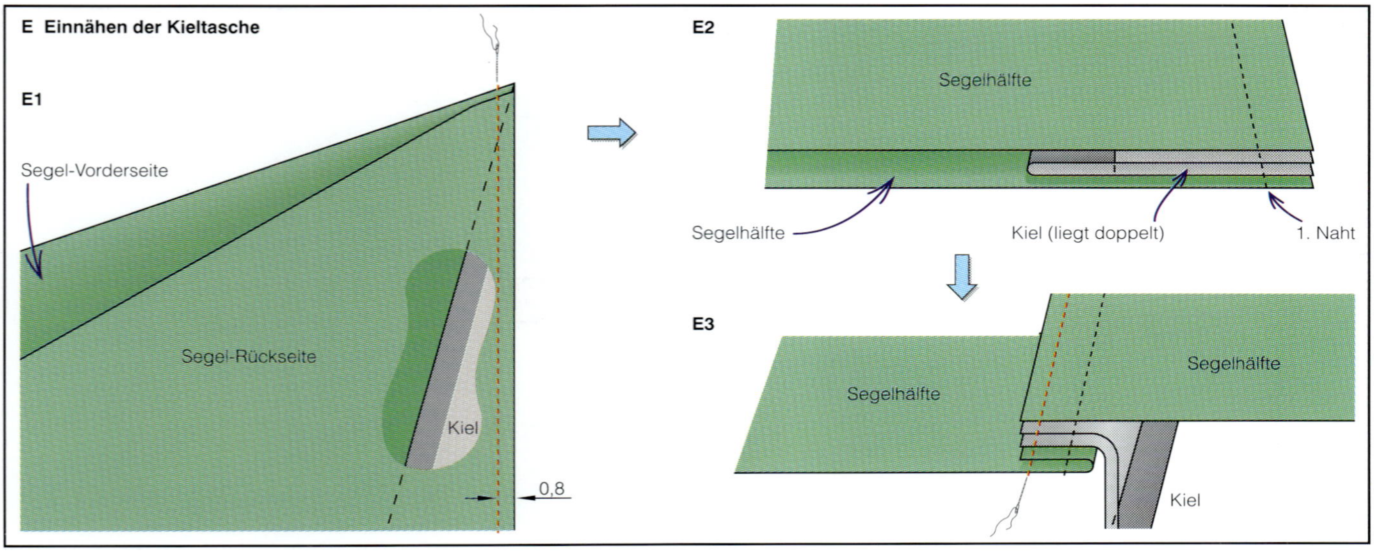

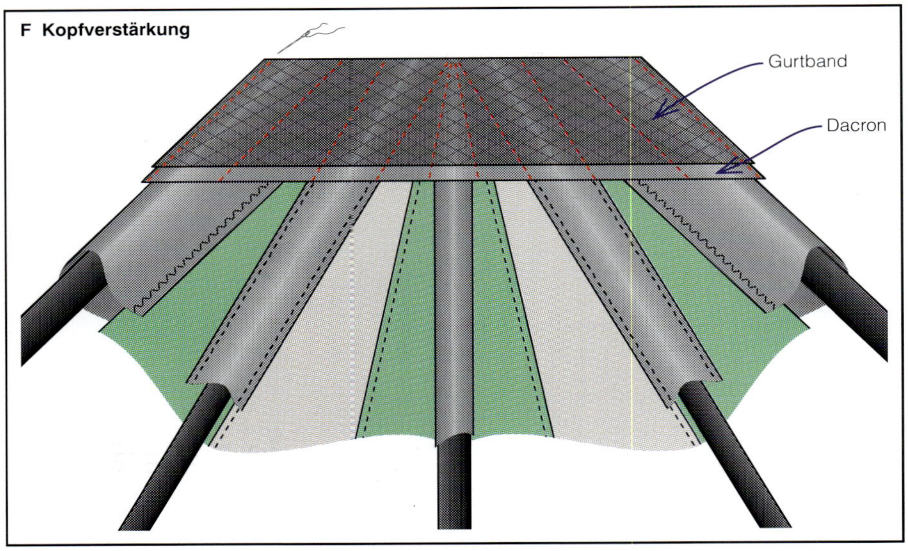

(0,59 cm ø) wird in der Mitte durchgesägt. Die beiden Teile werden mit einer Aluhülse mit jeweils einem ganzen Carbonstab (82,5 cm lang, 0,59 cm ø) verbunden. Schieben Sie diese Seitenholme in die dafür vorgesehenen Taschen. Im Bereich der Ausschnitte liegen die T-Verbinder (siehe Rißzeichnung). Die Aluhülse muß mit etwas Druck durch die Schlauchabschnitte geschoben werden.

Die beiden Segellatten (72,5 cm lang, 0,4 cm ø) werden in die Taschen geschoben. Die Latten bestehen wie die Seitenholme aus jeweils 1,5 Teilen. Diese werden aber stumpf gegeneinander gesetzt und mit Tape umwickelt. Setzen Sie die Pfeilnocken auf die Stabenden, und sichern Sie die Latten mit Gummiband.

Jetzt wird der Mittelholm (Carbonstab, 68,5 cm lang, 0,54 cm ø) in die Tasche geschoben. Im Bereich des hinteren Ausschnittes liegt das Kreuzteil aus Hochdruckschlauch (H).

Stellen Sie jetzt die vordere Spreize (Carbonstab, 0,54 cm ø) her. Die hintere Spreize (Carbonstab, 0,59 cm ø) besteht aus zwei gleichlangen Teilen (Rißzeichnung). Sie werden in die T-Verbinder sowie in den 8 cm langen Aluverbinder geschoben. Dieser Aluverbinder hat vorzugsweise einen Mittelsteg. Somit entfällt das Sichern der

band verstärkt (siehe Zeichnung F). Legen Sie zunächst das Dacron gefaltet über die Vorderkante. Im Bereich der Mittelholmtasche muß sich eine kleine Wölbung ergeben. Bringen Sie die Nähte entlang der Seiten-, Mittel- und Segellattentaschen an (siehe Zeichnung F). Das überstehende Material wird sorgfältig abgeschnitten. Achten Sie darauf, daß die Tasche dabei nicht verletzt wird. Falten Sie nun das Gurtband in der Mitte, legen Sie es ebenfalls über das Dacron, und vernähen Sie es gründlich. Knapp neben den Seitenholmtaschen wird ebenfalls eine Naht gesetzt. Das überstehende Gurtband wird mit einem Heißschneider entfernt.

Stellen Sie als nächstes vier T-Verbinder (Schlauch, 0,6 cm ø innen) und einen Kreuzverbinder (Hochdruckschlauch, 3 cm lang, 0,6 cm ø innen) her. Ein Carbonstab

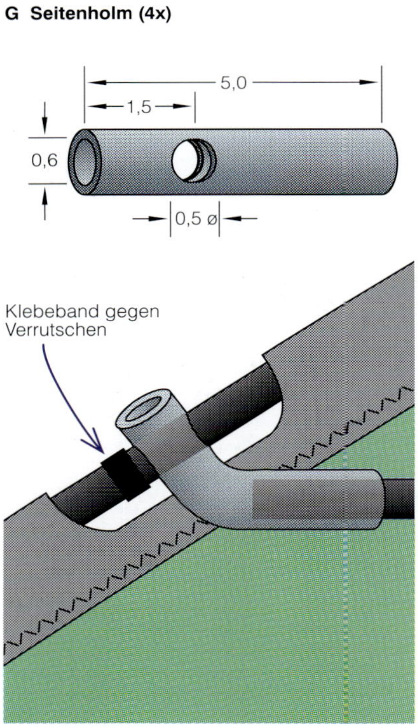

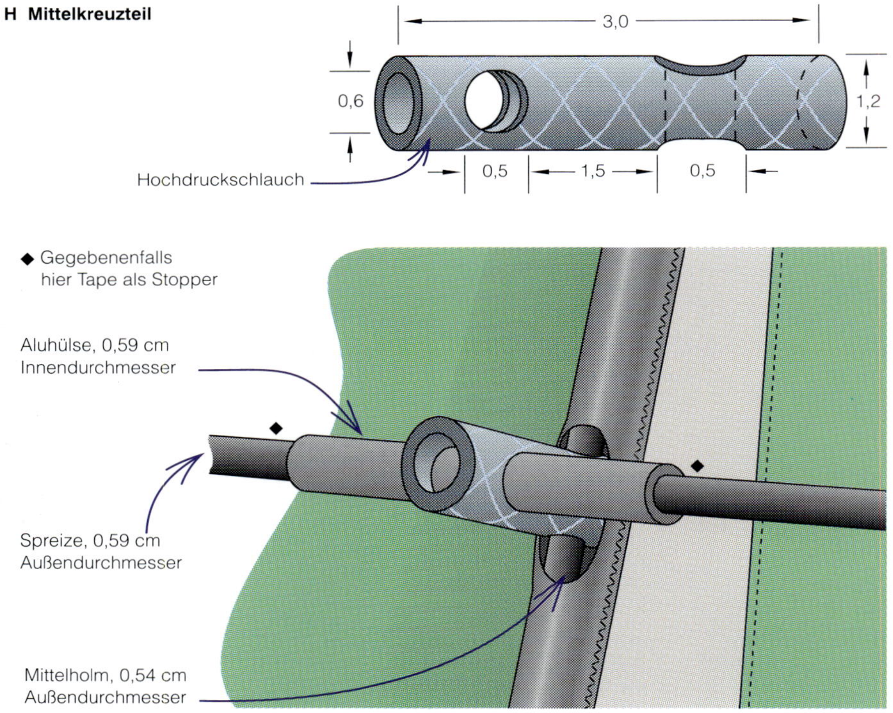

Spreizstäbe gegen Verrutschen. Sollte der Mittelsteg nicht vorhanden sein, müssen die beiden Spreizstäbe etwa 4 cm von ihrem Ende entfernt mit einer kräftigen Lage GFK-Tape umwickelt werden.
Die zwei Stand-offs bestehen aus GFK-Stäben mit einem Durchmesser von 0,3 cm. An der Schleppkante der rechten und linken Segelhälfte wird mittels dünnen Kabelbindern jeweils eine Gummiendkappe (0,3 cm ø innen) befestigt. Stechen Sie mit einer feinen heißen Lötkolbenspitze jeweils ein kleines Loch in die rechte und linke Schleppkante. Achten Sie aber darauf, daß die Naht nicht verletzt wird. Die Lochposition liegt zwischen dem Segelteil 1 und 4 (siehe Zeichnung A). Die Endkappen werden am äußersten Punkt mit einer Stanze (0,2 cm ø) gelocht und mit den Kabelbindern an der Schleppkante befestigt. Die Kabelbinder müssen dabei um das eingenähte Dacronband herumgeführt werden. An der hinteren Spreize werden die Stand-offs in Hart-PVC-Schläuchen (0,3 cm ø innen) gehalten. Die 2 cm langen Schlauchabschnitte werden kurz vor dem Ende gestanzt und mit Kabelbindern an der Spreize befestigt (Rißzeichnung). Es ist ratsam, unter diese Kabelbinder eine Lage Tape zu legen, um das Verrutschen des Kabelbinders zu verhindern. Setzen Sie die 19 cm langen GFK-Stäbe in die Halterungen.
Soll der Scanner ohne das Ruder geflogen werden, muß jetzt der Mittelholm mittels einer Pfeilnocke und einem Gummiband gesichert werden. Die Waage wird nicht durch den Ring zum Ruder geführt, sondern direkt am Kreuzteil befestigt (Rißzeichnung).
Soll der Drachen mit dem Ruder geflogen werden, muß vor dem Einsetzen der Stäbe ein 2 cm breites Klettband entlang der hinteren Kante des Kiels angenäht werden. Schneiden Sie das Rudersegelteil 7 gemäß der Zeichnung J zu. Säumen Sie die Kanten J1-J4 doppelt. An die Kante J1 wird ein 2 cm breites Filzband sorgfältig festgenäht. Gemäß Zeichnung I nähen Sie eine 2 cm breite Tasche aus Dacron auf eine Seite des Segels und schlagen sie am Ende um, bevor sie festgenäht wird. Es muß dabei eine Schlaufe entstehen.
An die nicht gesäumte Kante nähen Sie eine Dacrontasche. Falten Sie 5 cm breites Dacron, und nähen Sie das Tuch in der bereits beschriebenen Sandwichtechnik an die Kante. An beiden Enden wird das Material zur Verstärkung 2 cm umgeschlagen. Im Bereich der 2 cm breiten Tasche bleibt die Naht offen (I). Es werden nun noch zwei

I Ruder

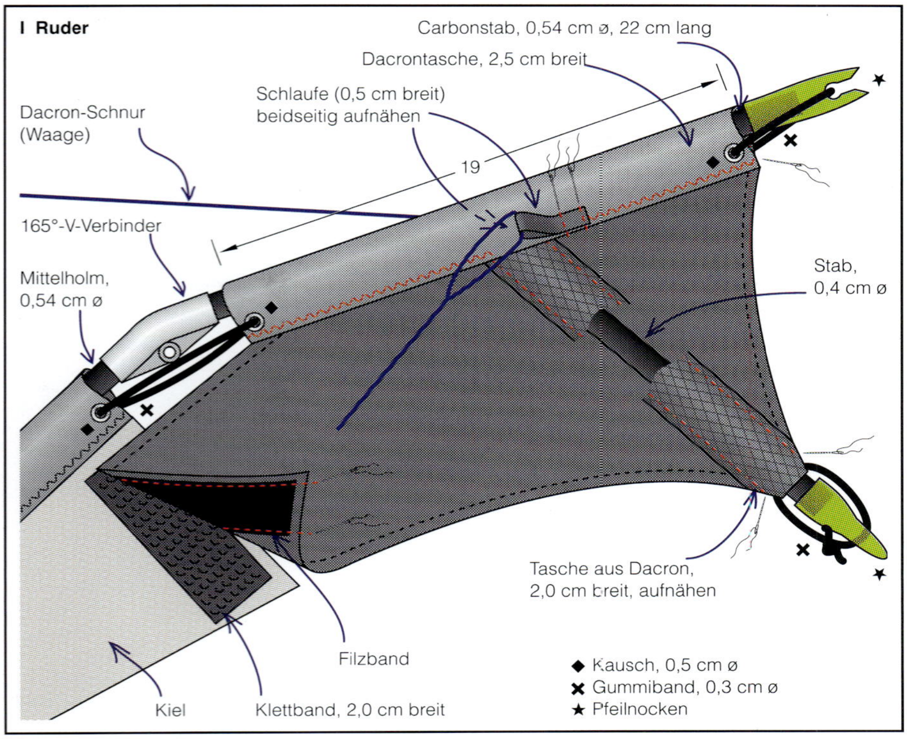

kleine Schlaufen aus Nahtband (0,5 cm breit) rechts und links an die Dacrontasche genäht (I).
Befestigen Sie zwei Kauschen an den Enden der Dacrontasche des Ruders. Schieben Sie einen Carbonstab (22 cm lang, 0,54 cm ø) in die Tasche, und verbinden Sie ihn mittels eines 165°-V-Verbinders mit dem Mittelholm. Zwei Gummis spannen das Segel. Ein Stab (0,4 cm ø) mit Pfeilnocke und Gummiband spannt das Ruder nach hinten (I). Drücken Sie das Klettband fest zusammen, und spannen Sie so das Rudersegel. Befestigen Sie die Waageleinen (0,1 cm ø) gemäß der Rißzeichnung. Die zum Mittelholm laufenden Leinen werden an den Schlaufen rechts und links des Ruders befestigt. Zwei Aluringe dienen zur Befestigung der Steuerleinen sowie zum Einstellen des Neigungswinkels.

J Rißzeichnung Ruder

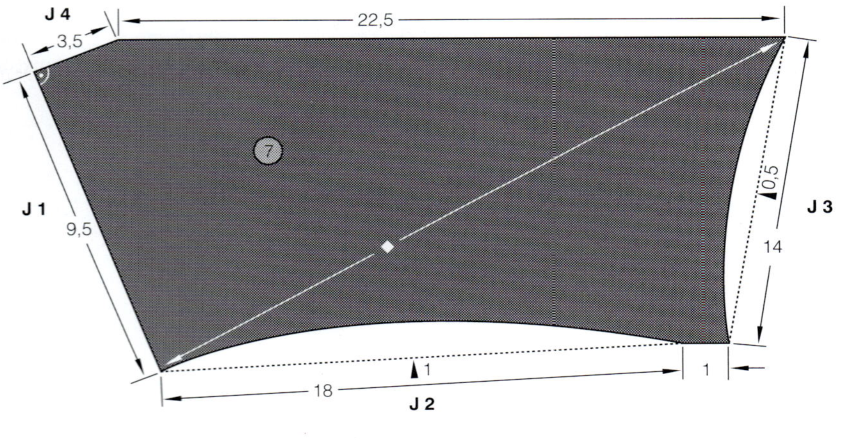

◆ Diagonale 26 cm

HEAVY DUTY

Man sollte schon über Kraft und Geschick verfügen, um diesen Lenkdrachen zu manövrieren. Der Heavy Duty entwickelt schon bei geringen Windstärken einen kräftigen Zug. Er wurde für Windstärken von 2,5 bis 4 konzipiert. Wird er bei höheren Windgeschwindigkeiten geflogen, kann der Drachen, wie der Name Heavy Duty schon sagt, zum anstrengenden Muskeltrainer werden.

Trotz seiner 1 m² großen Segelfläche ist der Drachen nicht träge. Enge Kurven sowie rasante Sturzflüge sind leicht möglich, und nur die nachlassende Kondition des Piloten kann den Spaß am Fliegen des Heavy Duty beenden.

Der Drachen wird überwiegend aus Carbonstäben mit 0,78 cm Durchmesser gebaut. Dieses Gerüst garantiert sportliche Flugleistungen und eine lange Lebensdauer. Für den angenehmen Geradeausflug sorgen der entlang des Mittelholms verlaufende Kiel sowie die seitlich angebrachten Winglets. Diese Stabilisatoren wirken wie Kiele an den Flügelspitzen. Trotz seiner langen Schleppkante fliegt der Drachen auch in engen Kurven geräuschlos. Die Schleppkante ist im entscheidenden Bereich konkav gewölbt und mit Nahtband eingefaßt. Die Verbundwaage greift an fünf Punkten an. Somit ist eine gute Lastverteilung gewährleistet.

Der Nachbau des Heavy Duty wird nur fortgeschrittenen Drachenbauern empfohlen. Die in den nachfolgenden Zeichnungen dargestellten Schritt-für-Schritt-Abläufe vermitteln aber ein detailliertes Bild von den durchzuführenden Arbeiten. Zum Fliegen des Heavy Duty müssen Sie mindestens eine 120-kg-Schnur verwenden.

Hinweis: Beim Sägen von Carbonstäben oder von glasfaserverstärkten Stäben (GFK-Stäben) und beim Heißschneiden des Segelmaterials mit dem Lötkolben den entstehenden Staub bzw. die Dämpfe auf keinen Fall einatmen, da dies zu gesundheitlichen Schäden führen kann.

Baumaterial:

2 m² Spinnakernylon,
55 g/m², verschiedene Farben
2 m² Pappe oder Sperrholz
2 Carbonstäbe,
150 cm lang, 0,78 cm ø als Seitenholme
2 Carbonstäbe,
111 cm lang, 0,78 cm ø als hintere Spreize
1 Carbonstab,
133 cm lang, 0,78 cm ø als Mittelholm
1 Carbonstab,
92 cm lang, 0,59 cm ø als vordere Spreize

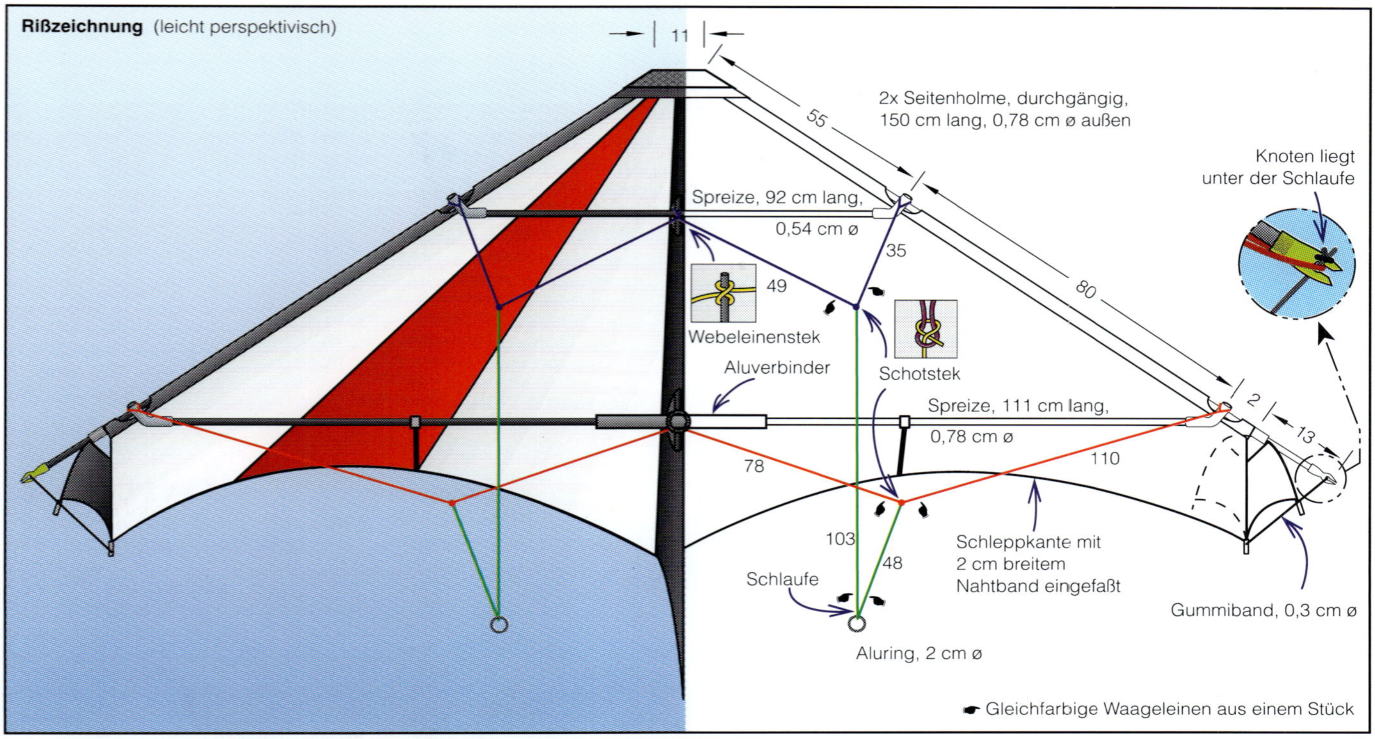

2 GFK-Wingletstäbe, 35 cm lang, 0,2 cm ø als Spreize
2 GFK-Wingletstäbe, 23 cm lang, 0,3 cm ø als Mittelholm
2 GFK-Stäbe 27,5 cm lang, 0,49 cm ø für Stand-offs
1 Schlauch, 30 cm lang, 0,8 cm ø innen
1 Hart-PVC-Schlauch, 8 cm lang, 0,8 cm ø außen, 0,59 cm ø innen
1 Hochdruckschlauch, 4 cm lang, 0,9 cm ø innen
4 Schlauchstücke, 1,5 cm lang, 0,5 cm ø innen für Stand-offs
4 Schlauchstücke, 1,5 cm lang, 0,35 cm ø innen für Winglets
2 Schlauchstücke, 1,5 cm lang, 0,4 cm ø innen für Winglets
3 Pfeilnocken, 0,78 cm ø innen
2 Pfeilnocken, 0,3 cm ø innen
1 Dacronband, 340 cm lang, 5 cm breit
1 Gurtband, 20 cm lang, 5 cm breit
1 Nahtband, 270 cm lang, 2 cm breit
1 Nahtband, 30 cm lang, 0,5 cm breit
4 Kabelbinder, 0,3 cm breit
1 Dacronschnur, 10 m lang, 0,2 cm ø
2 Aluringe, 2 cm ø
1 Aluhülse, 8 cm lang, 0,8 cm ø innen
3 Kauschen mit Unterlegscheibe, 0,5 cm ø
1 Gummiband, 0,3 cm ø

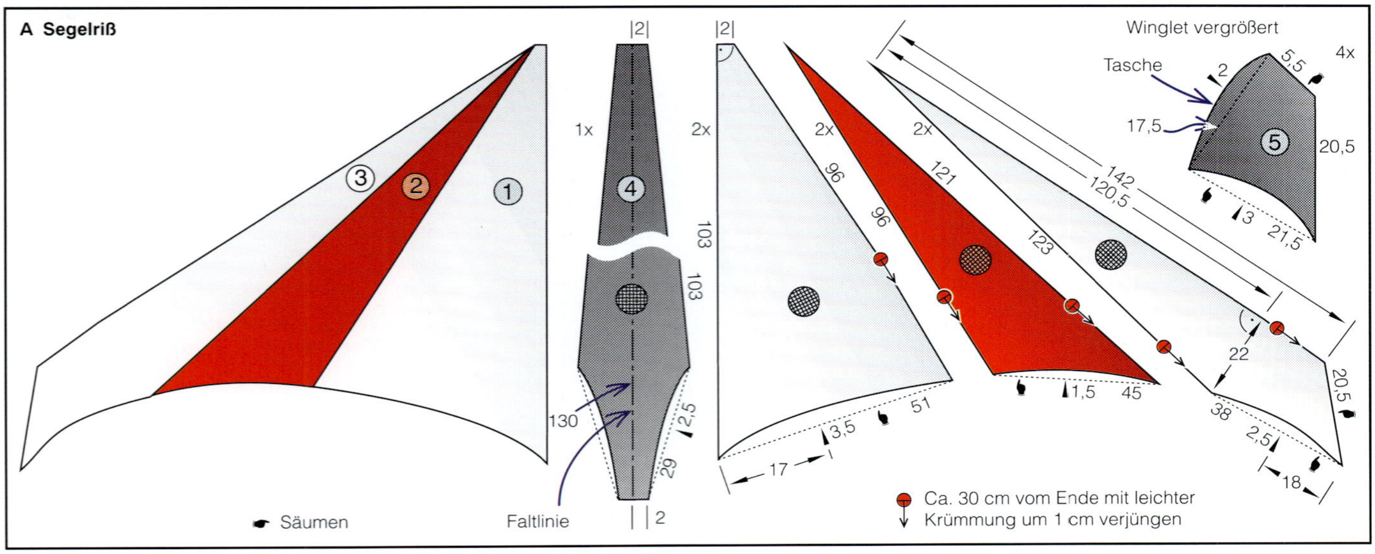

B Zusammennähen der Segelteile

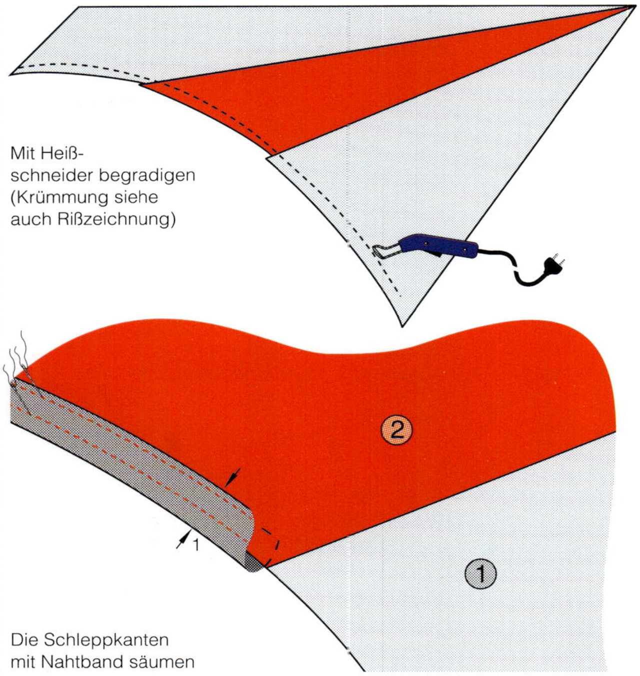

C Kieltasche

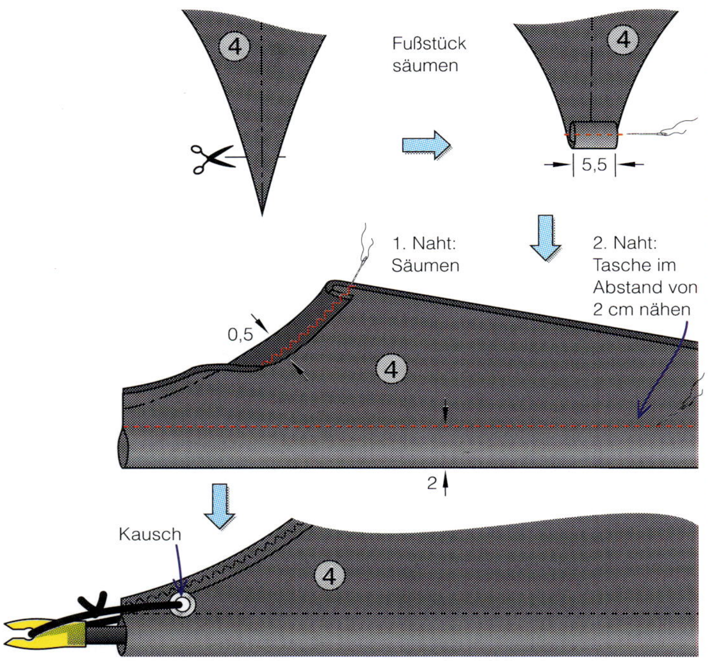

Bauanleitung:

Da sämtliche Kanten des Heavy Duty gesäumt werden, können Sie die Segelteile mit der Schere zuschneiden. Segelteil 1, 2 und 3 je zweimal zuschneiden (A) Segelteil 4 einmal. Beachten Sie außerdem bei der Segelherstellung, daß die Kanten der Segelteile 1, 2 und 3 zum Ende hin leicht abgerundet verlaufen. Aufgrund dieser Abrundung erhält das Segel eine leichte Wölbung - der Auftrieb des Drachens wird dadurch verbessert. Außerdem erhöht sich die Spannung des Segels an der Schleppkante, die dadurch weniger flattert. Die Form der konkav gewölbten Kanten entnehmen Sie der Zeichnung A. Die stärkste Wölbung befindet sich immer an den mit Pfeilen bezeichneten Punkten: also nicht unbedingt auf halber Länge der Kante.

D Kieltasche einnähen

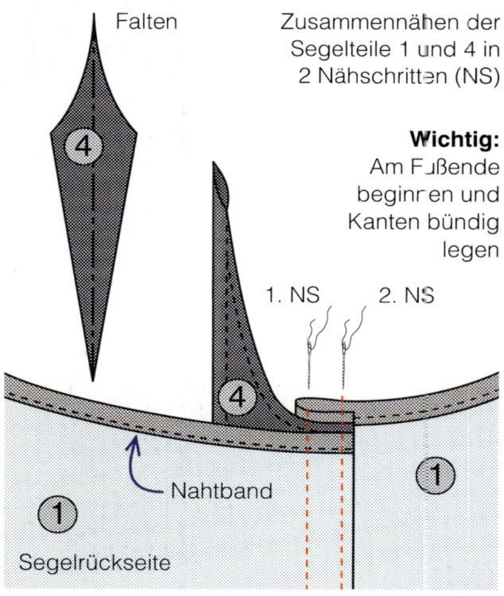

E Dacronverstärkungen

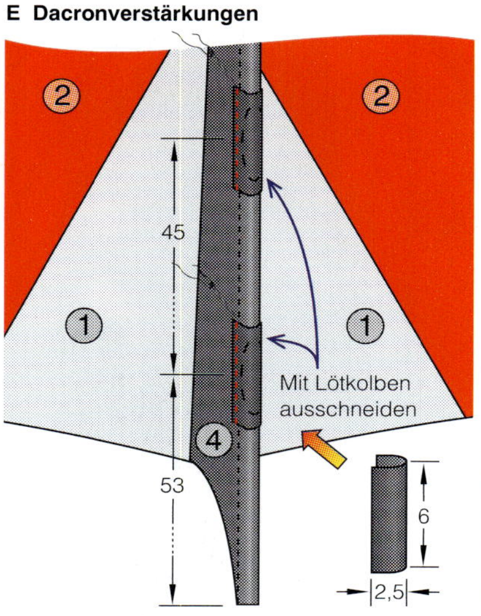

Nähen Sie als nächstes die Segelteile 1, 2 und 3 mit je einer Kappnaht zusammen (siehe Zeichnung B). Die Nähte liegen auf der Rückseite des Segels. Mit einem Lötkolben wird die Schleppkante egalisiert. Anschließend wird sie mit gefaltetem Nahtband (2 cm breit) gesäumt. Schneiden Sie das Band auf Länge, falten Sie es, und legen Sie es dann um die Kante. Jetzt wird das Band mit zwei Nähten an die Schleppkante genäht. Die Fußspitze des Kielteils 4 wird umgeschlagen und gemäß Zeichnung C vernäht. Falten Sie den Kiel in der Mitte. Die 29 cm lange Kante des nun doppelt liegenden Segelteils 4 (A) wird jetzt gesäumt. Die Mittelholmtasche im Kiel verläuft in 2 cm Abstand von der Kante. Nähen Sie im Abstand von 2 cm an der ehemals 130 cm langen Kante entlang (A).

Kiel und beide Segelhälften müssen jetzt fertig sein. Das Zusammennähen dieser drei Teile erfordert etwas Geschick. Sie fangen am Fußende an. Legen Sie die Kanten der drei Teile bündig aufeinander, und nähen Sie die Teile zusammen. Es ist auch möglich, diesen Arbeitsgang in zwei Nähschritten durchzuführen. Dann müssen Sie erst eine Segelhälfte mit dem Kiel und als zweiten Nähschritt die zweite Segelhälfte annähen. In jedem Fall aber muß der so entstandene Saum umgeschlagen und an-

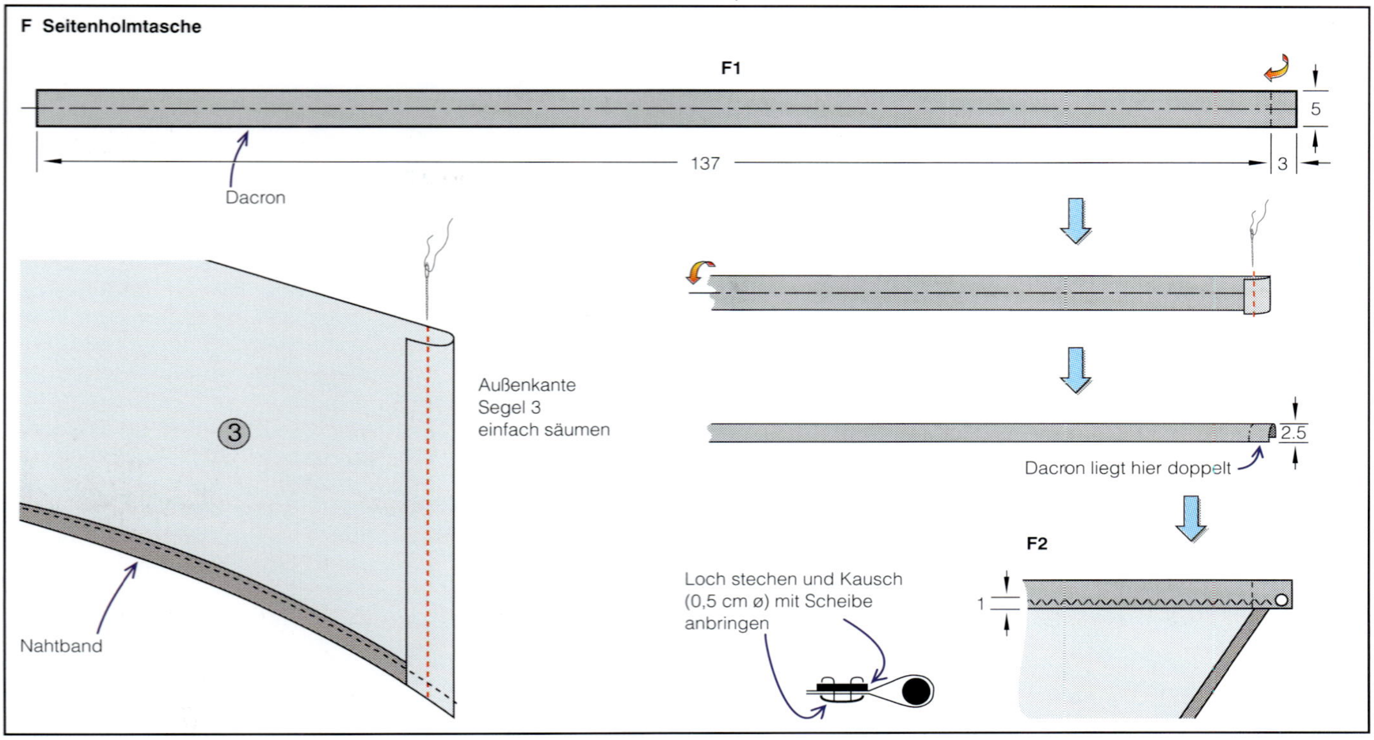

genäht werden (siehe auch Zeichnung D). Die Mittelholmtasche erhält zur Verstärkung zwei Dacronteile. Falten Sie die 5 mal 6 cm großen Stücke in der Mitte, und nähen Sie sie über den Kiel. Entnehmen Sie die Maße der Zeichnung E. In diesen Ausschnitten werden später die jeweiligen Spreizen befestigt.

Als nächstes müssen die beiden kurzen äußeren Kanten gesäumt werden (F). An diese Kanten des Segelteils 3 werden die stabilisierenden Winglets angenäht. Der 0,5 cm breite Saum soll auf der Rückseite des Segels liegen.

Die Seitenholmtaschen bestehen aus gefaltetem, 5 cm breitem Dacronband. Ziehen Sie das gefaltete Band ein paarmal über eine Kante, damit der Falz sich einprägt. Am Fußende der Tasche liegt das Material auf 3 cm doppelt.

Sie beginnen gemäß der Zeichnung F am Fußende mit der Zickzacknaht. Stellen Sie ungefähr 0,35 cm Stichabstand und 0,6 cm Stichweite an Ihrer Nähmaschine ein. Nachdem beide Taschen an die Seitenteile genäht worden sind, müssen mit einem Lötkolben die Ausschnitte für die Verbinder im Dacron angebracht werden.

Die Winglets bestehen aus jeweils zwei symmetrischen Segelhälften (Segelteil in

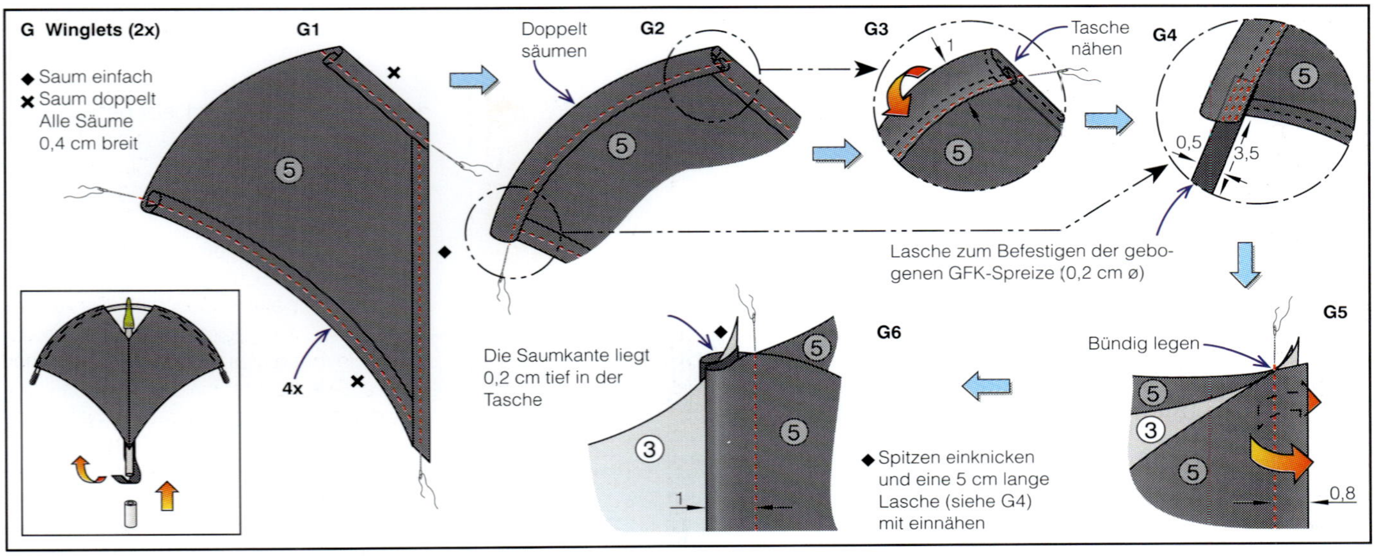

H Kopfverstärkung (ohne Maße)

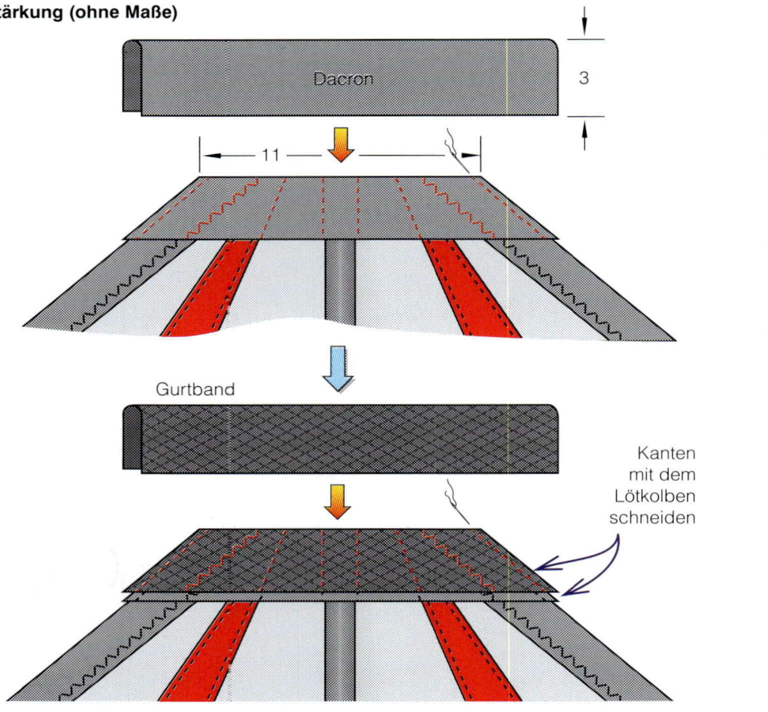

Zeichnung A). Am zweckmäßigsten ist es, wenn Sie Pappschablonen herstellen. Der Zeichnung G entnehmen Sie die genaue Nähreihenfolge. Zunächst werden die Kanten einfach bzw. doppelt gesäumt (G1). Die konvex gebogene Kante wird einfach gesäumt und erhält danach einen Saum für eine Tasche (G2 und G3). An beiden Enden dieser Tasche wird ein 5 cm langes Stück Nahtband (0,5 cm breit) mit eingenäht (G4). Dieses Band wird auf 1,5 cm mit der Tasche vernäht. Mit dieser Lasche wird später die Spreize gesichert. Stellen Sie vier dieser Winglethälften her. Jetzt müssen diese Hälften so an die gesäumten Flügelenden genäht werden, daß eine Tasche entsteht.

Beginnen Sie am Fußpunkt mit der Naht. Das Segelteil 3 der Segelhälfte liegt dabei zwischen den Winglethälften (G5). Danach werden die beiden Hälften umgeschlagen und eine weitere Naht (1 cm Abstand) schließt die Tasche. Die Kanten der Segelteile liegen in der Tasche und sind nicht mehr sichtbar (G6). Am Fußende dieser Tasche muß wiederum ein 5 cm langes Stück Nahtband (0,5 cm breit) mit eingenäht werden (vergleiche Zeichnung G4).

Das Kopfteil des Heavy Duty muß besonders geschützt werden. Eine Lage aus gefaltetem Dacronband wird über die Spitze des Drachens gelegt und wie in Zeichnung H vernäht. Darüber wird ein Stück gefaltetes Gurtband gelegt und mit der Nähmaschine befestigt.

Jetzt sind die Näharbeiten am Segel des Drachens beendet. Schneiden Sie nun vier Schlauchstücke als T-Verbinder für die Seitenholme zu (I). Der T-Verbinder der vorderen Spreize erhält einen zusätzlichen Schlauch von 0,8 cm Außendurchmesser, welcher in den anderen hineingeschoben wird. Auf diese Weise hat die vordere Spreize Halt im T-Verbinder. Mit einem Lötkolben stechen Sie jeweils ein Loch ans Fußende der Seiten- und Mittelholmtaschen. In diesen Löchern befestigen Sie je eine Kausch (0,5 cm ø, F). Schieben Sie die 150 cm langen Seitenholme jetzt in die Taschen. Im Bereich der Ausschnitte liegen die erwähnten T-Verbinder.

Das Mittelkreuzteil besteht aus einem 4 cm langen Stück Hochdruckschlauch (J) und einer Aluhülse. Stanzen Sie den Schlauch, und schieben Sie den Verbinder hinein. Dann wird der 133 cm lange Mittelholm in die Kieltasche geschoben. Im Bereich des Ausschnittes liegt das Mittelkreuzteil.

I Seitenholm (4x)

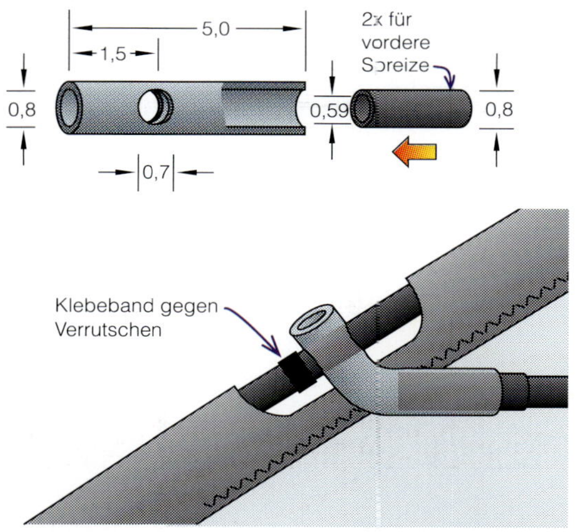

J Mittelkreuzteil

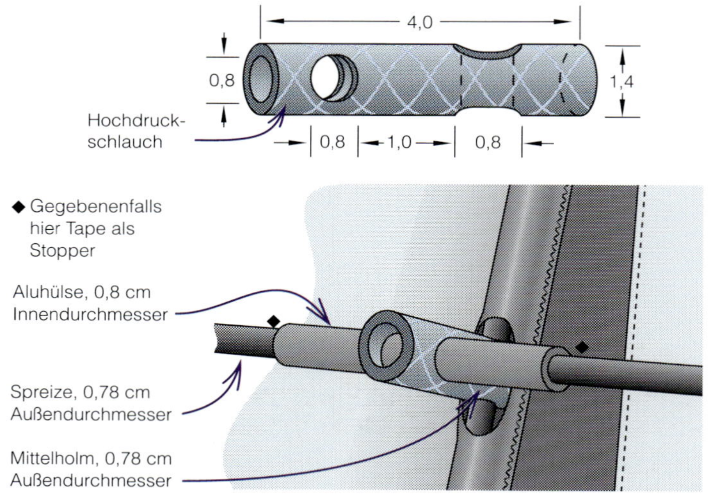

Schneiden Sie nun zwei Schlauchabschnitte von je 1,5 cm Länge und 0,8 cm Innendurchmesser zu. In diese Abschnitte wird asymmetrisch ein 0,2 cm großes Loch gestanzt (K). Schieben Sie jeweils ein Schlauchstück über die Seitenholme.
Die Pfeilnocken dienen zum Spannen der Taschen. Setzen Sie die drei Aluspitzen mit den dazugehörigen Nocken über Seiten- und Mittelholm. Diese Teile werden mit Sekundenkleber verklebt. Spannen Sie dann mit Gummiband die Taschen.
Die 35 cm lange Spreize der Winglets hat einen Durchmesser von 0,2 cm. Die Stäbe werden in die Taschen geschoben und mit dem Nahtband sowie einem Stück Schlauch gesichert (K). Der vertikale GFK-Stab spannt das Ende der Flügel sowie die Stabilisatoren. Schieben Sie die Stäbe in die Tasche. Kleine Pfeilnocken werden über die Stabenden geschoben. Wickeln Sie etwas Tape um die Enden der GFK-Stäbe, damit die Nocken stramm sitzen. Wie aus der Zeichnung K ersichtlich, sitzen die Nocken an der Spreize neben dem Schlauchstück. Mit Hilfe des eingenähten Nahtbandes und einem Stück Schlauch sichern Sie die Stäbe am Fußende der Tasche. Befestigen Sie dann an diesem Stück Schlauch ein Gummiband. Mit dem Gummi werden die Stabilisatoren zum Seitenholmende hin gespannt. Der Gummi liegt unter der bereits belegten Pfeilnocke (Rißzeichnung).
Die beiden Stand-offs bestehen aus GFK-Stäben (0,49 cm ø). Stechen Sie je zwei kleine Löcher in das Nahtband, genau an der Stelle, wo Segelteil 1 und 2 zusammengenäht sind. Mit kleinen Kabelbindern werden Schlauchabschnitte (0,5 cm ø innen) in den Löchern sowie an der Spreize befestigt (L). Sägen Sie die 27,5 cm langen GFK-Stäbe zu, und stecken Sie diese in die Schläuche. Das Drachensegel sollte vorgespannt, aber nicht zu stramm sein.
Die Waage des Drachens besteht aus vier Teilen (Rißzeichnung). Befestigen Sie zunächst die vordere Verbundwaage. Sie beginnen mit einem Webeleinenstek und verbinden so Mittelholm und vordere Spreize. Die Enden der Schnur werden an den Seitenholmen rechts und links befestigt. Die hintere Verbundwaage wird genauso angebracht: Webeleinenstek am Kreuzteil und jeweils an den T-Stücken der Seitenholme (Rißzeichnung). Vordere und hintere Waage werden mit jeweils einer Schnur verbunden. Ein Aluring (2 cm ø) wird mit einer Schlaufe in den Leinen verknotet.

K Winglets

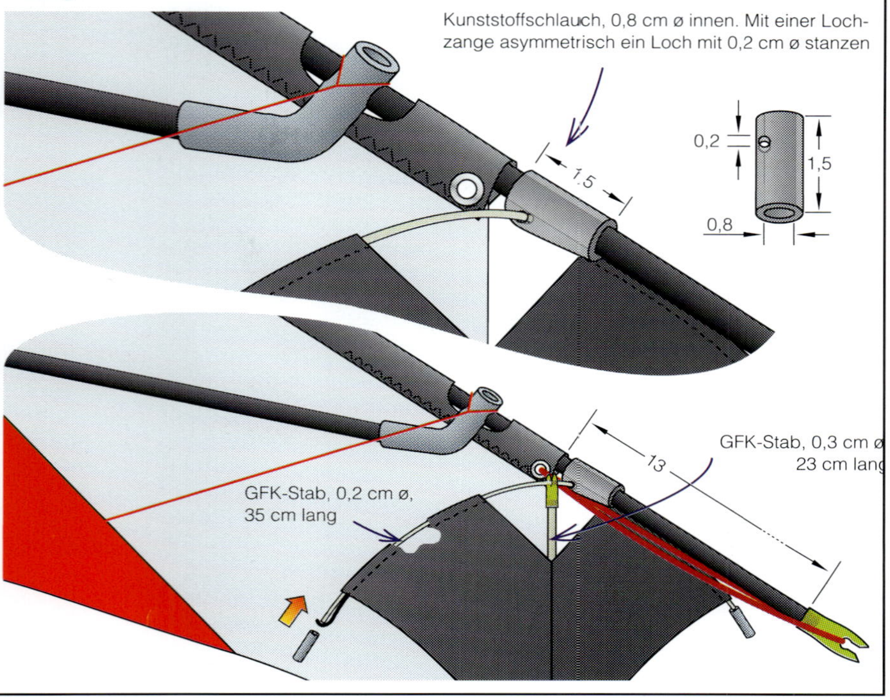

L Stand-offs (2x)

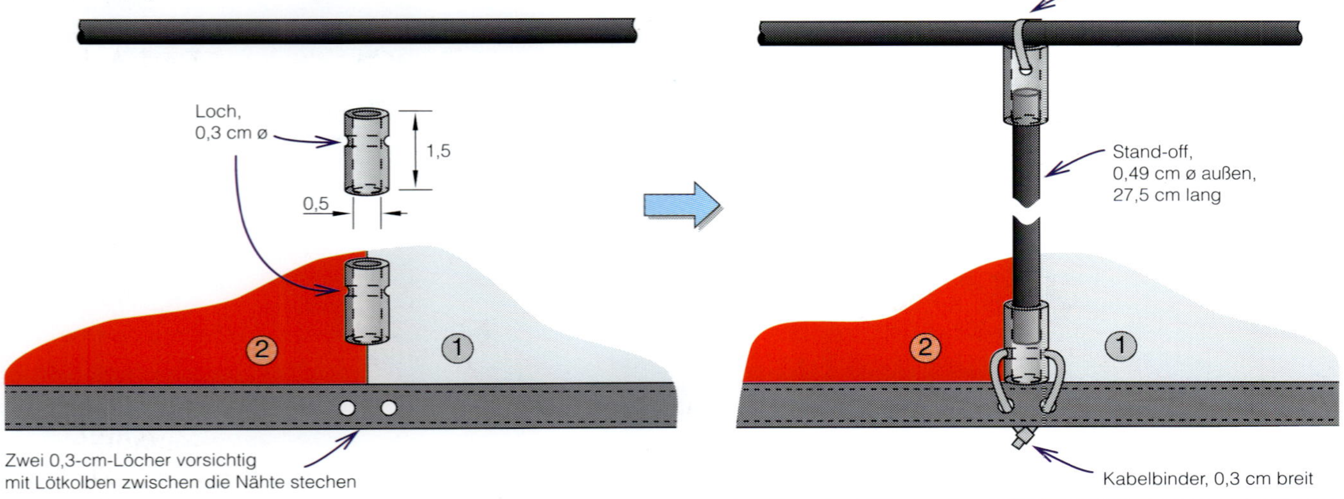

PARADOX

In erster Linie ist der Paradox ein Vierleiner. Das heißt, der Drachen wird mit Hilfe von vier Steuerleinen gelenkt. Durch Änderung der Waageleinen kann der Drachen aber auch als sogenannter Einleiner geflogen werden. Er bekommt dann zusätzlich einen stabilisierenden Schwanz. Der Paradox ist als Kastendrachen konstruiert und er benötigt somit etwas mehr Wind als herkömmliche Flachdrachen. Er fliegt mit moderater Geschwindigkeit, läßt sich dafür aber präzise lenken. Sieben zellenartige Segel bringen den Auftrieb, während das superleichte Carbongestänge für ein geringes Gewicht sorgt. Im Gegensatz zu Zweileinern werden Vierleiner nicht durch die Verlagerung des Druckzentrums aus der Mitte heraus gelenkt. Die rechte und die linke Segelhälfte werden durch je zwei Leinen getrennt gesteuert. Über die Veränderung des Anstellwinkels der Segelhälften wird der Auftrieb reduziert oder erhöht.

1. Beide Segelhälften gleichzeitig flacher stellen: Der Drachen steigt senkrecht hoch.
2. Beide Segelhälften gleichzeitig steiler stellen: der Drachen fliegt senkrecht nach unten.
3. Neigungswinkel der beiden Segelhälften gegenläufig einstellen: der Drachen dreht sich.

Fliegen Sie den Paradox mit vier Leinen à 30 m Länge und mit 80 kg zulässiger Zugkraft.

Hinweis: Beim Sägen von Carbonstäben oder von glasfaserverstärkten Stäben (GFK-Stäben) und beim Heißschneiden des Segelmaterials mit dem Lötkolben den entstehenden Staub bzw. die Dämpfe auf keinen Fall einatmen, da dies zu gesundheitlichen Schäden führen kann.

Baumaterial:
2 m^2 Spinnakernylon,
52 g/m^2, verschiedene Farben
2 m^2 Pappe oder Sperrholz
2 Carbonstäbe, 110 cm lang, 0,59 cm ø
2 Carbonstäbe, 82,5 cm lang, 0,59 cm ø
4 Carbonstäbe, 33 cm lang, 0,49 cm ø
4 Carbonstäbe, 43,5 cm lang, 0,48 cm ø
6 Pfeilnocken, 0,6 cm ø, lange Form
12 Pfeilnocken, 0,5 cm ø, lange Form
Dacron zur Verstärkung
14 Niethülsen (Kauschen), 0,5 cm ø
4 Niethülsen (Kauschen), 1 cm ø
1 Gummiband, 20 cm lang,
0,3 cm ø, oder O-Ringe

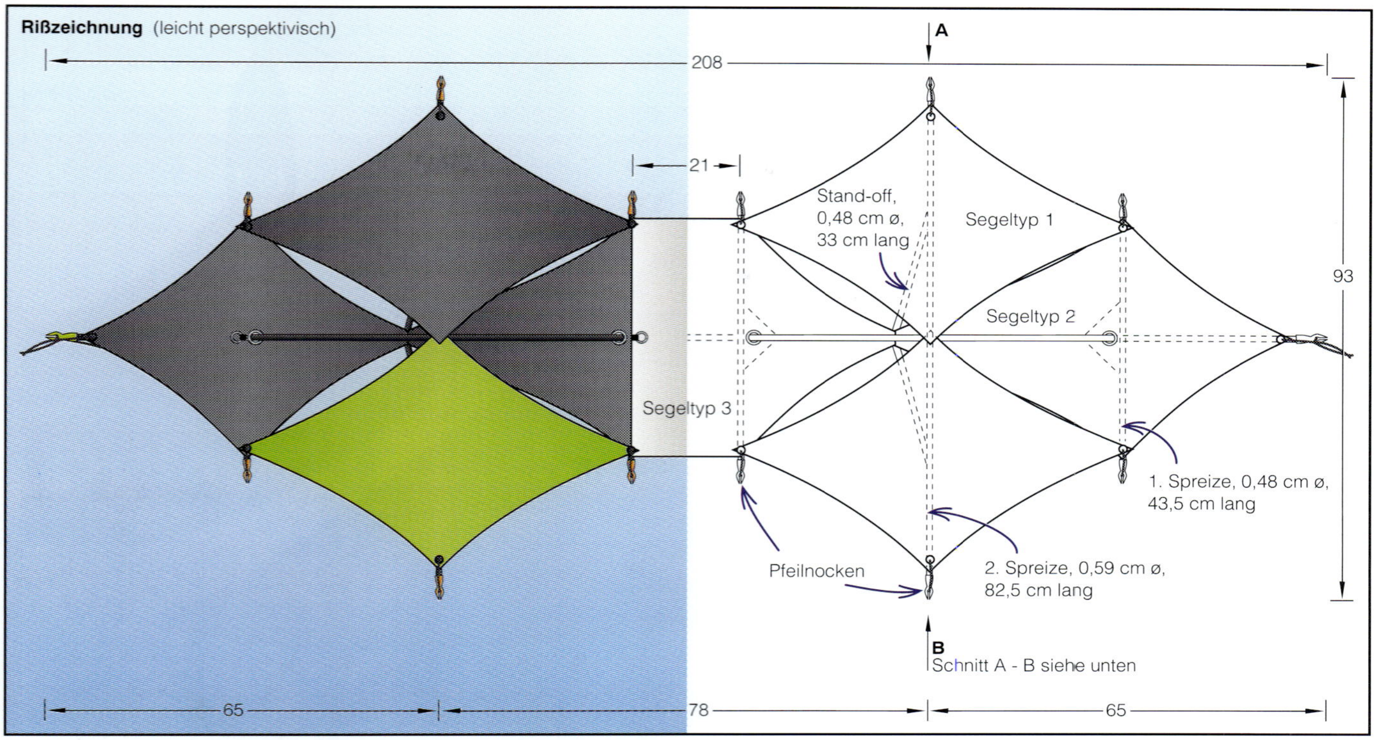

1 Gummiband, 100 cm lang, 0,2 cm ø, oder O-Ringe
1 Nahtband, 20 cm lang, 0,5 cm breit
1 Nahtband, 20 cm lang, 1 cm breit
1 Aluverbinder, 0,6 cm ø innen
1 Schlauch, 20 cm lang, 0,5 cm ø innen
1 Waageleine aus Nylon, 0,1 cm ø
8 Aluringe, 1,5 cm ø

Bauanleitung:
In jedem Fall sollte die nachfolgende Bauanleitung erst durchgelesen werden, bevor mit dem Bau des Paradox begonnen wird. Die einzelnen Segelflächen des Drachens müssen nach dem Zusammenbau stramm gespannt sein. Aus diesem Grund sind eine Reihe von Verstärkungen notwendig. Die einzelnen Arbeitstechniken können durchaus auch auf andere Kastendrachentypen angewandt werden.
Besorgen Sie sich das erforderliche Nietwerkzeug in einem Fachmarkt, und achten Sie dabei besonders auf die Qualität des Materials.
Der Drachen besteht aus zwei unterschiedlichen Segeltypen. Das dreieckige Segel mit seinen konkav gewölbten Kanten muß vierzehnmal zu-

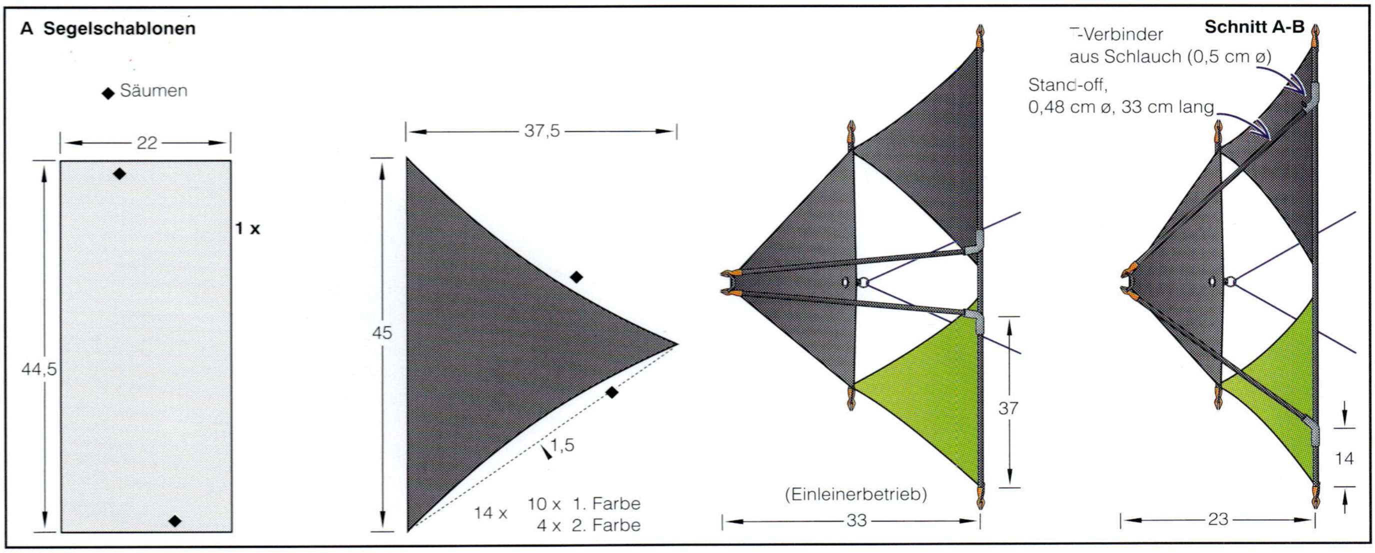

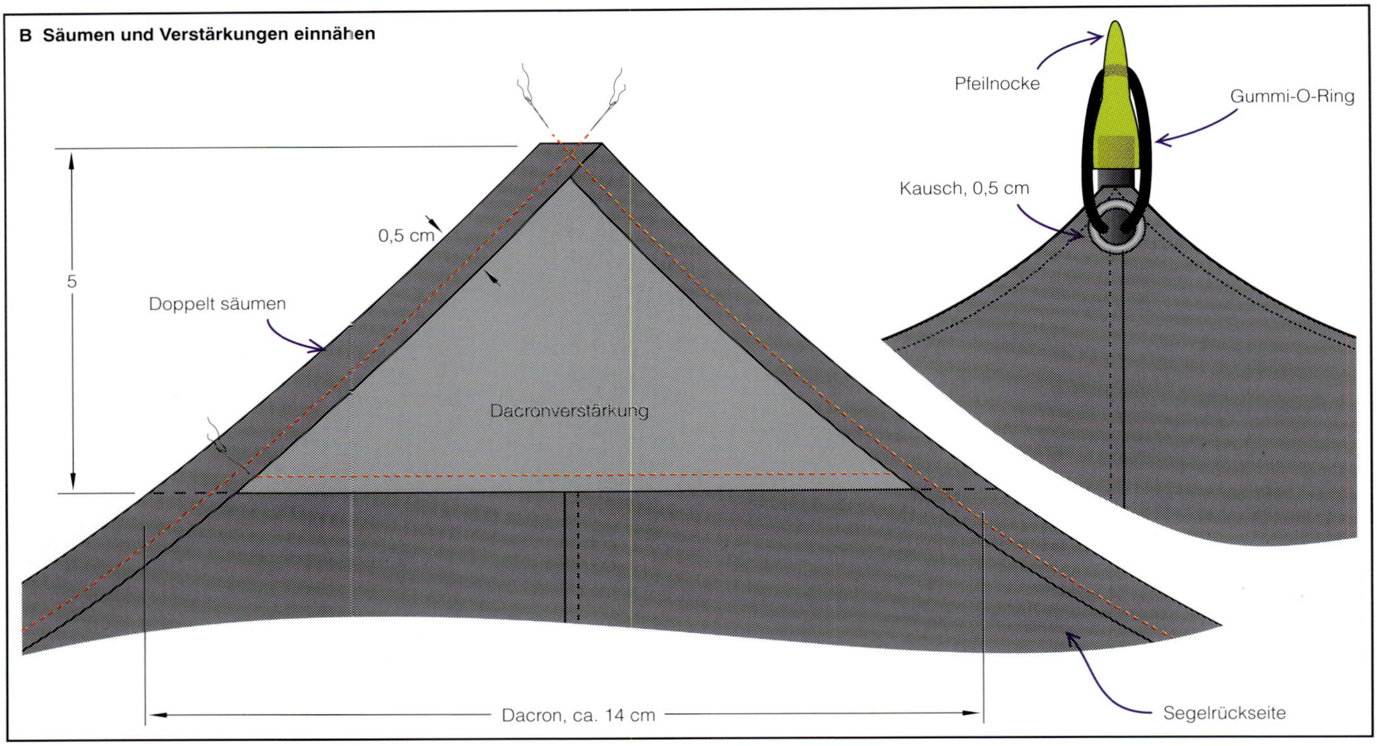

geschnitten werden, das rechteckige Segel nur einmal.
Denken Sie daran, daß die hinteren beiden Segel farblich von den übrigen abgesetzt werden müssen. Andernfalls verlieren Sie nach Drehung des Drachens am Himmel die Orientierung. In jedem Fall müssen die Segel mit dem Heißschneider geschnitten werden. Fertigen Sie deshalb am besten Schablonen zum einfachen Zuschneiden der Segel an.
Aus den dreieckigen Segeln müssen insgesamt sechs rautenförmige Segel hergestellt werden. Aus der ersten Farbe vier und aus der zweiten Farbe zwei Stück (Rißzeichnung). Nähen Sie zunächst acht entsprechende Segelhälften mit einer Kappnaht zu vier Segeln zusammen (Segeltyp 1, Zeichnung C). Die Ecken der zusammengenähten Segel erhalten Verstärkungen aus gleichfarbigem Dacron (C1). Nähen Sie die 6 mal 7cm bzw. 5 mal 14 cm großen Dreiecke auf die Rückseite des Segels. Dabei muß für den noch zu nähenden Saum 1 cm Spinnakernylon als Rand stehen bleiben (B). Es ist ratsam, die Befestigung der Verstärkungen gleichzeitig

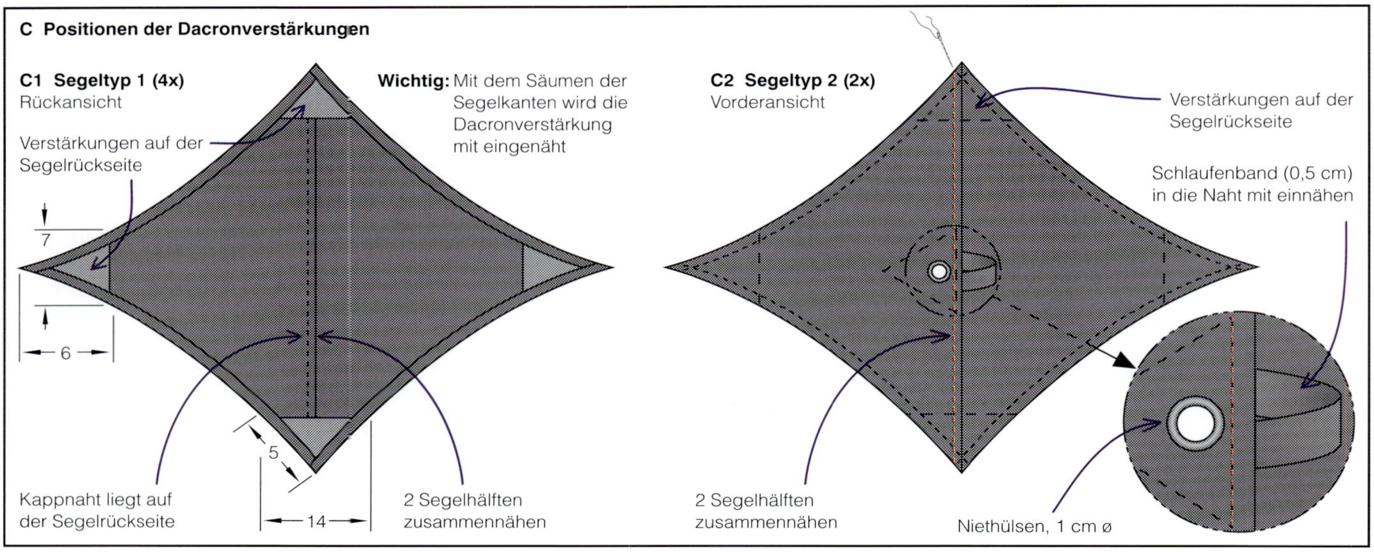

E 1-2 Zusammennähen des Segeltyps 1 (2x) **E 3-5 Zusammennähen der Segelspitzen 2+3 (2x)**

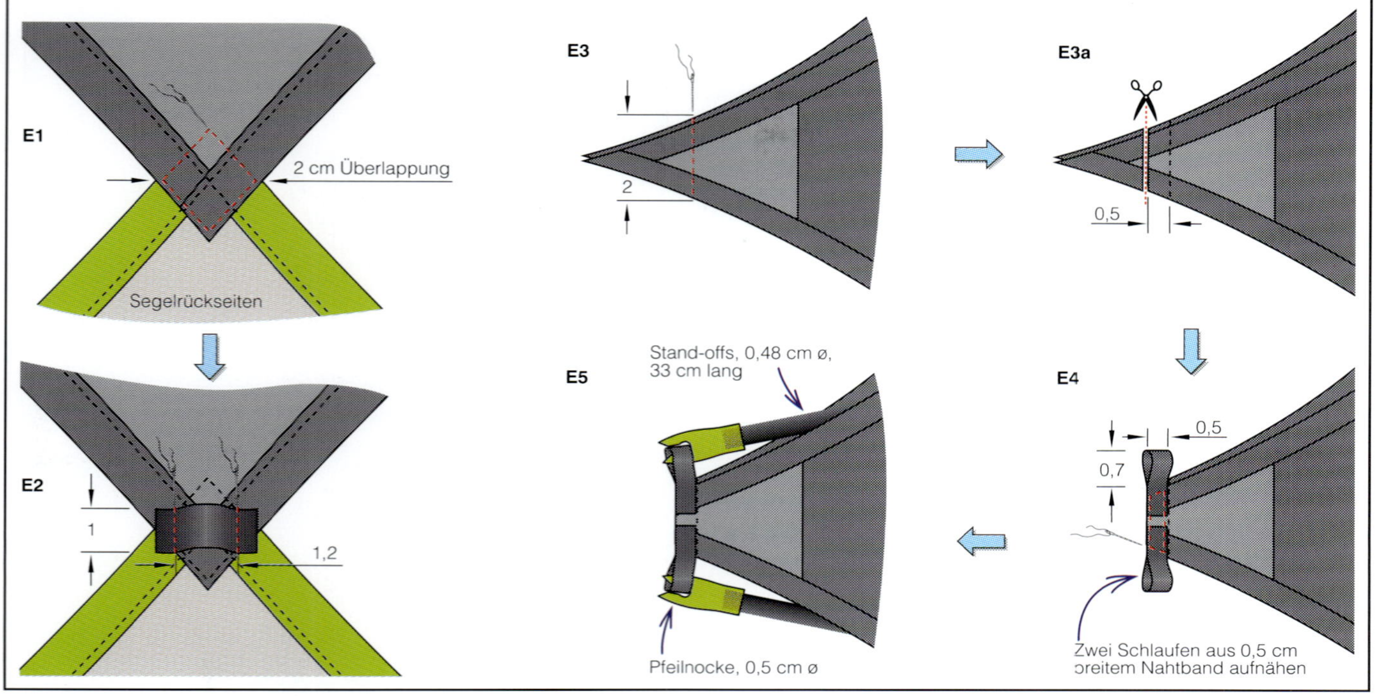

mit der Saumnaht zu nähen: Sie legen das Dacron auf das Nylon, schlagen den Saum doppelt um und nähen diesen dann gemeinsam mit dem Dacron am Nylon fest. Für alle weiteren Dacronverstärkungen und Säume muß dagegen folgende Arbeitsweise befolgt werden: Immer erst die Verstärkungen aufnähen, und danach die zusammengenähten Segel säumen. Segeltyp 2 muß zweimal hergestellt werden (C2). Diese Segel liegen später rechts und links außen am Drachen. Im Prinzip werden diese Segel genau wie Typ 1 zusammengenäht, erhalten jedoch eine Schlaufe in der Mitte der Kappnaht. Diese Schlaufe zeigt auf die Vorderseite des Segels. Legen Sie gleich beim Einnähen einen Aluring mit 1,5 cm ø in die Schlaufe. Auf der Rückseite dieses Segeltyps wird je eine gleichfarbige, dreieckige Dacronverstärkung aufgenäht (C2). Anschließend fahren Sie fort wie oben für Segeltyp 1 beschrieben. Segeltyp 3 entspricht der Zeichnung D und wird nur einmal hergestellt. Dabei werden zwei dreieckige Segel an das rechteckige Segel genäht. In der Mitte der Nähte liegt wieder je eine Schlaufe mit Aluring auf der Vorderseite des zusammengenähten Segels. Ebenso liegen zwei dreieckige Dacronverstärkungen auf der Rückseite des Segels. Mit dem nächsten Nähschritt nähen Sie jeweils zwei verschiedenfarbige Segel des Typs 1 zusammen. Dieser Vorgang muß sehr sorgfältig durchgeführt werden, da sich sonst die Symmetrie des gesamten Drachens verschieben kann. Die beiden Spitzen sollen sich um 2 cm überlappen. Mit einer im Viereck verlaufenden Naht werden die Teile zusammengenäht (E1). Auf der Rückseite dieser Stelle des zusammengenähten Segels nähen Sie dann eine kleine Schlaufe fest (E2).

Jetzt wird jeweils ein Segel des Typs 2 an die Spitzen des Segeltyps 3 genäht. Legen Sie dabei die Spitzen auf

D Segeltyp 3 Zusammennähen

(Sicht auf Rückseite des Segels)

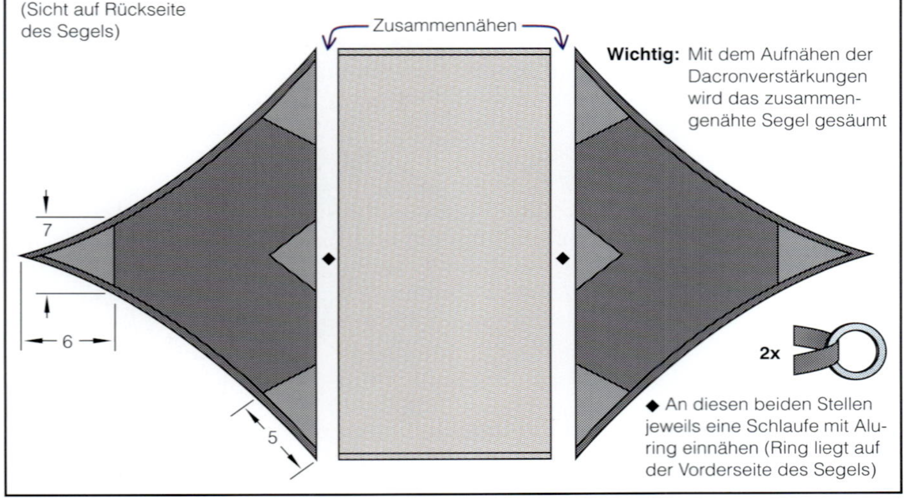

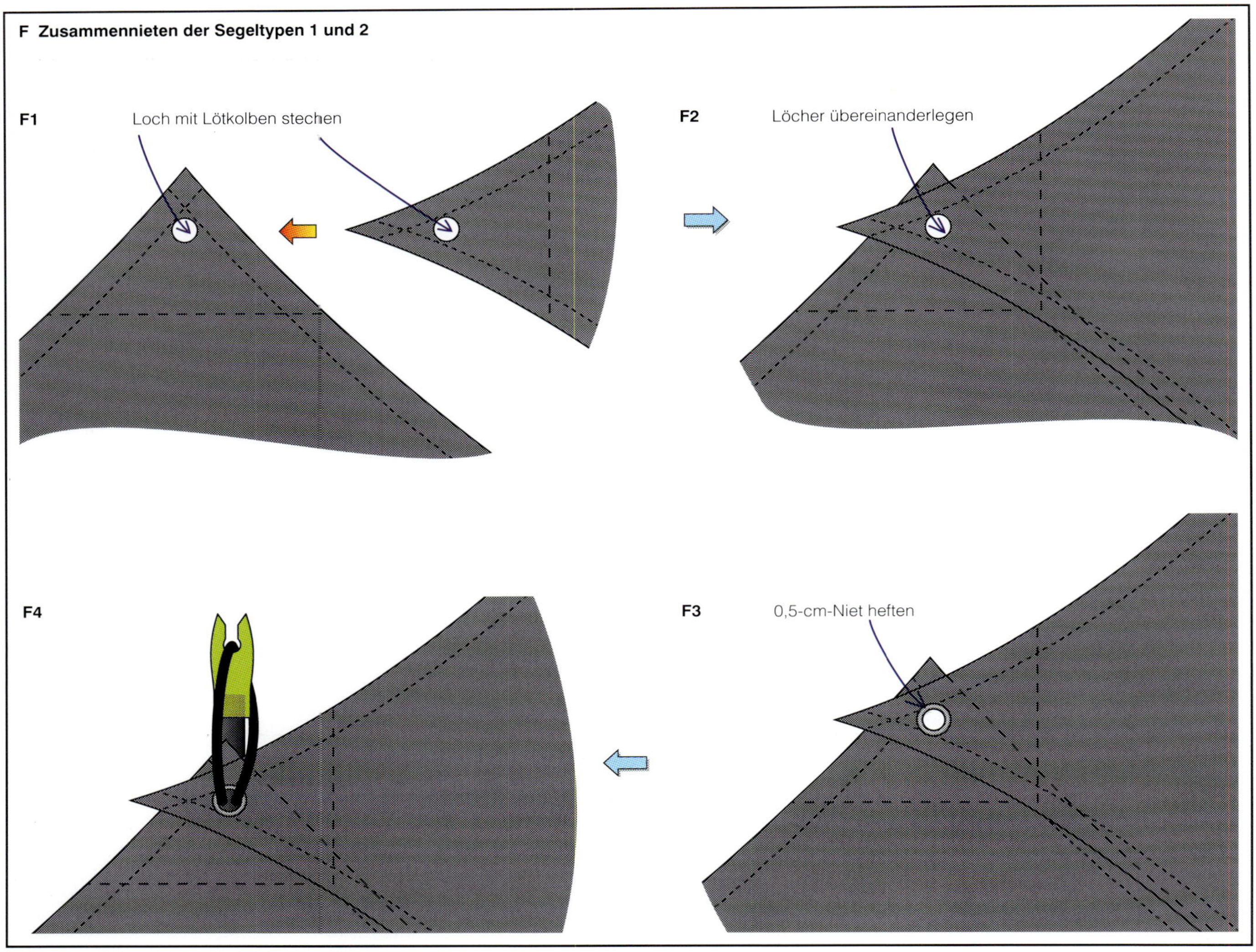

F Zusammennieten der Segeltypen 1 und 2

einer Breite von 2 cm gegeneinander, und vernähen Sie sie durch mehrfaches hin- und hernähen. Mit einem Heißschneider werden die Spitzen abgeschnitten. Die Zeichnungen E3 - E4 zeigen, wie ein 0,5 cm breites Stück Nahtband an den verbleibenden Saum genäht wird. Dabei entstehen zwei Schlaufen, in denen später die Nocken der Stand-offs stecken (E5). Dieses Nahtband muß durch mehrfaches Nähen fest an den Saum genäht werden. Die Näharbeiten am Segel des Drachens sind jetzt beendet. Überprüfen Sie nochmals alle Nähte, da sie später teilweise starken Belastungen ausgesetzt sind.

Mit den nächsten Arbeitsschritten werden die Segel aneinander geheftet. Als Nietmaterial verwenden Sie Hohlnieten mit einem Durchmesser von 0,5 cm. Durchstoßen Sie nun die beiden zu verbindenden Segelteile an den entsprechenden Stellen mit einem Lötkolben. Das Loch sollte einen Durchmesser von 0,5 cm haben und dabei die Naht des Saumes nicht verletzen. Es liegt, wie die Zeichnung F1 zeigt, direkt im spitzen Winkel der Naht. Stecken Sie einen Hohlniet von der Vorderseite des Segels durch beide Segel. Legen Sie eine Unterlegscheibe (0,5 cm) über den Niet. Jetzt wird der Niet mit einer Zange zusammengequetscht, wobei die Unterlegscheibe auf der Rückseite des Segels liegt (F1 - F3).

Zunächst werden die beiden zusammengenähten Segel des Typs 1 an die äußeren Segel genietet (vier Nietungen). Dabei liegen die Spitzen des Segeltyps 1 über den Ecken des Segeltyps 2. Die Nieten müssen fest sitzen. Achten Sie darauf, daß die Segel jeweils im rechten Winkel zueinander stehen. Als nächstes heften Sie die gegenüberliegenden Spitzen des zusammengenähten Segeltyps 1 an die Ecken des Segeltyps 3 gemäß den Zeichnungen H1 - H2. Wiederum liegen die Spitzen des Typs 1 über den Ecken des Typs 3. Nachdem sämtliche Nietungen durchgeführt wurden, müssen die Carbonstäbe angebracht werden.

Setzen Sie zunächst die vier Spreizen mit einem Durchmesser von 0,48 cm und einer Länge von 43,5 cm ein. Über die Enden der Spreizen schieben Sie die entsprechenden Pfeil-

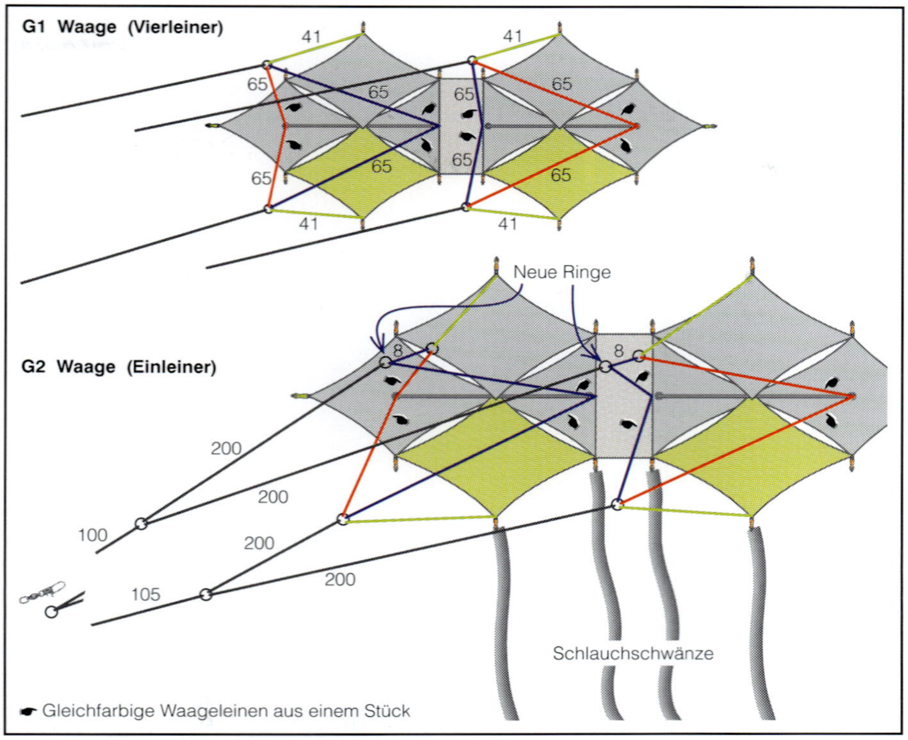

nocken. In der Abbildung F4 sehen Sie, wie das Segel mit Hilfe eines Gummibandes stramm gespannt wird. Die beiden Spreizen mit einem Durchmesser von 0,59 cm und einer Länge von 82,5 cm müssen nicht zugesägt werden. Es handelt sich dabei um handelsübliche Einheitslängen. Schieben Sie die Stäbe durch die Schlaufen. Vor und hinter diesen Schlaufen müssen T-Verbinder aus Schlauchstücken (0,5 cm ø innen) sitzen (Rißzeichnung). Mit Gummiband und den entsprechenden Pfeilnocken werden die Segel stramm gespannt.
Eine 220 cm lange Spreize mit einem Durchmesser von 0,59 cm spannt das gesamte Segel. Der Stab wird aus zwei Einzelteilen zusammengesetzt. Eine Aluhülse (0,6 cm ø innen) verbindet die Stäbe. Kleben Sie die Hülse an einem Stabende mit Sekundenkleber fest. In den dreieckigen Verstärkungen des Segeltyps 2 und 3 werden Niethülsen angebracht. Das entsprechende Loch wird mit einem Lötkolben gestochen. Die Hülsen haben einen Innendurchmesser von 1 cm. Eventuell müssen für diesen Arbeitsschritt die kurzen Spreizen entfernt werden. Schieben Sie jetzt die 220 cm lange Spreize durch die Hülsen. Am Segeltyp 3 liegt diese Spreize hinter den kurzen Spreizen, am Segeltyp 2 vor den kurzen Spreizen. An den Stabenden sitzen entsprechende Pfeilnocken, die mit einem Gummiband das Segel halten. Die endgültige Spannung erhält das Segel durch vier Stand-offs mit einer Länge von 33 cm (Rißzeichnung). 14 cm von der Pfeilnocke entfernt werden die T–Verbinder mit Tape gegen Verrutschen gesichert. Je nach Bauweise kann dieses Maß etwas variieren. Setzen Sie die Stand-offs in die entsprechenden Schlaufen und Verbinder.
Der Drachen ist jetzt fertig zusammengebaut, und die Waage wird befestigt. Entsprechend der Zeichnung G1 wird die Waage angebracht. Schneiden Sie die Waageleinen so zu, daß sie an den Ringen nur mit einer Schlaufe befestigt werden müssen. An den Aluringen werden die durchgehenden Bänder mit einer Schlaufe gehalten. Vier Aluringe bilden die Befestigung für die Steuerleinen. An diesen Ringen verknoten Sie die Waageleinen.
Es hat sich herausgestellt, daß der Drachen auch als sogenannter Einleiner fliegt. Zu diesem Zweck wird die Waage geringfügig ergänzt. Außerdem müssen Sie vier Schlauchschwänze entsprechend dem Foto auf Seite 52 anbringen. In Zeichnung G2 sehen Sie den neuen Verlauf. Zwei zusätzliche Aluringe im Abstand von 8 cm zu den ursprünglichen oberen Waageringen werden in den 65 cm langen Waageschenkel geschlauft. Eine vordere Verbundwaage mit 100 cm Schenkellänge und eine hintere Verbundwaage mit 105 cm Schenkellänge laufen auf einem gemeinsamen Ring. An diesem Ring befestigen Sie die Flugleine.

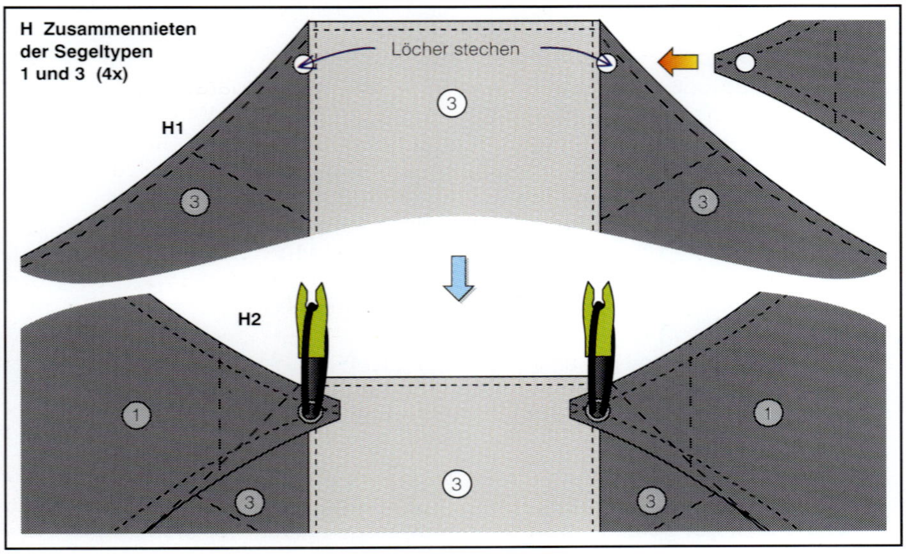

Einleiner bauen

SAMURAI

Einen einzigen Drachen für jede Windgeschwindigkeit - das ist der Traum vieler Drachenflieger, aber dieser Drachen muß erst noch »erfunden« werden. Um nicht frustriert und ohne Flugerfolg nach Hause gehen zu müssen, sollten stets mehrere Drachentypen im Gepäck sein. Kastendrachen für starken, V-förmige für mittleren und flache für leichten Wind. Der vom holländischen Drachenbauer Nop Velthuizen konstruierte Genki war Grundlage für den im folgenden vorgestellten Drachen. Dieser besticht durch seine gewaltige Spannweite von 325 cm. Durch das flache Segel mit seinem leichten Gerüst aus Carbonstäben wird der Samurai zu einem perfekten Leichtwindflieger. Der Segelschnitt wurde im Gegensatz zum Vorbild verändert. Dabei wurden im wesentlichen optische Aspekte berücksichtigt, um die Konturen eines Gesichtes besser darstellen zu können. Gestalten Sie Ihren Samurai nach eigenem Wunsch. Der oben abgebildete Drachen sei nur ein Beispiel, wie mit wenig Aufwand ein großer Effekt erzielt werden kann. Die Segelfläche eignet sich hervorragend für Applikationen. Anregungen hierfür werden auf den Seiten 8 bis 11 gegeben. Die als Barthaare gearbeiteten Fransen dienen in erster Linie der Dekoration und nicht zum Stabilisieren des Drachens. Sie können also bei einem anderen Design durchaus darauf verzichten. Der Samurai sollte an einer Schnur mit 80 kg Tragkraft geflogen werden.

Hinweis: Beim Sägen von Carbonstäben oder von glasfaserverstärkten Stäben (GFK-Stäben) und beim Heißschneiden des Segelmaterials mit dem Lötkolben den entstehenden Staub bzw. die Dämpfe auf keinen Fall einatmen, da dies zu gesundheitlichen Schäden führen kann.

Baumaterial:

4 m^2 Spinnakernylon, 32 g/m^2
3 Carbonstäbe, 76 cm lang, 0,48 cm ø
2 Aluhülsen, 0,5 cm ø innen
2 Carbonstäbe, 82,5 cm lang, 0,59 cm ø
2 Carbonstäbe, hohl, 82,5 cm lang, 0,75 cm ø innen, 0,89 cm ø außen
3 Alumuffen, 12 cm lang, 0,6 cm ø innen, 0,75 cm ø außen
1 Carbonmuffe, 7 cm lang, 0,75 cm ø innen
4 Gummiendkappen, 0,5 cm ø
2 Pfeilnocken, 0,6 cm ø
1 Gummiband, 20 cm lang, 0,3 cm ø
3 Aluringe, 2 cm ø

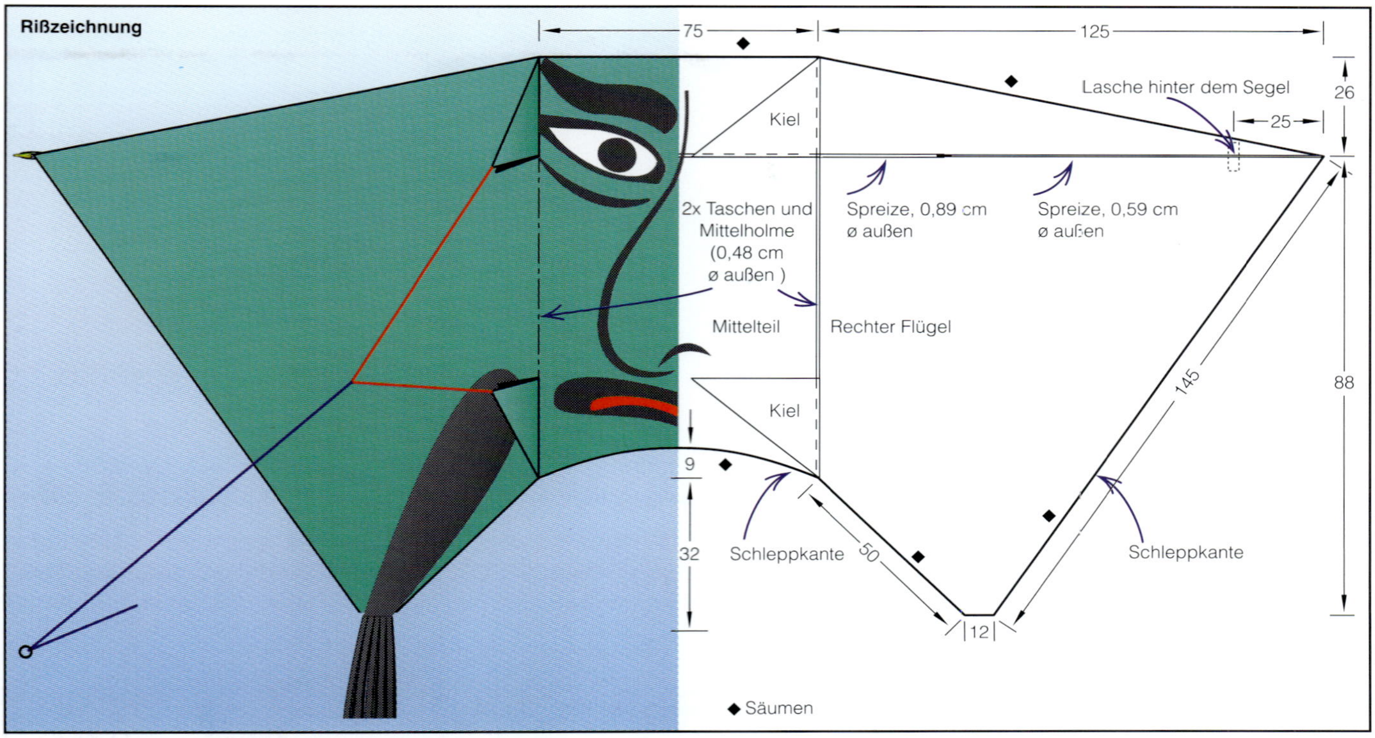

Bauanleitung:
Bevor Sie das Baumaterial beschaffen, sollte die Bauanleitung gelesen werden. Beim Herstellen der Spreize haben Sie die Wahl, entweder Angelrutenrohlinge oder ein Gestänge aus Carbon zu verwenden. Beim vorgestellten Drachen wurde ein Spreizengestänge aus Carbon genommen. Diese Stäbe sind zum Teil genormt, und wenn sie von einem einzigen Hersteller bezogen werden, passen die Stäbe in der Regel sogar genau ineinander, so daß auf die aufgeführten Verbinder zum Teil verzichtet werden kann. Lassen Sie sich am besten von einem Fachmann beraten.
Das Segel des Samurai besteht im wesentlichen aus drei Teilen: einem Mittelteil und zwei Seitenteilen. Die Seitenteile werden wiederum aus zwei Teilen zusammengesetzt. Schneiden Sie zunächst das Mittelteil gemäß Zeichnung B1 zu. Zwei 150 cm lange Bahnen mit der Originalbreite des Nylons (101 cm) werden zu- und die gekennzeichneten Ecken abgeschnitten (B2). Diese Ecken nähen Sie mit einer Kappnaht versetzt wieder an (B3). Achten Sie darauf, daß die Naht bei beiden Teilen jeweils auf der Rückseite des Segels liegt. Schneiden

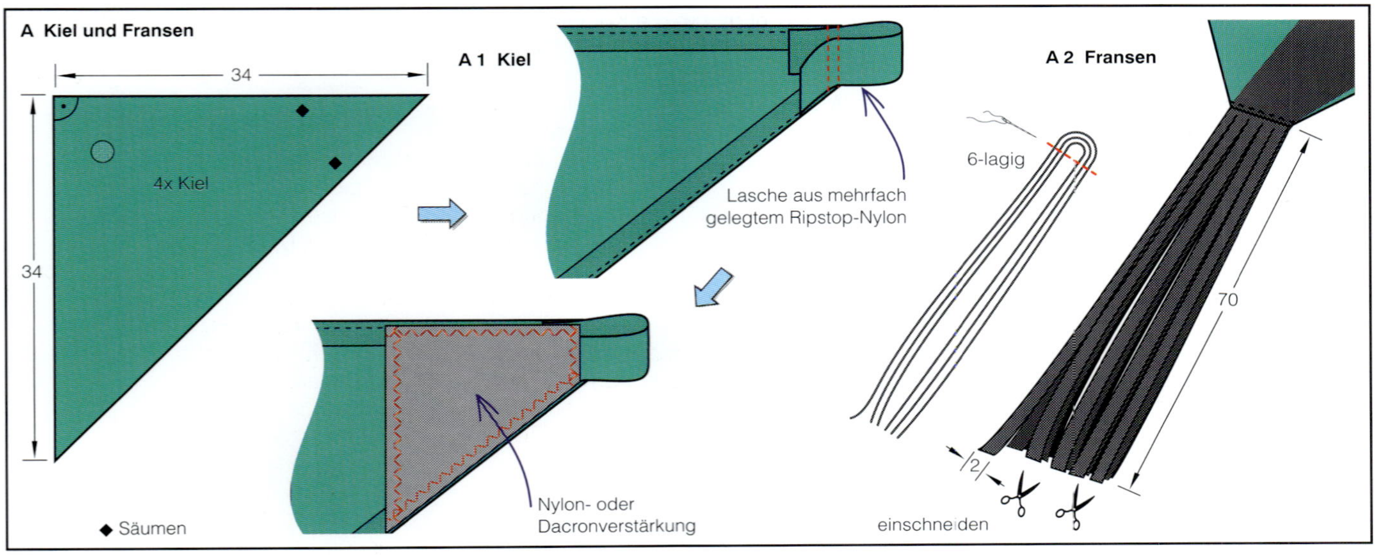

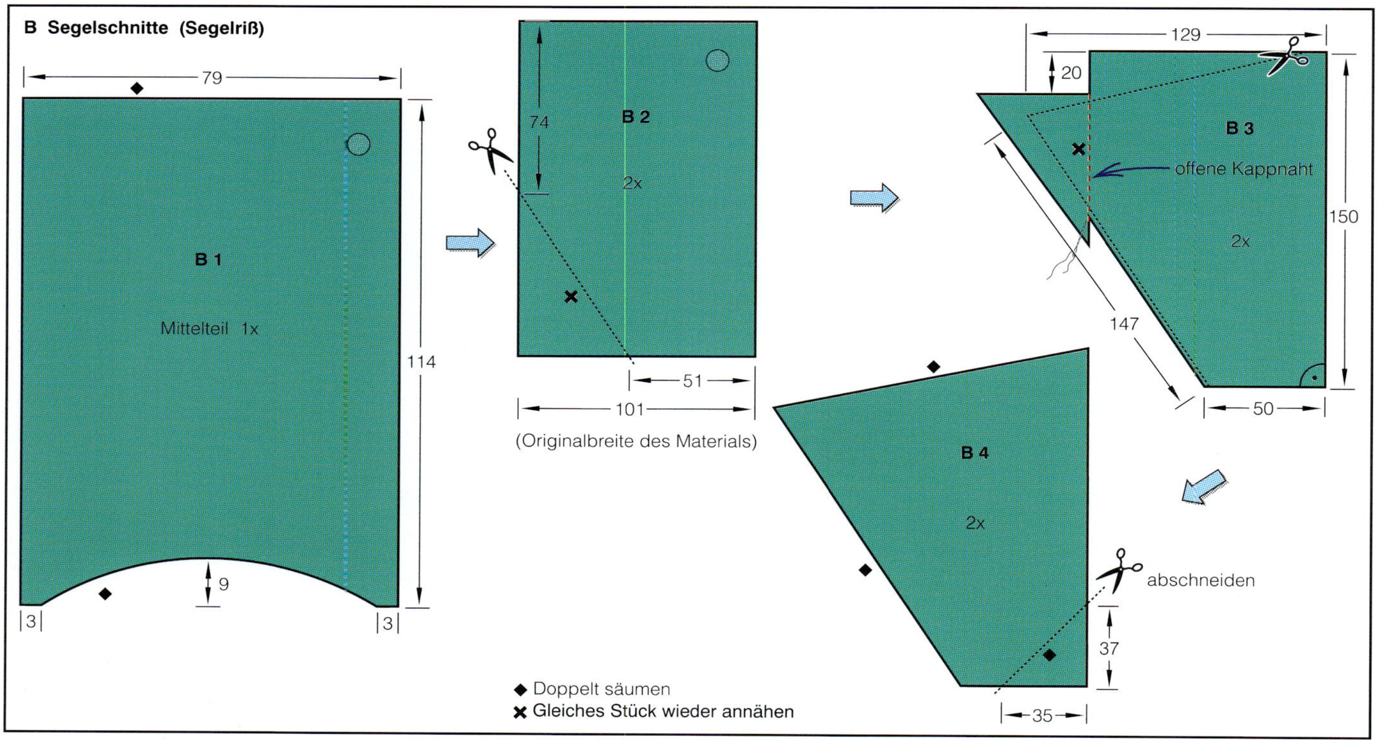

Sie jetzt das überstehende Material mit einer Schere ab. Entnehmen Sie der Zeichnung B3 die entsprechenden Maße (50 cm, 150 cm und 129 cm). Weiterhin wird je ein Stück Nylon an der rechtwinkligen Ecke abgeschnitten (B4). Die doppelten Säume sind mit einer Raute gekennzeichnet. Der Saum liegt immer auf der Rückseite des Segels. Am Mittelsegel werden zwei und an den Seitenteilen werden je drei Kanten gesäumt. Schneiden Sie nun vier Dreiecke gemäß der Zeichnung A1 zu. Die mit einer Raute gekennzeichneten Kanten werden doppelt gesäumt. Diese Kiele, oder auch Bauschen genannt, werden später in die Mittelholmtaschen eingenäht. Eine Lasche aus mehrfach gelegtem Ripstop-Nylon wird jeweils auf die Spitze der Dreiecke genäht. Zum Abschluß schneiden Sie passende Dreiecke aus selbstklebendem Nylon aus. Diese Verstärkungen werden über den Saum und über die Enden der Laschen auf die Spitze der Dreiecke mit einer Zickzacknaht genäht (A1). In der Abbildung C erkennen Sie, daß kleine Laschen aus Nylon auf die Säume der Seitenteile genäht werden. Mit diesen Laschen wird später die Spreize gehalten. Mehrfach gelegtes Spinnakerny-

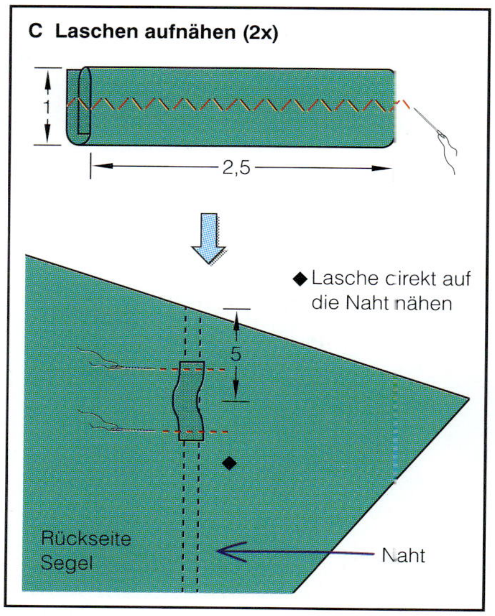

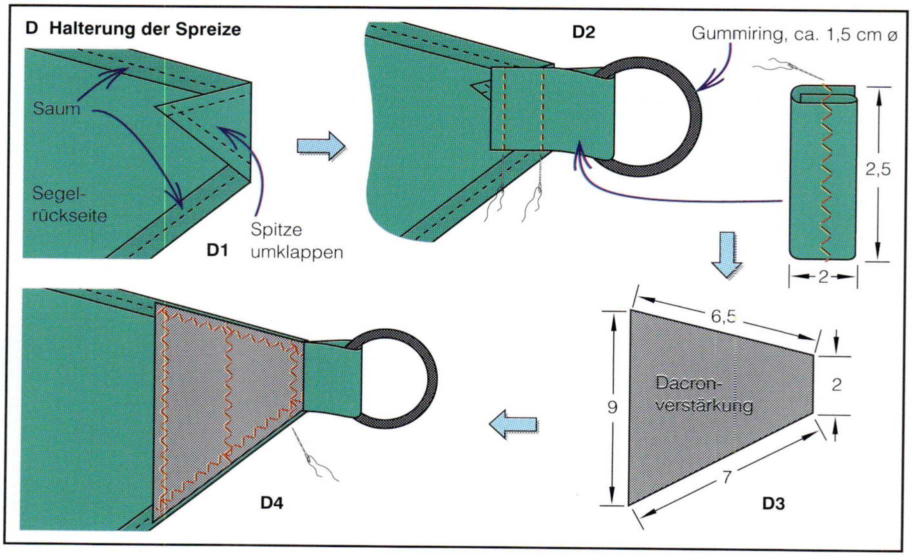

E Herstellen der Mittelholmtaschen oben (2x)

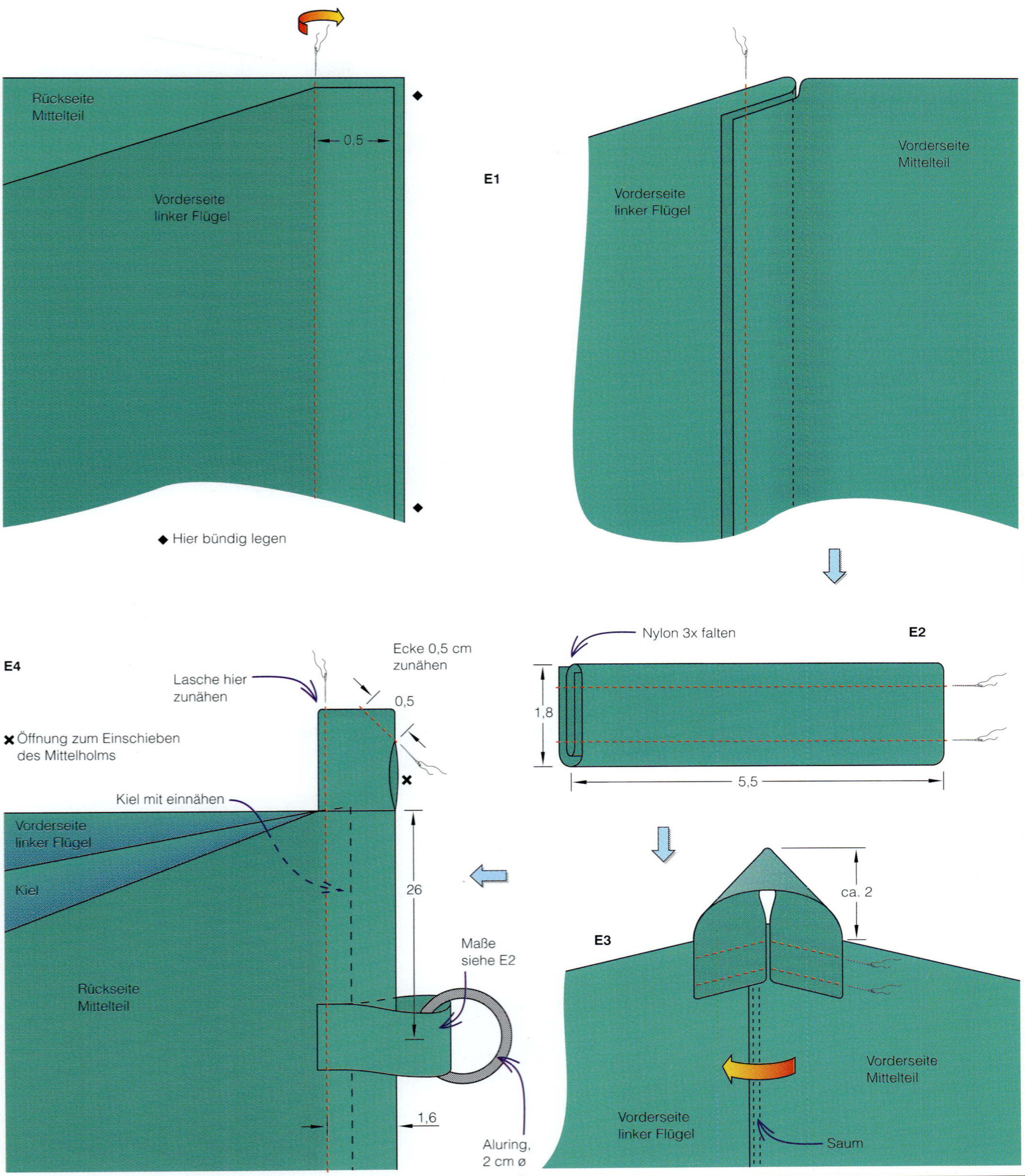

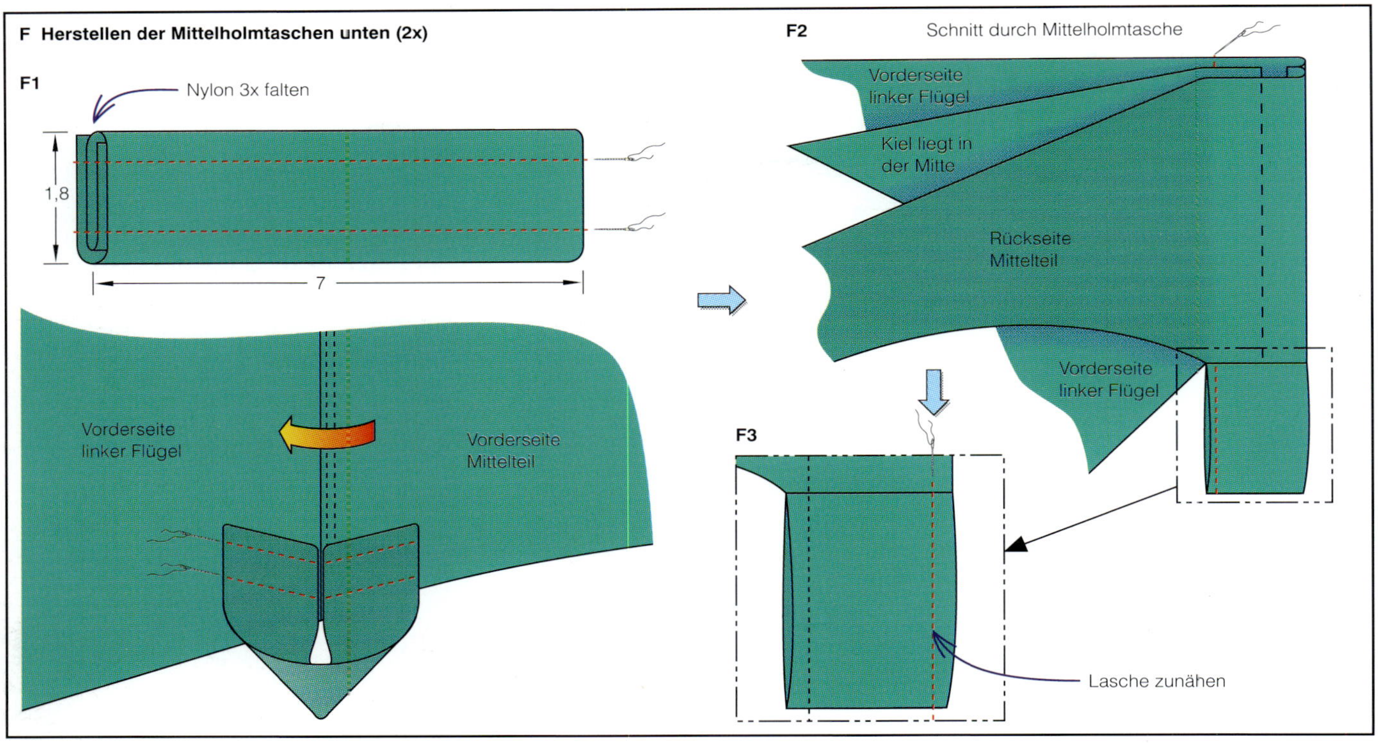

lon vernähen Sie mit einer Zickzacknaht zu zwei Streifen, und nähen diese dann, wie die Abbildung C zeigt, im Abstand von 5 cm auf die Rückseite der Segel direkt auf die Kappnaht.
An den Spitzen der Seitenteile müssen ebenfalls Schlaufen befestigt werden. Stellen Sie zwei weitere Schlaufen gemäß Zeichnung C her. Die Spitzen der Seitenteile werden zur Rückseite hin gefaltet (D1). Jetzt sollte ein Gummi-O-Ring in die Schlaufen gelegt werden (D2). Nähen Sie die Schlaufen auf die umgeklappte Spitze. Dabei muß die Breite der Schlaufe der Breite der Faltkante entsprechen. Die Schlaufe kann etwas auseinandergezogen werden, so daß die beiden Schlaufenenden nicht deckungsgleich verlaufen. Da eine starke Belastung auf den Nähten liegt, müssen diese sorgfältig genäht werden. Wie bei den Spitzen der Kiele wird auch hier eine Verstärkung aus selbstklebendem Nylon oder Dacron auf die Enden der Schlaufen geklebt und mit einer Zickzacknaht vernäht. Entnehmen Sie die Maße der Verstärkung der Zeichnung D3. Anstelle des Gummi-O-Ringes kann auch ein Gummiband in der Schlaufe verknotet werden.

Die Herstellung der Mittelholmtasche ist etwas aufwendiger. Sehen Sie sich die Zeichnungen E1-E4 genau an, bevor Sie mit dem Zusammennähen der Segelteile beginnen. Stellen Sie zunächst vier Schlaufen entsprechend Zeichnung E2 her. Als erstes werden nun die beiden Flügelsegelteile an das Mittelteil genäht (E1). Nähen Sie die Teile so zusammen, daß die Säume auf der Vorderseite des Segels liegen. Verwenden Sie eine offene Kappnaht. Es muß darauf geachtet werden, daß die Schleppkante sowie die vordere Kante bündig gegeneinander gelegt und vernäht werden. Die beiden Schlaufen bilden Taschen, in denen später die Carbonstäbe sitzen. Die Schlaufen werden, wie die Abbildung E3 zeigt, auf die Vorderseite des Segels genäht. Dabei muß ein Ende an der Vorderseite des Mittelteils und das andere Ende an der Vorderseite des Seitenteils festgenäht werden. Danach klappen Sie das Mittelteil auf das Seitenteil. Die Faltkante muß dabei exakt der senkrecht verlaufenden Naht entsprechen. Legen Sie einen Kiel gemäß der Rißzeichnung zwischen Seiten- und Mittelteil. Der Kiel sollte etwa 1 cm in der Tasche liegen. Sie können die Position des Kiels mit Stecknadeln fixieren. Mit etwas Übung kann die folgende Naht auch genäht werden, indem man das Material führt. Eine weitere Schlaufe mit einem Aluring (2 cm ø) wird von außen über die Tasche geführt und von beiden Seiten mit der Naht befestigt. Entnehmen Sie die Position der Zeichnung E4. Um einen besseren Halt zu erzielen, muß an dieser Stelle mehrfach hin- und hergenäht werden. Durch den Ring wird später die Spreize geführt. Nähen Sie die Naht nun weiter.
Im Fußbereich muß jetzt der zweite Kiel eingenäht werden. Dessen Lage und Position entnehmen Sie bitte der Rißzeichnung. Achten Sie wiederum auf die Bündigkeit der Kanten im Schleppkantenbereich. Die Zeichnungen F1-F3 zeigen genau die Arbeitsweise an den beiden Fußtaschen.
Zunächst wird die 7 cm lange Schlaufe hergestellt und an der Vorderseite festgenäht. Nähen Sie die Naht bis zum Ende, und schließen Sie damit auch die Schlaufe (F2). Die Zeichnung F3 zeigt, daß die Schlaufe mit einer Naht komplett geschlossen wird. Wer möchte, kann jetzt Fransen oder Bänder an die Schleppkante des Seitensegels nähen. Nähen Sie diese zweite kleine Naht direkt an die Kante der Tasche. Die vordere Schlaufe wird an der Ecke schräg ab-

G Spreize

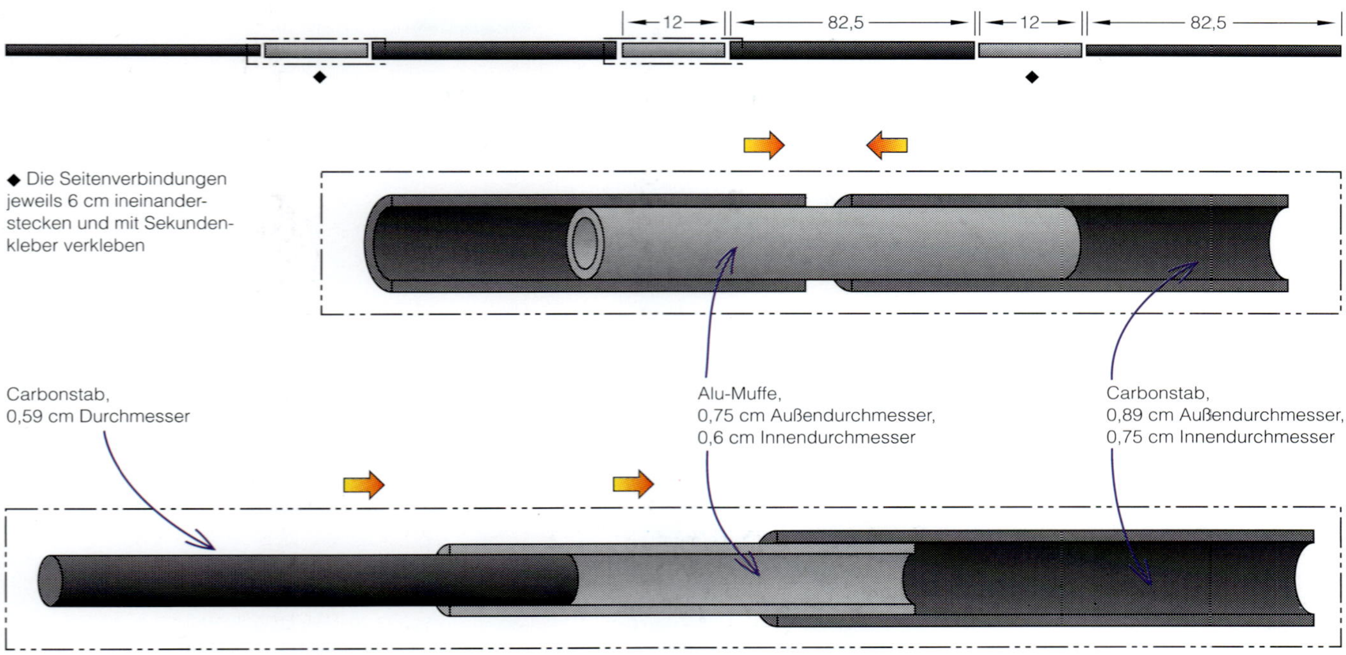

genäht. So bildet sich eine Tasche, aus der die Stäbe nicht mehr wegrutschen können (A2).

Die senkrechten Gerüststäbe bestehen aus jeweils 1,5 Carbonstäben. (76 cm lang, 0,48 cm ø). Sägen Sie die Stäbe auf Länge, und verbinden Sie sie mit je einer Aluhülse (0,5 cm ø innen).

Auf beide Enden der Mittelholme kommen Gummiendkappen. Die Stäbe werden in die Taschen gesteckt und angepaßt. Die Spreize besteht aus vier Carbonstäben: zwei 82,5 cm lang, 0,59 cm ø und zwei hohl, 82,5 cm lang, 0,75 cm ø innen. Verbinden Sie die Stäbe mit den entsprechenden Muffen (G). Diese sollten halbseitig mit Sekundenkleber fixiert werden. Verwenden Sie Angelrutenrohlinge, genügen zwei davon. Der Verbinder liegt in der Mitte des Segels. Mittels Pfeilnocken, die an der Spitze der Spreize angebracht werden, wird das Segel gespannt. Die Spreize muß dafür in den Schlaufen geführt werden.

Bringen Sie die Verbundwaage entsprechend der Zeichnung H an. Mit dem Schotstek kann später der Anstellwinkel verändert werden. Ein Aluring (2 cm ø) erleichtert das Ausbalancieren des Drachens.

H Waage

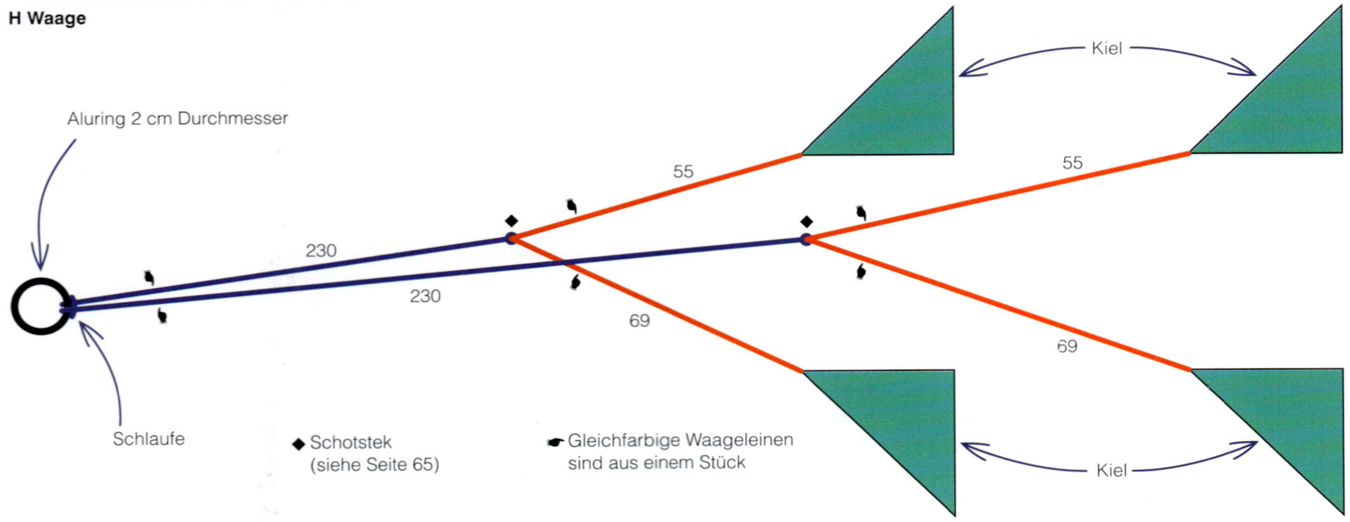

STARFLAKE

Facetdrachen sind eine relativ neue Entwicklung, wenn man bedenkt, wie lange schon Drachen gebaut werden. Selbst Kastendrachen wurden auf dem europäischen Kontinent bereits gegen Ende des 19. Jahrhunderts geflogen.
Ende der siebziger Jahre entwickelten dann eine Reihe von Europäern und Amerikanern den einmalig schönen Facetdrachen. Einer der ersten Pioniere war der Engländer Stephen Robinson. Später konstruierten die Amerikaner Scott E. Spencer und Nick van Sant komplizierte Variationen des an eine Schneeflocke erinnernden Drachens. Die Facetdrachen begeisterten auf Anhieb jeden Drachenbauer. Der Italiener Maurizio Angeletti perfektionierte mit immer raffinierteren Modellen diese Drachen und machte sie weltweit populär.

Der im folgenden vorgestellte Drachen ist eine neue Variante seiner berühmten Vorbilder. Facetdrachen haben in der Regel einen Mittelholm. Ringförmig um diesen Stab spannen mehrere Stäbe das zellenförmig vernähte Segel stramm nach außen. Der Starflake unterscheidet sich durch eine Besonderheit von seinen Vorgängern: Die einzeln nach außen verlaufenden Segel werden nicht durch die Gegenspannung weiterer Segel in Position gehalten. Sechs kleine, über die Eckpunkte laufende Schnüre fixieren stattdessen die Segel, die so besonders stramm gespannt werden können.
Die zellenartigen Segel sind in eine obere und eine untere Hälfte geteilt. Insgesamt müssen 36 Segelteile zugeschnitten werden. Dies erscheint im ersten Moment sehr aufwendig und kompliziert. Die Herstellung des Drachens ist aber einfacher, als man es vermutet. Die Nähschritte wiederholen sich, und die Nähte verlaufen alle geradeaus.
Hinweis: Beim Sägen von Carbonstäben oder von glasfaserverstärkten Stäben (GFK-Stäben) und beim Heißschneiden des Segelmaterials mit dem Lötkolben den entstehenden Staub bzw. die Dämpfe auf keinen Fall einatmen, da dies zu gesundheitlichen Schäden führen kann.

Baumaterial:
6 m² Spinnakernylon,
32 g/m², türkisfarben
4,5 m² Spinnakernylon,
32 g/m², neonpinkfarben
8 Carbonstäbe,
82,5 cm lang, 0,59 cm ø
1 Aluhülse, 0,6 cm ø innen

Nähschritte

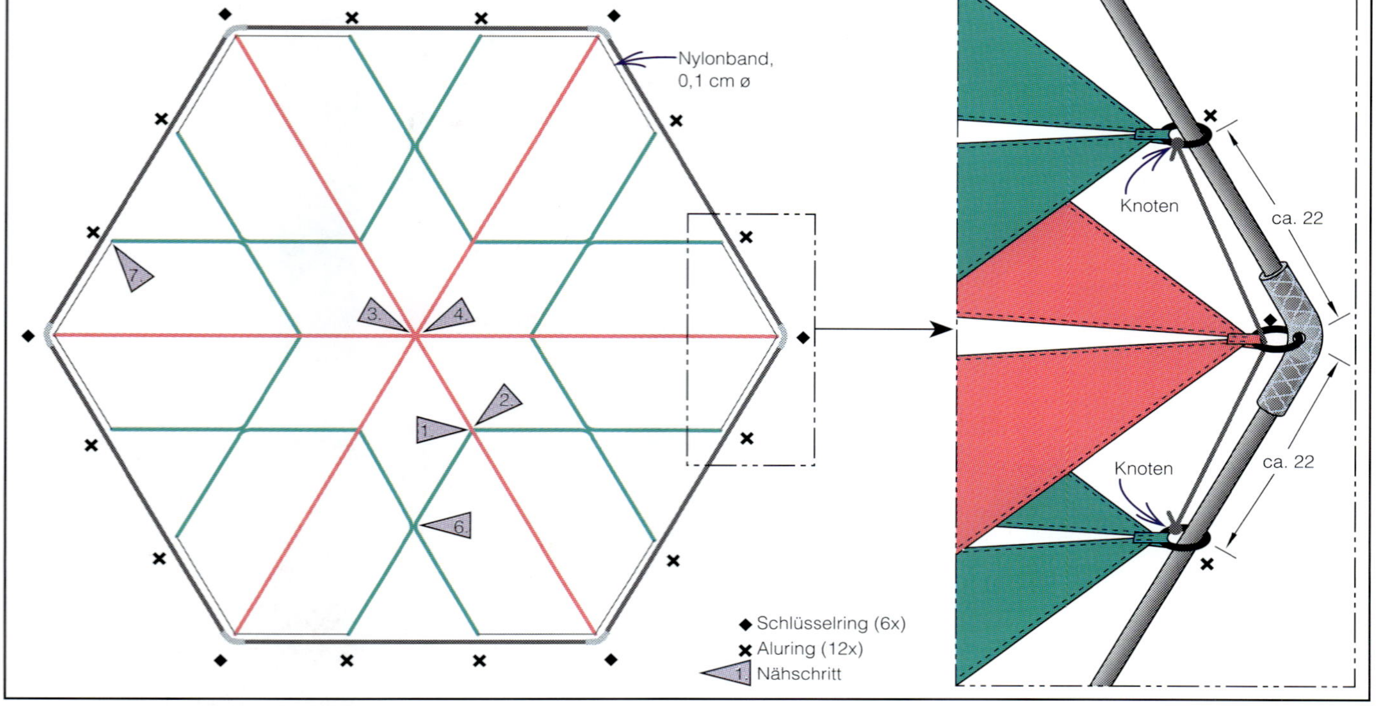

6 Schlüsselringe, 2 cm ø
13 Aluringe, 1,5 cm ø
1 Hochdruckschlauch,
48 cm lang, 0,6 cm ø innen
1 Nylonschnur, 900 cm lang, 0,1 cm ø
1 Nahtband, 200 cm lang, 1,5 cm breit
1 Nylonband, 20 cm lang, 0,2 cm ø
2 Pfeilnocken, 0,6 cm ø

Bauanleitung:
Der Drachen besteht aus zwei Farben: Neonpink und Türkis. Schneiden Sie 12 pink- und 24 türkisfarbene Teile zu. Selbstverständlich können Sie die Farben auch frei wählen. Es ist auch möglich, den Drachen in drei Farben zu nähen. Schneiden Sie dann 12 Teile pro Farbe. Entnehmen Sie die Maße den Zeichnungen A1 und A2. Die großen Teile passen genau auf eine Bahnbreite, während bei den 24 kleineren Teilen ein schmaler Streifen übrigbleibt. Am besten werden die Nylonteile mit dem Heißschneider zugeschnitten. Da die Segel doppelt gesäumt werden, können sie auch mit der Schere zugeschnitten werden. Nach dem Zuschneiden werden die pinkfarbenen Segel an zwei Seiten gesäumt (A1). Die mit der Raute bezeichnete Seite bleibt dagegen ungesäumt (A1).

A1 Zuschnitt der pinkfarbenen Segel (12x)

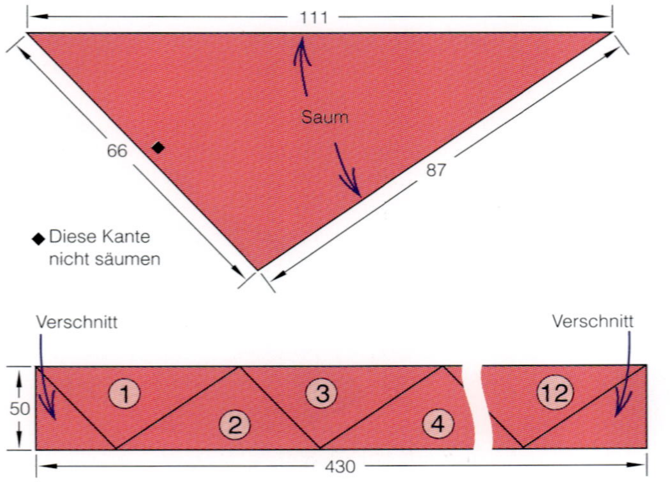

A2 Zuschnitt der türkisfarbenen Segel (24x)

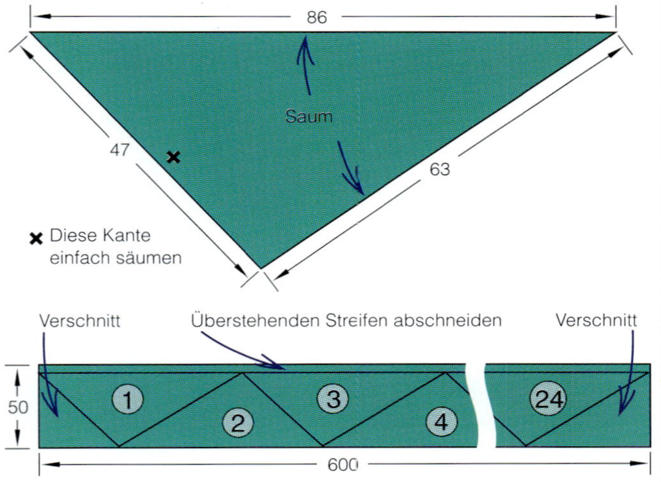

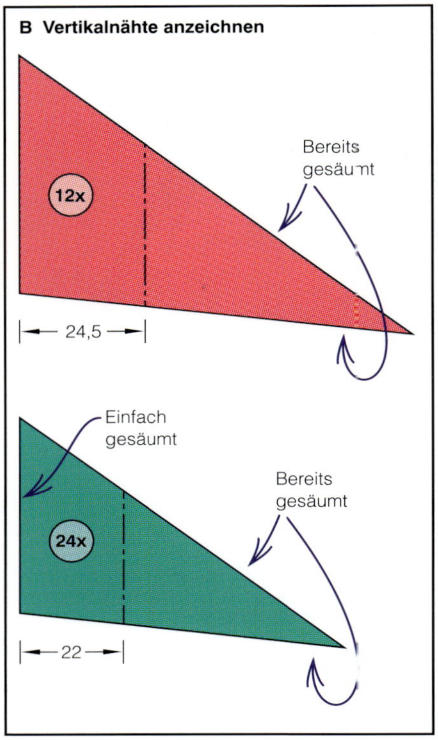

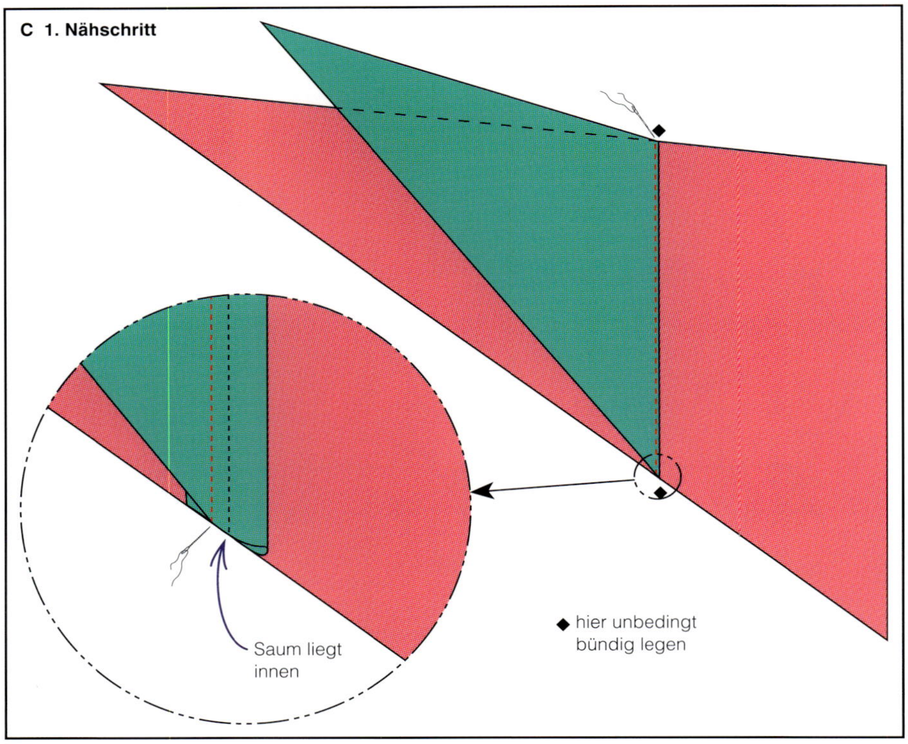

Die türkisfarbenen Teile werden rundherum gesäumt, an der mit einem Kreuzchen bezeichneten Seite aber nur einfach (A2). Mit einem weichen Bleistift und einem langen Lineal müssen jetzt Nählinien auf die 36 Teile gezeichnet werden (B). Im Abstand von 24,5 cm bzw. 22 cm zeichnen Sie parallel zur angegebenen Kante eine Linie. Dieser Arbeitsschritt muß sehr sorgfältig durchgeführt werden. Nachdem Sie alle 36 Teile angezeichnet haben, folgt der erste Nähschritt:
Jeweils ein türkisfarbenes Teil wird rechts und links entlang der Markierung an einen pinkfarbenen Teil angenäht (C). Dabei sollte der umgeschlagene Teil des Saumes innen liegen. Führen Sie diese Näharbeiten sehr sorgfältig aus. Wird die Naht nämlich unsauber, können später beim Spannen der Segel Falten auftreten. Wichtig ist, daß die Ecken der türkisfarbenen Segel bündig mit den beiden Kanten des pinkfarbenen Segels liegen (C). Durch Ungenauigkeiten beim Säumen kann es vorkommen, daß beim Bündiglegen der Segelteile die Naht nicht genau auf der Markierung verläuft. Verschieben Sie dann das türkisfarbene Teil so lange parallel zur markierten Linie, bis die

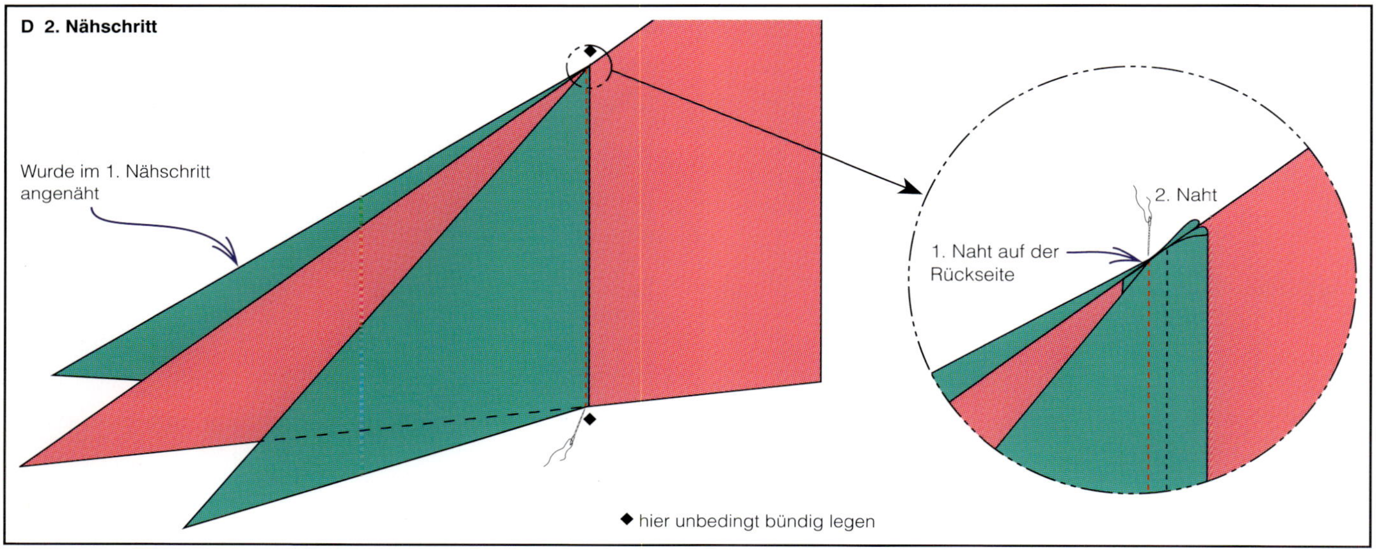

Ecken bündig liegen. Der erste Nähschritt wird zwölfmal durchgeführt.
Im zweiten Nähschritt wird entlang der gleichen Naht auf der gegenüberliegenden Seite ein weiteres türkisfarbenes Segel angenäht. Die Naht muß etwa 0,1 cm neben der ersten Naht verlaufen (D). Auch dieses Segel muß mit den Kanten der pinkfarbenen Segelteile bündig liegen. So nähen Sie alle 24 Segel an die großen Segelteile.
Im dritten Nähschritt bilden Sie vier Stapel à drei pinkfarbener Segelteile. Sie müssen jetzt jeweils drei dieser pinkfarbenen Teile an der ungesäumten Kante zusammennähen. Mit einer einfachen Geradeausnaht im Abstand von 0,3 cm von der Kante wird jetzt weitergearbeitet (E2). Der dritte Nähschritt wird viermal durchgeführt.
Zwei dieser Dreierstapel werden im vierten Nähschritt mit einer Geradeausnaht zusammengenäht (F1). Achten Sie darauf, daß die Stapel bündig liegen. Zur Sicherheit wird der Saum umgeschlagen und mit einer zweiten Naht befestigt (F2). Jetzt müssen Sie zwei Stapel aus zusammengenähten Segelteilen haben.
Mit dem fünften Nähschritt wird jeweils eine Tasche aus 1,5 cm breitem Nahtband mittig auf den im vierten Nähschritt genähten Saum genäht. Der umgeschlagene Saum liegt dabei innen. An der Spitze wird das Nahtband umgeschlagen. An der so entstandenen Schlaufe wird später das Spannband befestigt (G). Am zweiten Segelstapel wird das Nahtband nur knapp umgeschlagen und das Ende bündig an der Segelspitze festgenäht. Diese Segelspitze muß vor dem Vernähen des Nahtbandes etwas nach innen umgeschlagen werden (G). Nähen Sie die Tasche des zweiten Segelstapels an der Spitze zu. An der Spitze des ersten Segelstapels bleibt die Tasche offen (G).
Mit dem sechsten Nähschritt werden jeweils zwei türkisfarbene Teile an der vorher gezeichneten Linie zusammengenäht. Legen Sie die Teile so, wie es in der Zeichnung H dargestellt ist. Die Markierungen und die Kanten liegen bündig übereinander. Mit einer einfachen Geradeausnaht werden die Segelteile präzise vernäht, damit es später keine Falten gibt. Führen Sie diesen Nähschritt zwölfmal durch.
Mit dem siebten Nähschritt werden die bislang noch getrennten zwei Segelstapel

E 3. Nähschritt - Zusammennähen von 3 pinkfarbenen Segeln (4x)

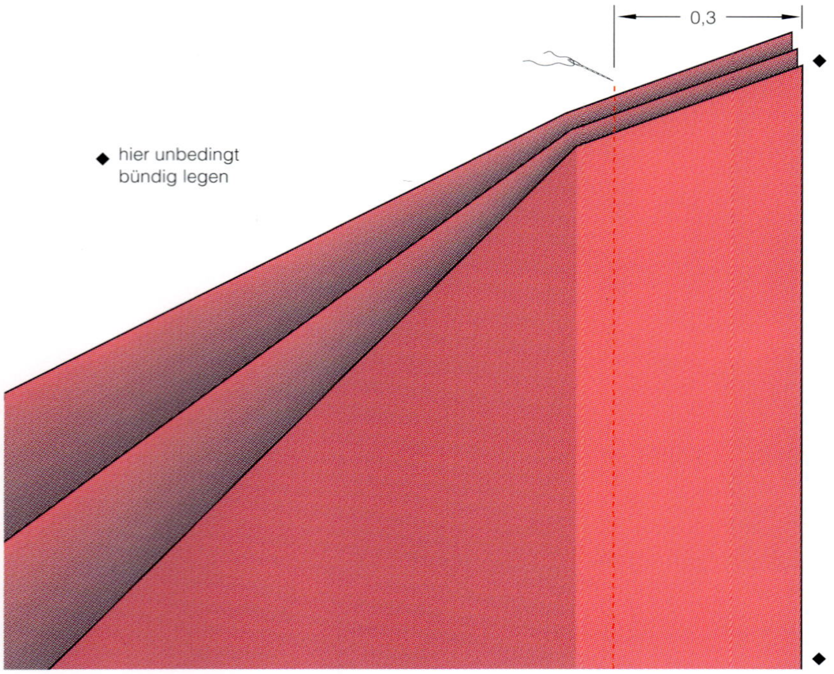

F 4. Nähschritt - Zusammennähen der 3er Stapel (2x)

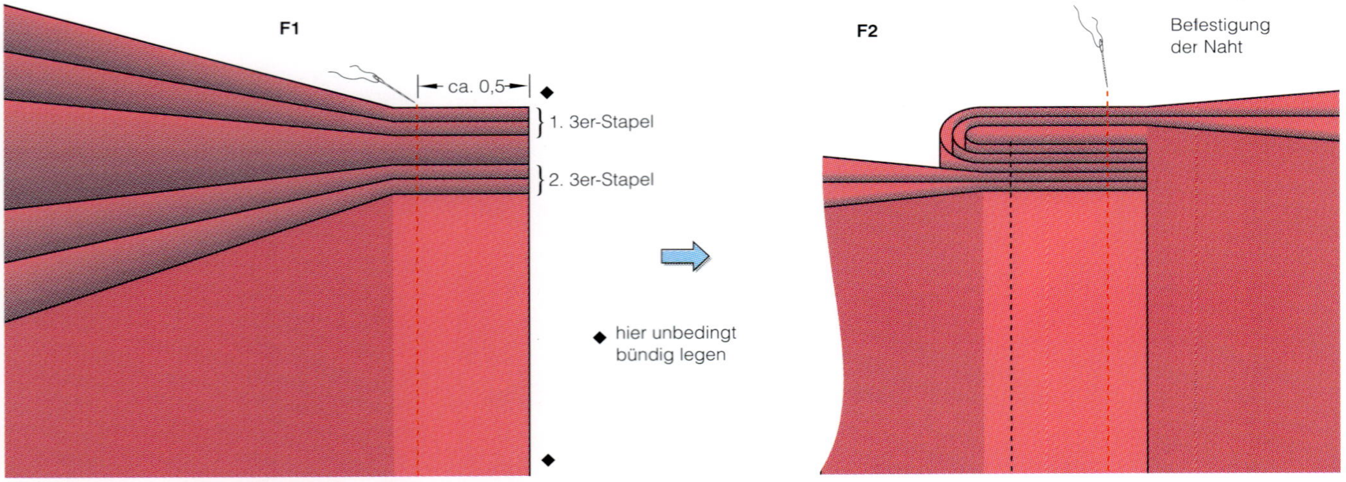

G 5. Nähschritt - Aufnähen des Nahtbandes

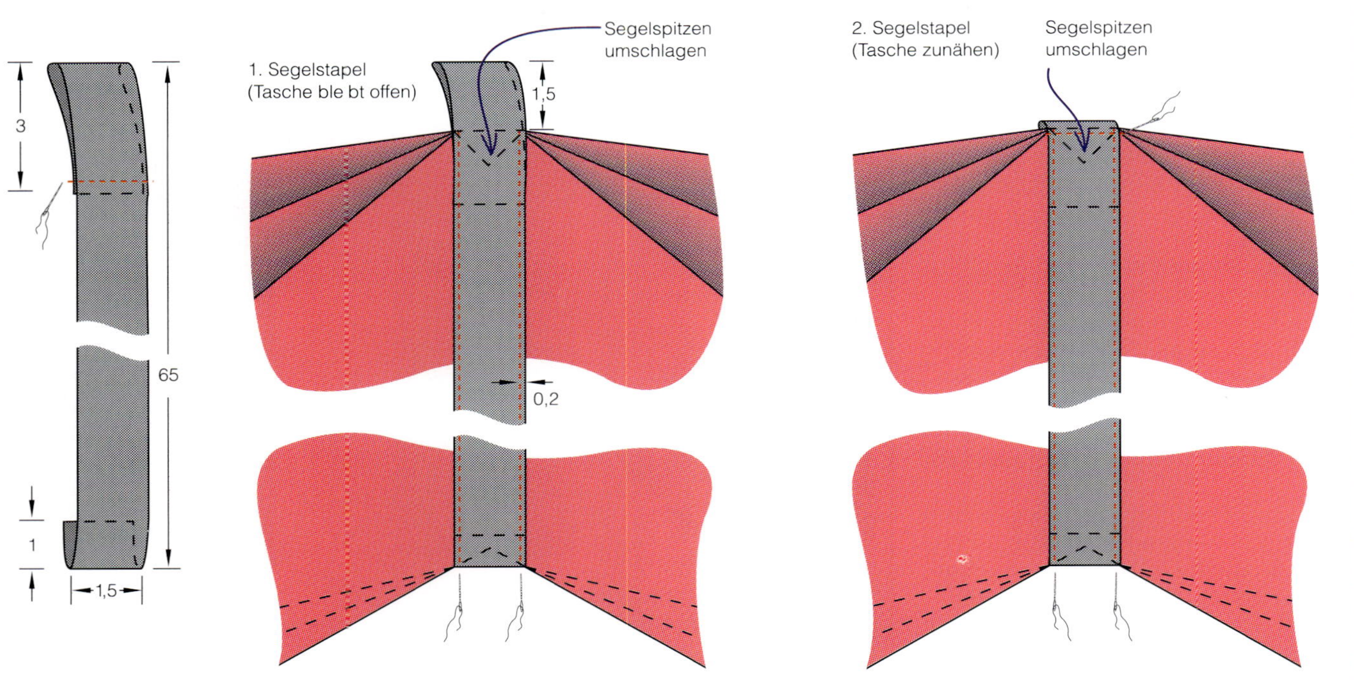

verbunden. Zunächst aber stellen Sie 18 Schlaufen aus Spinnakernylon her (zwölfmal Türkis und sechsmal Pink). Die Schlaufen sind 4 cm lang, 1,5 cm breit und dreimal gefaltet. Legen Sie außerdem sechs Schlüsselringe (2 cm ø) und zwölf Aluringe (1,5 cm ø) bereit. Nähen Sie die pink- und türkisfarbenen Teile zusammen. Die folgenden Schritte werden 18 mal wiederholt. Sie legen zwei pinkfarbene Spitzen entsprechend der Zeichnung I1 mit 2 cm Überlappung übereinander und vernähen sie. Schlagen Sie dann die Spitze des zusammengenähten Segels auf einer Breite von 1,5 cm um (I2). Jetzt nehmen Sie eine Schlaufe und legen sie um einen Schlüsselring (I3). Die Schlaufe wird beidseitig so an die Spitze genäht, daß 1 cm übersteht (I4). Die Aluringe werden mit entsprechenden Schlaufen mehrfach mit den türkisfarbenen Teilen vernäht, da die Schlaufen beim Spannen des Drachensegels später starken Belastungen ausgesetzt sind. Entnehmen Sie die Position der Alu- bzw. Schlüsselringe der Zeichnung auf Seite 67 oben.

Die Näharbeiten am Starflake sind nun beendet. Schneiden Sie jetzt sechs Abschnitte à 8 cm Länge aus dem Hochdruckschlauch zu. Die Teile werden in der Mitte mit einer Lochzange (0,2 cm ø) durch beide Wandungen gestanzt. Die Schlüsselringe werden geöffnet und in dem Loch des Schlauches befestigt (K).

Als nächstes werden die beiden Mittelholmstäbe eingesetzt. Kürzen Sie einen Carbonstab (82,5 cm lang) um 1,5 cm, und schieben Sie ihn in die Tasche, die an der Spitze zugenäht ist. Schieben Sie einen zweiten, ungekürzten Stab in die Tasche mit der Schlaufe. Eine Aluhülse (0,6 cm ø innen) verbindet die beiden Stäbe. Setzen Sie eine Pfeilnocke über den Carbonstab und verbinden Sie ihn mit Hilfe eines Nylonbandes (0,2 cm ø) mit der Schlaufe. Der Carbonstab soll etwa 5 cm über die Tasche hinausreichen. Setzen Sie sechs Carbonstäbe (82,5 cm lang) in die Hochdruckschläuche ein. Dabei müssen Sie jeweils zwei Aluringe über einen Stab führen. Beim letzten Stab erhält das

H 6. Nähschritt - Zusammennähen der türkisfarbenen Segel (12x)

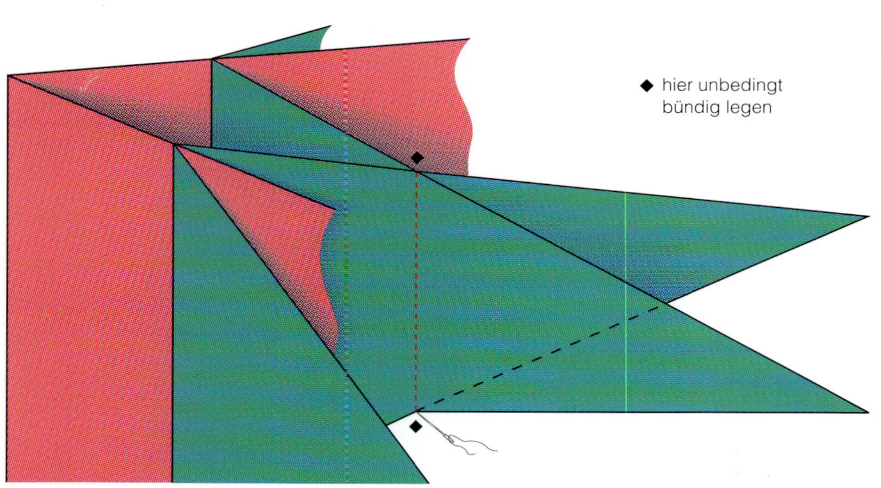

I 7. Nähschritt (18x)

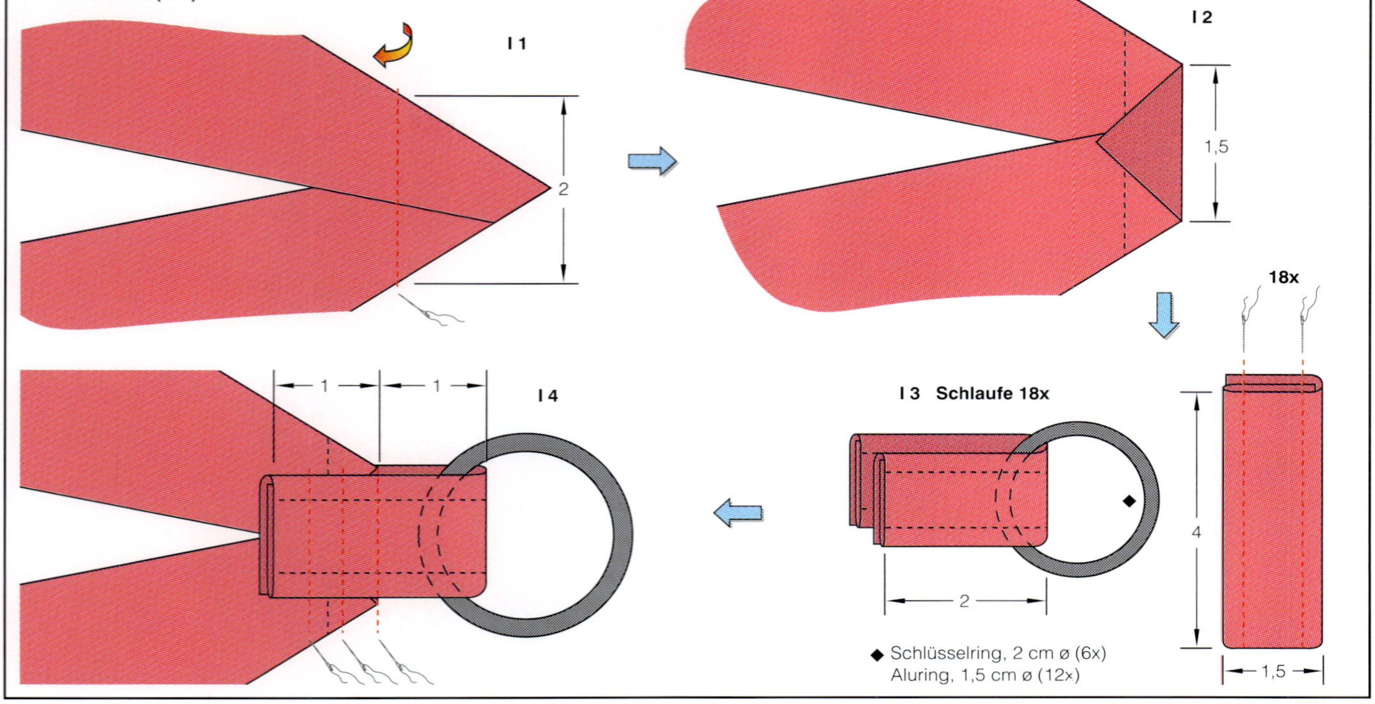

Segel Spannung. Ist die Spannung zu hoch, muß der gespannte, 82,5 cm lange Mittelholm schrittweise (0,5 cm) gekürzt und wieder neu verknotet werden. Auf diese Weise wird die Segelspannung Schritt für Schritt justiert.

Die rechts und links der pinkfarbenen Segel liegenden türkisfarbenen werden mit einer Nylonschnur (0,1 cm ø) gespannt. Diese Schnur knoten Sie sorgfältig an einen Aluring. Führen Sie die Schnur durch den Schlüsselring (K), und verknoten Sie sie am folgenden Aluring (Rißzeichnung). Dabei müssen die türkisfarbenen Segel stramm gespannt werden. Gegebenenfalls lösen Sie für diesen Arbeitsschritt die Stäbe aus den Schläuchen. Der Drachen erhält insgesamt sechs dieser Spannbänder. Sie müssen den Drachen dabei Schritt für Schritt spannen.

Die dreischenklige Waage wird an der Spitze und an zwei Schlauchverbindern befestigt (siehe Foto Seite 66).

Der vordere Waageschenkel ist 166 cm, die hinteren Waageschenkel sind 178 cm lang. Wenn Sie den vorderen Waageschenkel etwa 20 cm länger machen und einen Aluring darin befestigen, dann kann die Waage ganz exakt eingestellt werden.

J Pfeilnocke (2x)

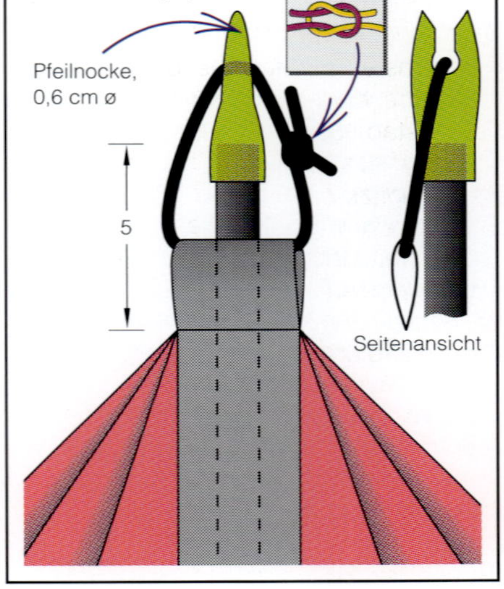

K Schlauchverbinder (18x)

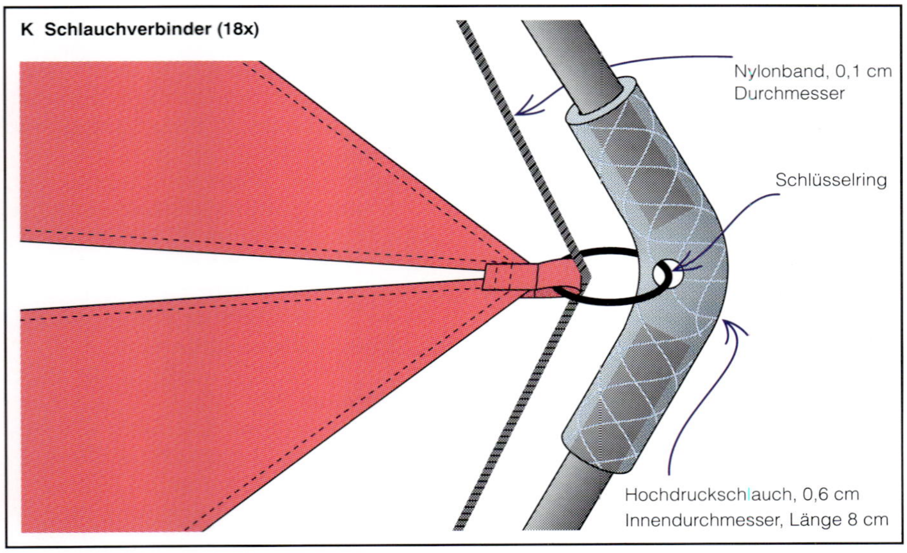

STARBIRD

Der im folgenden beschriebene Starbird fällt durch sein ungewöhnliches Design besonders auf. Sein Segel ist eine Mischung aus Flach- und V-Form. Kernstück des Drachens ist ein Kunststoffkreuzverbinder, in den sternförmig sechs Carbonstäbe gesteckt werden. Die hintere Segelfläche wird mit einem V-Kreuzverbinder schräg gegen den Wind gestellt. Diese Fläche gibt dem Drachen die erforderliche Stabilität. Beide Kunststoffteile sind handelsübliche Verbinder und können über den Drachenfachhandel bezogen werden. Zusätzliche Stabilität geben die seitlich angebrachten, 110 cm langen Fransen. Das Gestänge dieser Bänder kann man zum Transport mit Schlauchverbindungen an das Gerüst stecken.

Der Starbird ist für mittlere Windstärken von 2,5 bis 4 ausgelegt. Die Näharbeiten setzen etwas Erfahrung im Umgang mit der Nähmaschine voraus. Lesen Sie erst die komplette Bauanleitung durch, bevor Sie mit dem Bau des Drachens beginnen. Der Starbird sollte an einer 80-kg-Schnur geflogen werden.

Hinweis: Beim Sägen von Carbonstäben oder von glasfaserverstärkten Stäben (GFK-Stäben) und beim Heißschneiden des Segelmaterials mit dem Lötkolben den entstehenden Staub bzw. die Dämpfe auf keinen Fall einatmen, da dies zu gesundheitlichen Schäden führen kann.

Baumaterial:

2,5 m^2 Spinnakernylon, 45 g/m^2
3 Carbonstäbe, 76,5 cm lang, 0,59 cm ø
1 Carbonstab, 82,5 cm lang, 0,59 cm ø
3 Carbonstäbe, 41 cm lang, 0,59 cm ø
2 Carbonstäbe, 76,5 cm lang, 0,48 cm ø
4 GFK-Stäbe, 25 cm lang, 0,2 cm ø
1 Kreuzverbinder, 5 - 6 cm ø, 1 cm dick mit 8 Bohrungen, 0,6 cm ø (Zeichnung E).
1 V-Verbinder, 160°, 0,6 cm ø innen
1 Aluverbinder,
0,6 cm ø innen, 6,5 cm lang, mit Mittelsteg
1 Hartkunststoffschlauch,
30 cm lang, 0,6 cm ø innen
1 Hartkunststoffschlauch,
6 cm lang, 0,5 cm ø innen
1 Hartkunststoffschlauch, 12 cm lang,
0,6 cm ø außen, 0,4 cm ø innen
1 Hartkunststoffschlauch, 16 cm lang,
0,4 cm ø außen, 0,2 cm ø innen
1 Schlauch, 8 cm lang, 0,3 cm ø innen
1 Gummiband, 100 cm lang, 0,3 cm ø
1 Nylonschnur, 600 cm lang, 0,1cm ø
1 Aluring, 2 cm ø

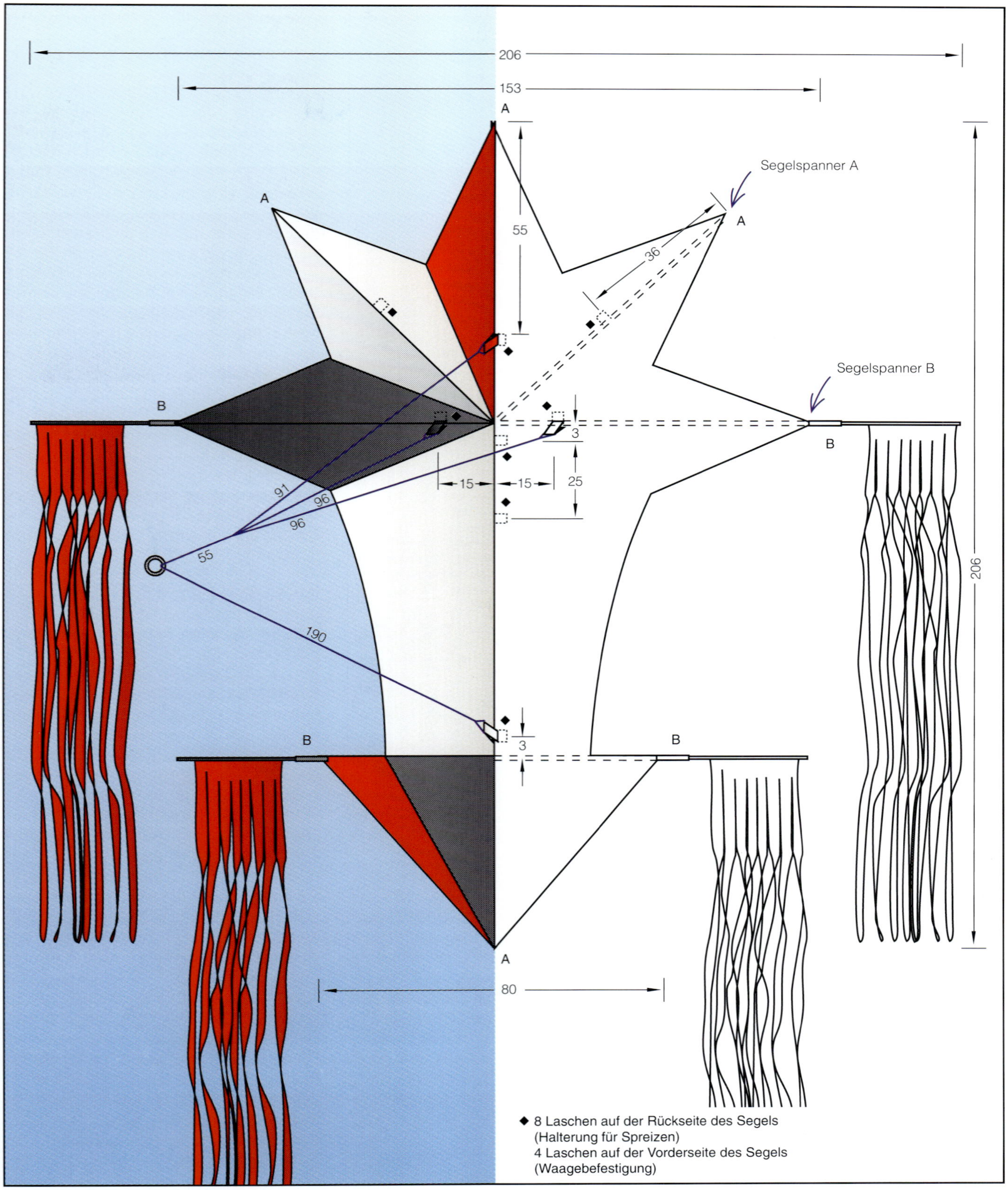

◆ 8 Laschen auf der Rückseite des Segels (Halterung für Spreizen)
4 Laschen auf der Vorderseite des Segels (Waagebefestigung)

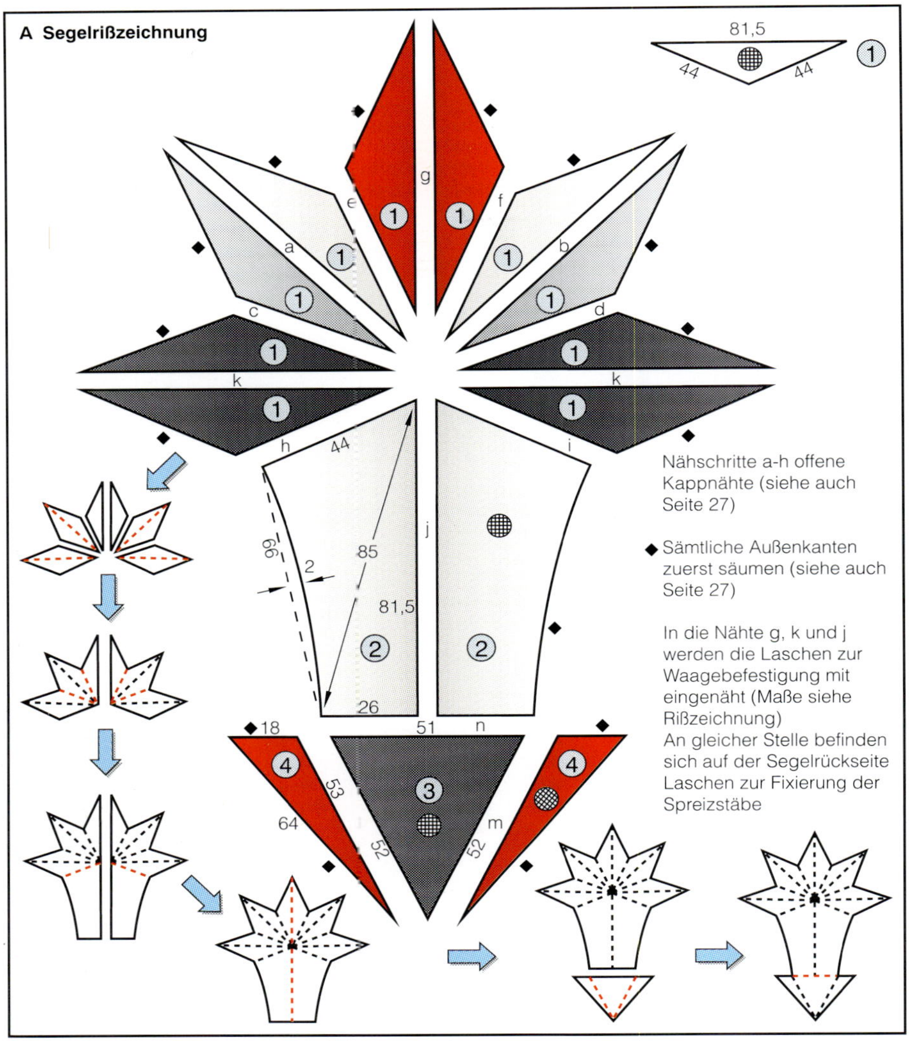

Bauanleitung:
Das sternförmige Vorderteil des Segels besteht aus zehn gleichgroßen Nylonteilen. Entnehmen Sie die Maße der Segelrißzeichnung A. Ferner müssen zwei große Mittelteile und drei Teile für den hinteren Bereich zugeschnitten werden, am besten mit dem Heißschneider (alle 15 Teile). Beginnen Sie danach mit dem Säumen der Außenkanten. Diese sind in Zeichnung A mit einer Raute gekennzeichnet. Die Teile sollen doppelt gesäumt werden (0,5 cm). Beachten Sie in diesem Zusammenhang auch Seite 27.
Nähen Sie die sternförmigen Segelteile bis auf die Naht g zusammen (A). In die Naht k müssen Schlaufen zur späteren Befestigung der Waage mit eingenäht werden (B). Insgesamt werden vier Schlaufen benötigt. Entnehmen Sie die Position der Schlaufen der Rißzeichnung (15 cm vom Mittelholm entfernt). Die Nähte werden als Kappnaht ausgeführt, wobei die Säume auf der Rückseite des Segels liegen.
Nähen Sie jetzt die Segelteile mit den Nähten a und b zusammen (A). Nachdem jetzt vier rautenförmige Segelteile fertig sind, werden die Schlaufen zum Halten der Gerüststäbe auf die Säume genäht. Jedes Teil erhält eine Schlaufe. Wie Sie der Zeichnung B entnehmen, wird mit dem nächsten Nähschritt jeweils eine Schlaufe auf die gegenüberliegende Seite der Waagebefestigungen genäht. Die Positionen der beiden weiteren Schlaufen entnehmen Sie der Rißzeichnung. Die Schlaufen werden durch mehrmaliges Hin- und Hernähen sorgfältig befestigt.
Stimmen Sie die Farbe der Schlaufen auf die Farbe der Segelteile ab.
Nähen Sie jetzt die Nähte c, d, e und f. Auch bei diesen Nähten liegt der Saum auf der Rückseite des Segels. Achten Sie bei allen Nähten darauf, daß die Segelteile symmetrisch und bündig aneinander genäht werden. Jetzt werden die Segelteile mit der Nummer 2 an die Segelteile mit der Nummer1 genäht (Naht i und h, Zeichnung A). Die gemeinsamen Nähte j und g verbinden die beiden großen Segelhälften. Vor dem Zusammennähen muß der gerade Verlauf der Kanten j und g kontrolliert werden. Gegebenenfalls müssen Sie mit einer langen geraden Holzleiste und Schere die beiden Kanten begradigen. Achten Sie darauf, daß in der Naht g zwei Schlaufen für Waagebefestigung und Holmhalterung eingenäht werden. Die Naht j erhält zwei Schlaufen zur Gerüsthalterung und eine Schlaufe zur Waagebefestigung (Rißzeichnung). Die beiden Hälften müssen so plaziert werden, daß sich exakt am Kreuzpunkt des Gerüstes auch die entsprechenden Nähte kreuzen.
Die Nähte l und m verbinden die drei hinteren Segelteile. Mit der Naht n nähen Sie das komplette hintere Segelteil an das Hauptsegel.
Zum späteren Spannen des Segels erhalten die acht Spitzen des Drachensegels Schlaufen aus Spinnakernylon. Deren Herstellung sowie die Anbringung am Segel entnehmen Sie den Zeichnungen C1 bis C3. Die Schlaufen werden gefaltet und anschließend sorgfältig am Segel vernäht. Vier dieser Spannschlaufen werden mit Schlauchstücken versehen, die lediglich zum Spannen des Segels dienen (C6). Die vier äußeren Ecken erhalten die Segelspanner kombiniert mit Halterungen für Fransenstäbe (Rißzeichnung).
Die Zeichnungen C4 bis C6 zeigen, daß für die Schlauchspanner zunächst ein Gummiband in die Schlaufen geführt wird. Ein 2,5 cm langer Schlauch aus Hartkunststoff (0,5 cm ø innen) wird am Ende gestanzt (0,3 cm ø). Führen Sie dann das Gummiband beidseitig in die Stanzung, und verknoten Sie es im Inneren des Schlauches. Die Zeichnung C6 zeigt, wie später der Carbonstab im Schlauch sitzt. Der Gummiknoten muß so klein gezogen werden, daß er im Schlauch verschwindet. Für die dicken Carbonstäbe (0,59 cm ø) nehmen Sie den Schlauch mit 0,6 cm Innendurchmesser, für die dünnen Stäbe (0,48 cm ø) wird der Schlauch mit 0,5 cm Innendurchmesser verwendet. Die äußeren Spitzen rechts und links am Drachen

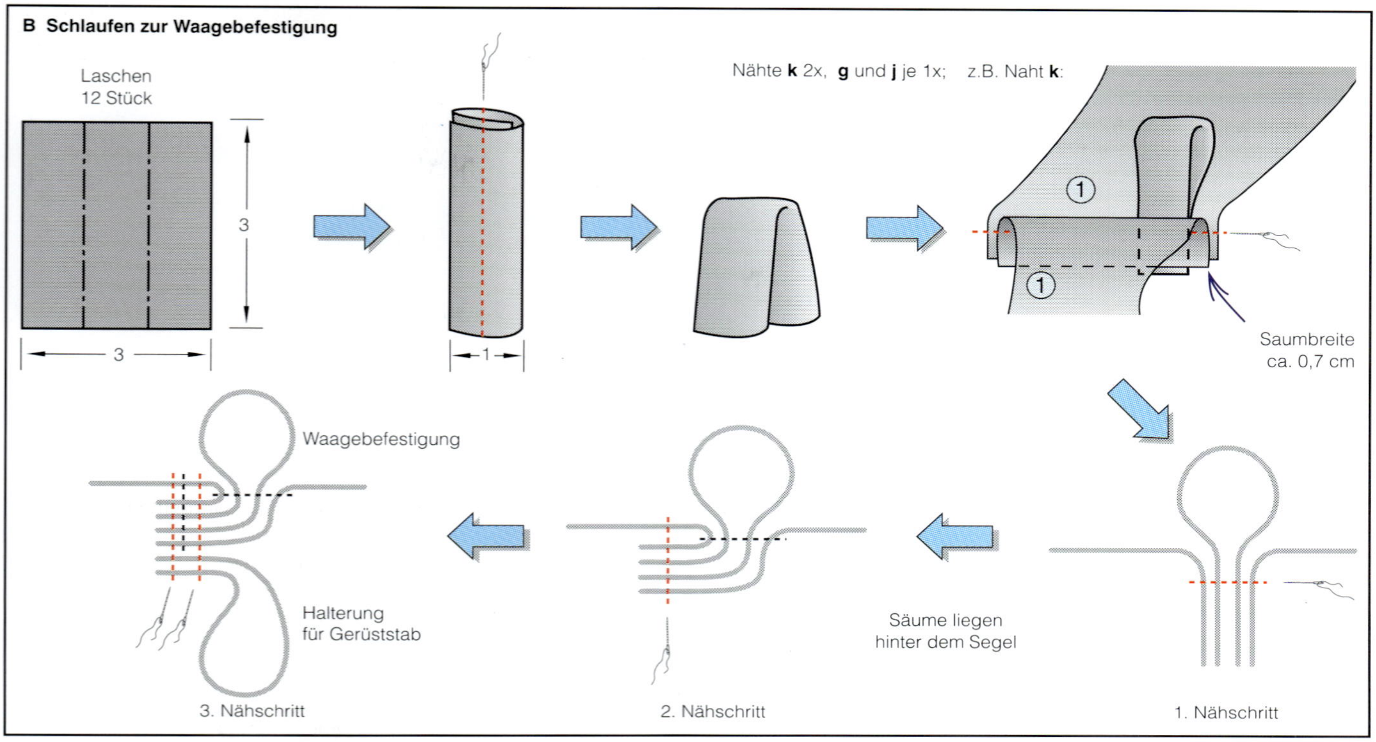

erhalten Segelspanner kombiniert mit Halterungen für die GFK-Stäbe (0,2 cm ø). Stellen Sie vier Schlauchabschnitte gemäß Zeichnung D1 aus Hartkunststoffschlauch her. Diese Schläuche knoten Sie gemäß Zeichnung C4 - C6 an die dafür vorgesehenen Schlaufen am Segel. Die Zeichnung D2 zeigt den befestigten Schlauch am Segel. Schneiden Sie nun acht Schlauchstücke aus Hartkunststoffschlauch gemäß Zeichnung D3 zu (4 x 2,5 cm lang, 0,6 cm ø außen, 0,4 cm ø innen; 4 x 2 cm lang, 0,4 cm ø außen, 0,2 cm ø innen). Diese Schlauchabschnitte werden in die Segelspanner gesteckt und gegebenenfalls mit Sekundenkleber verklebt (D 4).
Die Zeichnung E zeigt die Anordnung der Gerüststäbe sowie deren Maße. Schneiden Sie die Stäbe auf ihre entsprechende Länge. Achten Sie dabei auf die verschiedenen Durchmesser. Das Schneiden der Carbonstäbe muß mit großer Sorfalt geschehen, damit die Stäbe am Ende nicht splittern.
Wenn Sie den Stab im Bereich des Sägeschnittes mit Tape umwickeln, kann der Sägeschnitt genauer durchgeführt werden. Nach dem Durchtrennen des Stabes wird das Tape wieder entfernt. Es ist ratsam, die Stäbe etwas länger als in der

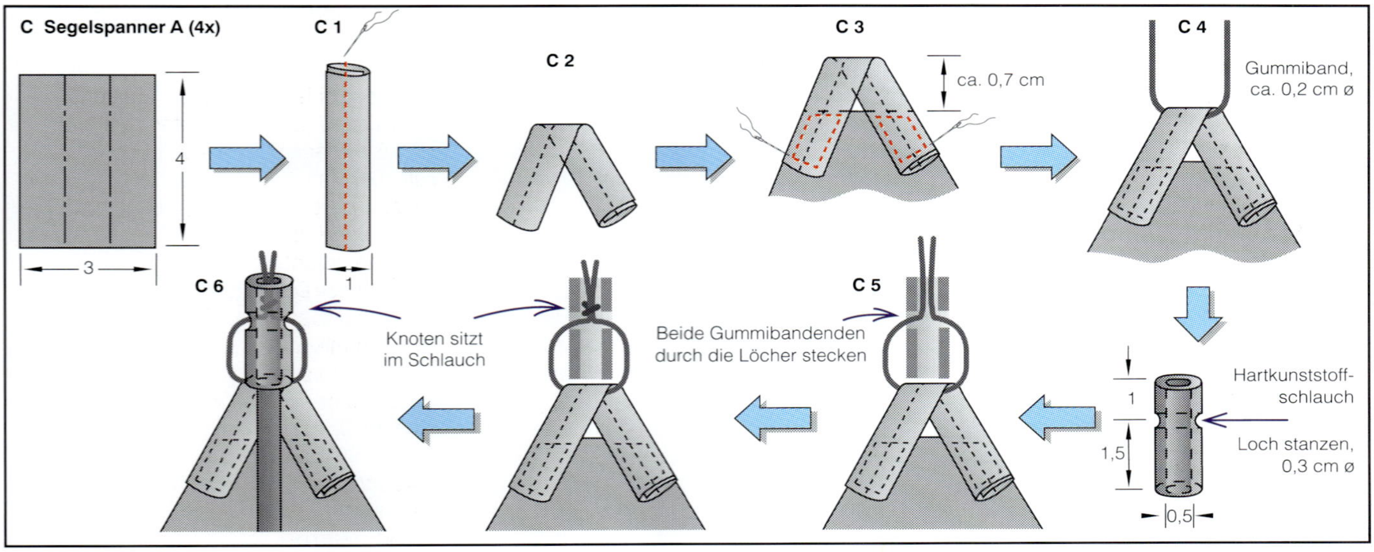

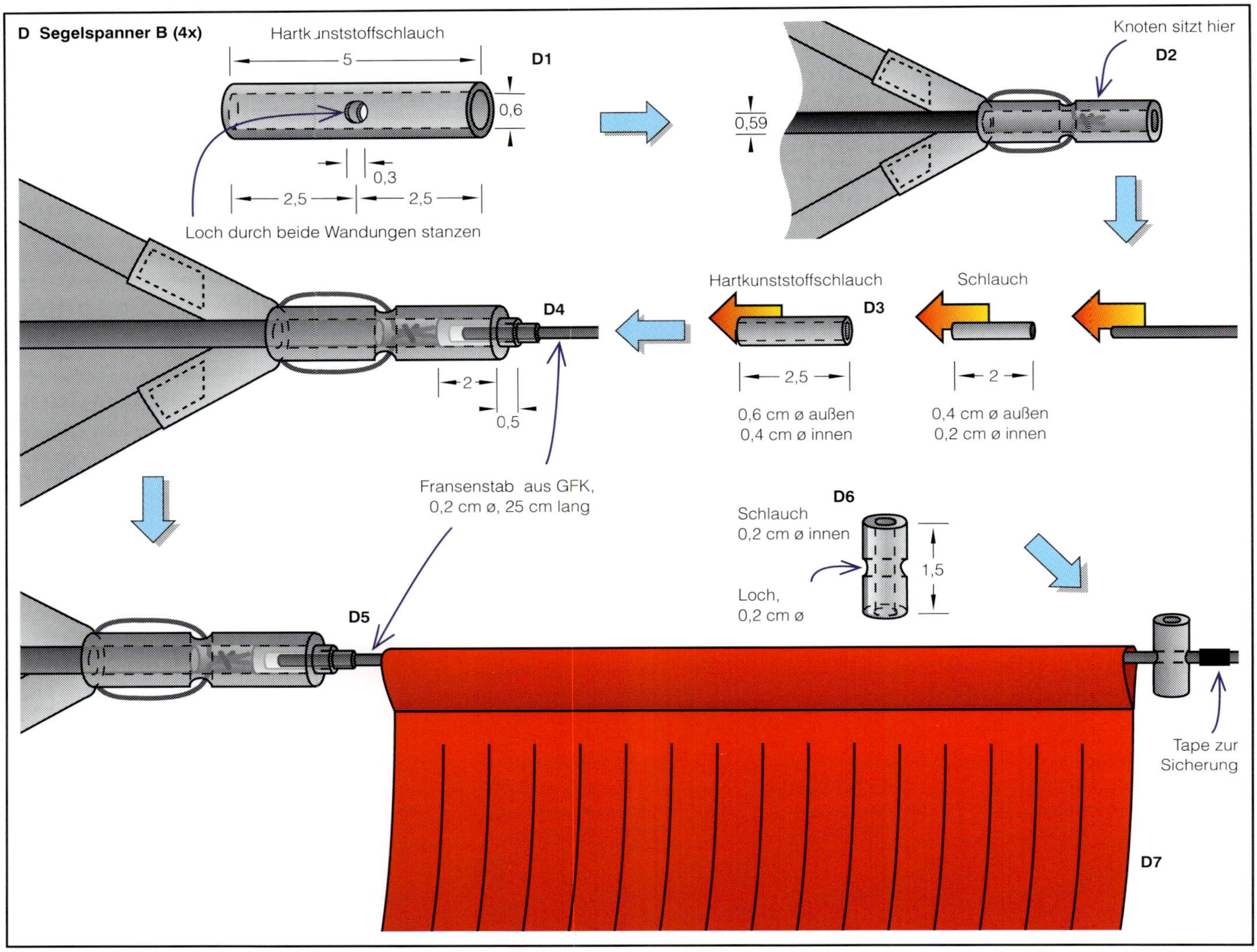

Zeichnung angegeben zuzusägen. Später, beim Zusammenstecken des Gerüstes und beim Spannen des Segels, können dann die Stäbe Schritt für Schritt angepaßt werden.

Herzstück des Drachengerüstes ist der kreisförmige Kreuzverbinder (E1) aus Hartkunststoff. Wichtig sind seine acht um 45° versetzten Bohrungen mit einem Durchmesser von je 0,6 cm. Dieses Teil kann über den Drachenfachhandel bezogen werden. Wer jedoch den Verbinder selbst herstellt, der in Zeichnung E1 mit einer Raute versehen ist, kann auf die Mittelbohrung sowie zwei äußere Bohrungen verzichten. Außerdem sollten die Bohrungen mit einem Durchmesser von 0,5 cm gebohrt werden. Bei einem Durchmesser von 0,6 cm müssen die beiden Gerüststäbe mit 0,48 cm Durchmesser mit etwas Tape umwickelt werden, damit sie stramm in den Bohrungen sitzen.

Die Hartkunststoffscheibe ist 1 cm dick und sollte einen Durchmesser von 6 cm haben. Die Bohrungen sind etwa 2cm tief. Das 20-Grad-V-Verbinderteil (E2) erhalten Sie ebenfalls im Drachenfachhandel. Es wird hauptsächlich im Lenkdrachenbereich eingesetzt. Den Verbinder gibt es in verschiedenen Größen und Farben.

Setzen Sie als nächstes das Drachengerüst zusammen. Schieben Sie dabei die Stäbe in die dafür vorgesehenen Schlaufen auf der Rückseite des Drachensegels. Im hinteren Bereich verbindet eine Aluhülse mit einem Innendurchmesser von 0,6 cm den 82,5-cm-Stab mit dem 41-cm-Stab. Der handelsübliche Verbinder sollte einen Mittelsteg haben. Er kann auf der einen Seite mit Sekundenkleber am Stab befestigt werden. Spannen Sie das Segel stramm mit Hilfe der Gummikordeln. Gegebenenfalls müssen jetzt die Stäbe geringfügig gekürzt werden.

Mit etwas Tape am Mitteholm sichern Sie den V-förmigen Verbinder gegen das Verrutschen.

Die dekorativen Fransen rechts und links am Drachen sorgen durch ihr Flattern für Stabilität. Schneiden Sie pro Fransenband vier gleichgroße Streifen Spinnaker zu (110 cm x 22 cm). Die Farben der Streifen sollten farblich auf das Segel abgestimmt sein. Am Ende werden die Streifen zusammengenäht. Durch Umschlagen (0,5 cm) wird mit einer zweiten Naht eine Tasche genäht (F). Stellen Sie vier solcher Streifenbündel her. Vier GFK-Stäbe mit einer Länge von 25 cm bilden die Halterungen für die Fransen.

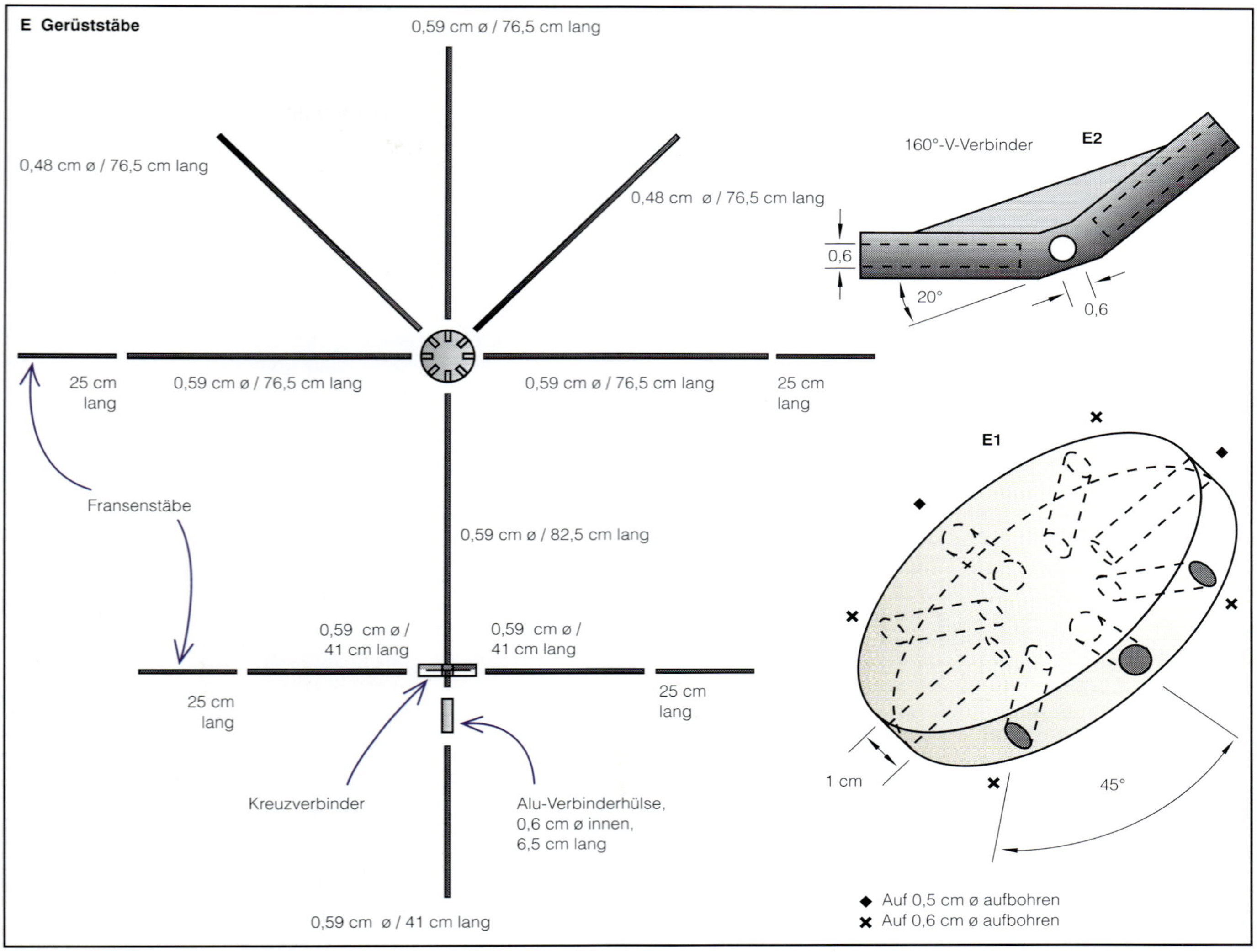

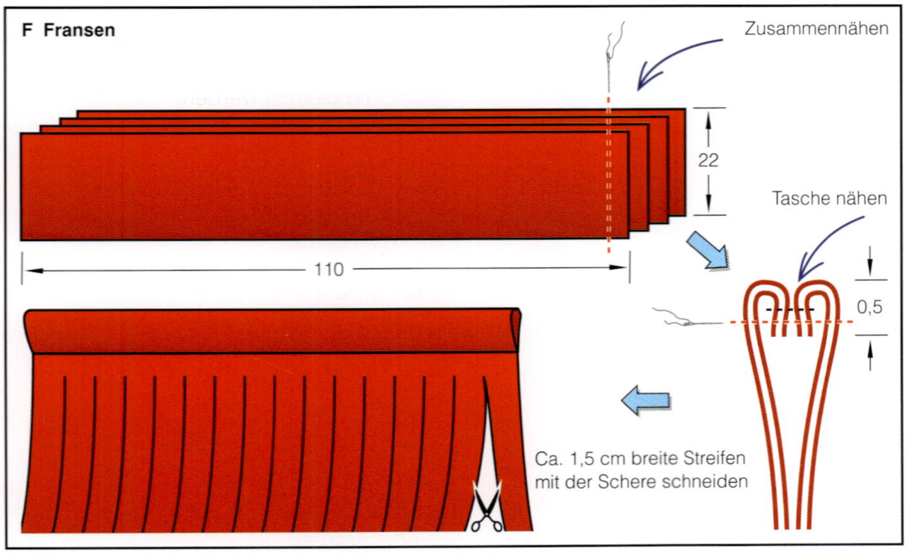

Damit die Fransenbahn nicht vom Stab abrutscht, wird eine Sicherung angebracht. Stanzen Sie ein 1,5 cm langes Schlauchstück in der Mitte (D6). Das Schlauchstück wird über das Ende des Stabes geschoben. Eine schmale Lage Tape sichert den Schlauch vor dem Abrutschen (D7). Am anderen Ende des Stabes wird ein 2 cm langer Hartkunststoffschlauch mit 0,4 cm Außendurchmesser über den Stab geschoben. Gegebenenfalls müssen Sie den Stab mit etwas Tape verstärken, damit dieses Schlauchstück fest am Stabende sitzt. Schieben Sie jetzt die Fransenbahn über den Stab und diesen in den Hartkunststoffschlauch mit 0,4 cm Innendurchmesser (D5).
Die Waage wird an den Schlaufen auf der Vorderseite des Segels befestigt (siehe Rißzeichnung).

Tuning

Die Waage der Drachen, seien sie nun selbstgebaut oder gekauft, muß hin und wieder neu eingestellt werden. Unterschiedliche Windgeschwindigkeiten können ein Grund dafür sein, die Waage des Drachens zu verändern. Die Waageeinstellung der in diesem Buch vorgestellten Drachenmodelle wurden von mir selbst erprobt und erfolgreich angewandt.
Dennoch kann es vorkommen, daß die Waage aufgrund verschiedener Einflüsse verändert werden muß. Dazu gehören zum Beispiel unterschiedliche Baumaterialien beim Segel oder beim Gerüstmaterial und unterschiedliche Nähtechniken bei den Säumen, Nähten und Taschen.
Die Waage eines Drachens muß nach dessen Bau genau eingestellt werden, um ein optimales Flugverhalten zu gewährleisten. Man nennt diesen Vorgang auch Tuning. Im folgenden werden die verschiedenen Einstellmöglichkeiten der oben vorgestellten Drachentypen beschrieben.

Einleiner:
Wird/werden der/die vordere(n) Waageschenkel verkürzt, erfährt der Drachen mehr Auftrieb. Steigt der Drachen trotz ausreichendem Wind nicht auf, oder bricht er bereits in Bodennähe seitlich aus, muß der Drachen durch Verkürzen des vorderen oder Verlängern des hinteren Waageschenkels flacher eingestellt werden. Wurde der Drachen zu flach eingestellt, segelt er hoch über seinem Piloten und fliegt dort sehr unruhig. Er kann sogar unkontrollierte Loopings drehen. In diesem Fall muß der Drachen steiler eingestellt werden: Sie verlängern den vorderen oder verkürzen den hinteren Waageschenkel.
Ist die Waage für schwachen Wind gut eingestellt, kommt es vor, daß er bei starkem Wind zwar fliegt, aber unruhig am Himmel hin- und hertanzt. In diesem Fall muß der Drachen etwas steiler gestellt werden.
Durch unterschiedliche Einstellung der linken und der rechten Waage kann es vorkommen, daß der Drachen nicht stabil fliegt. Zieht er nach links, muß der rechte Waageschenkel verkürzt werden und umgekehrt. Überprüfen Sie aber auch die Symmetrie der Segel, denn durch Fehler beim Zuschnitt kann der Drachen ein unkorrektes Flugverhalten zeigen.
Sollte mit Hilfe der Waageeinstellung kein befriedigendes Ergebnis erreicht werden, überprüfen Sie die gesamte Aerodynamik des Drachens. Flachdrachen müssen eine gewisse V–Form aufweisen, um stabil zu fliegen. Das bedeutet, daß sie unter Winddruck entsprechend nachgeben und dem Drachen durch geringe Schrägstellung der Segel Stabilität verleihen. Flatternde Schleppkanten oder ein Schwanz geben dem Drachen zusätzliche Stabilität.

Lenkdrachen:
In der Regel gelten für das Flugverhalten der Lenkdrachen die gleichen Regeln wie für Einleiner: Steigt der Lenkdrachen nicht hoch, wird der vordere Waageschenkel verkürzt; steigt der Drachen zu schnell hoch und schmiert er nach dem ersten Steuermanöver ab, muß der Drachen durch Verkürzen des hinteren Waageschenkels steiler eingestellt werden. Fliegt der Drachen in einer bestimmten Richtung zu große Kreise, wird nur diese Seite steiler eingestellt: Der vordere Waageschenkel der entsprechenden Seite wird geringfügig verlängert. In jedem Fall ist die Einstellung der Waage Millimeterarbeit und sollte bei gleichmäßigem Wind durchgeführt werden. Ähnlich wie bei den Einleinern müssen Lenkdrachen bei schwachem Wind flacher und bei starkem Wind steiler eingestellt werden. Bringen Sie mit Filzstift kleine Markierungen an der Waage an. Die meisten halbflexiblen Lenkdrachen haben im hinteren Bereich jeweils zwei Punkte, an denen die linke und rechte Steuerleine mittels einer Verbundwaage befestigt ist. Entnehmen Sie diese Punkte der Rißzeichnung des Relax II auf Seite 35. An dieser Stelle befindet sich ein Schotstek (siehe Seite 27). Je nach Bedarf kann dieser Knoten horizontal zur Mitte oder nach außen verschoben werden. Dadurch erreichen Sie eine veränderte Druckverteilung am Drachensegel. Werden die Knoten weiter in Richtung Mittelholm geführt, bekommt der Drachen mehr V-Wölbung und fliegt stabiler. Dies wirkt sich jedoch nachteilig auf das Flugverhalten in Kurven aus. Durch die engere Führung der Steuerleinen kommt es zu Überschwingern in engen Kurven. Werden die Knoten weiter nach außen zum Seitenholm geführt, fliegt der Drachen flacher und damit schneller. Durch die breite Steuerleinenführung kann er aber in engen Kurven präziser gelenkt werden. Durch Veränderung der Lage dieser Knoten wird in jedem Fall der Neigungswinkel des Drachens beeinflußt. Dieser muß daher entsprechend nachgestellt werden.
Die Wölbung der rogalloschen Drachensegel beeinflußt die Stabilität und die Geschwindigkeit des Lenkdrachens. Eine geringe Wölbung macht den Drachen schnell, aber auch instabil. Durch mehr Wölbung fliegt der Drachen stabiler und langsamer. Überprüfen Sie daher den Segeldurchhang. Wie beschrieben, kann durch unterschiedliche Nähtechniken der Segeldurchhang unterschiedlich ausfallen. In der Regel liegt der Quotient zwischen der Länge des hinteren Seitenholms und derjenigen des Segeldurchhangs zwischen 3,5 und 4,5.

Verhaltensmaßregeln für Drachenflieger

1. Gefährden Sie weder Menschen, Tiere noch Ihre Umwelt.
2. Meiden Sie Windverhältnisse, die Ihre Kraft und ihr Können übersteigen.
3. Tragen Sie Handschuhe, wenn durch dünne Leinen und hohe Zugkräfte Verletzungsgefahr besteht.
4. Drachen dürfen nicht in der Nähe von Antennen oder Strommasten geflogen werden.
5. Fliegen Sie nicht in der Nähe von Straßen, Autobahnen oder ähnlichen Verkehrswegen.
6. Beachten Sie die Flugverbote in der Nähe von Flughäfen.
7. Fliegen Sie nicht in Naturschutzgebieten oder an Stellen, an denen sich Zuschauer und Gäste durch Flugmanöver oder Geräuschentwicklung gestört fühlen könnten.
8. Lassen Sie keine Gegenstände wie Bodenanker oder Restleinen und Schwänze auf dem Flugfeld liegen.
9. Fliegen Sie niemals Drachen bei Gewitter.
10. Fliegen Sie nicht mit Drachenleinen, die länger als 100 m sind.
11. Markieren Sie Ihre Drachenleine im Bodenbereich mit kleinen Fähnchen, um Unfälle zu vermeiden.

Weitere Informationen erhalten Sie beim
Drachen Club Deutschland e.V. (DCD)
Postfach 35 01 27
40443 Düsseldorf

Register

Im FALKEN Verlag sind vom selben Autor
bereits erschienen:

»Drachen - bauen und steigen lassen« (0767)
»Lenkdrachen - bauen und fliegen« (1011)
»Phantastische Drachenwelt« (4513)
Video »Drachen bauen und fliegen« (6164)

Die Deutsche Bibliothek - CIP Einheitsaufnahme

Schimmelpfennig, Wolfgang:
Neue Lenkdrachen und Einleiner bauen und fliegen /
Wolfgang Schimmelpfennig. - Niedernhausen/Ts.:
FALKEN, 1993
ISBN 3-8068-1353-1

ISBN 3 8068 1353 1

Umschlaggestaltung: Peter Udo Pinzer
Redaktion: Lars Iffland
Herstellung: Albert Brühl
Titelbild: Wolfgang Schimmelpfennig, Hamburg
Fotos: Wolfgang Schimmelpfennig, Hamburg
Zeichnungen: Peter Morgenbrodt, Hamburg

Satz und Umbruch: Peter Morgenbrodt, Hamburg
Druck: Appl, Wemding

817 2635 4453 6271

NÜTZLICHE RATGEBER

EINE AUSWAHL

Stand: Herbst 1993

Hobby und Freizeit

Falken-Handbuch
Zeichnen und Malen
(**4167**-5) Von B. Bagnall, 336 S., 1154 Farbabb., Pappband. ●●●●●

Kreativ Zeichnen
(**4688**-X) Von B. Bagnall, 176 S., zahlr. Farbabb., Pappband. ●●●●

Punkt, Punkt, Komma, Strich
Zeichnen leicht gemacht
(**4721**-5) Von H. Witzig, 144 S., 512 s/w-Zeichnungen, Pappband. ●●

Punkt, Punkt, Komma, Strich
Zeichenstunde für Kinder
(**0564**-4) Von H. Witzig, 144 S., über 250 Zeichnungen, kart. ●

Einmal grad und einmal krumm
Zeichenstunde für Kinder
(**0599**-7) Von H. Witzig, 144 S., 363 Abb., kartoniert. ●

Figürliches Zeichnen
leicht gemacht
(**1010**-9) Von H. Witzig, 112 S., 462 Figuren, kartoniert. ●

Airbrush
Kreatives Gestalten mit dem Luftpinsel
(**1133**-4) Von C. M. Mette, 80 S., 145 Farbfotos, 40 Farbzeichnungen, kartoniert. ●●

Kalligraphie
Die Kunst des schönen Schreibens
(**4263**-9) Von C. Hartmann, 120 S., 44 Farbvorlagen, 29 s/w-Vorlagen, 2 s/w-Zeichnungen, 38 Farbfotos, Pappband. ●●●●

Gestalten mit Schrift
Kalligraphie
(**1044**-3) Von I. Schade, 80 S., 2 Farb- und 1 s/w-Foto, 143 Farbzeichnungen, kart. ●●

Hobby Aquarellmalen
Landschaft und Stilleben
(**0876**-7) Von I. Schade, A. Brück, 80 S., 111 Farbabb., kart. ●●

Hobby Ölmalerei
Landschaft und Stilleben
(**0875**-9) Von H. Kämper, I. Becker, 80 S., 93 Farbabb., kart. ●●

FALKEN
Lexikon der Seidenmalerei
Mit großer Farbmischtabelle
(**4737**-1) Von K. Huber, 192 S., ca. 250 Farbfotos, Pappband. ●●●●

Seidenmalerei in Vollendung
(**4414**-3) Hrsg. von R. Smend, 160 S., 227 Farbfotos, 36 s/w-Fotos, geprägter Leineneinband mit Schutzumschlag, im Schuber. ●●●●●

Seidenmalerei und Modedesign
Modelle · Techniken · Schnittmuster
(**4476**-3) Von B. Hansen, 176 S., 140 Farbf.93 Farb-, 68 s/w-Zeichn., Pappband. ●●●●

Seidenmalerei Exklusive Tücher
(**1303**-5) Von E. Schwinge, 80 S., 79 Farbfotos, 6 Zeichnungen, kart. ●●

Kreative Seidenmalerei
Motive · Muster · Farbenspiel
(**4720**-7) Von M. Neubacher-Fesser, ca. 136 S., zahlr. Farbabb., Pappband. ●●●●

Seidenmalerei
Muster über Muster
20 Künstlerinnen präsentieren 120 Ideen
(**4744**-4) 128 S., 188 Farbabbildungen, Pappband. ●●●●

Seidenmalerei
Die wichtigsten Techniken Schritt für Schritt
(**1357**-4) Von B. Hansen, 64 S., zahlr. Farbabb., kartoniert. ●●

Seidenmalerei als Kunst und Hobby
(**4264**-7) Von S. Hahn, 136 S., Farbabb., 1 s/w-Foto, Pappband. ●●●●

Neue zauberhafte Seidenmalerei
Motive und Anregungen aus der Natur
(**0924**-0) Von R. Henge, 80 S., 148 Farbfotos, 27 s/w-Zeichnungen, kart. ●●

Krawatten, Tücher und Fliegen individuell gestalten
Seidenmalerei
(**1242**-X) Von A. Reichmann, 64 S., durchgehend vierfarbig, kart. ●●

Aquarellieren auf Seide
Materialien · Techniken · Motive
(**0917**-8) Von I. Demharter, 32 S., 41 Farbfotos, Pappband. ●

Airbrush auf Seide
(**1342**-6) Von I. Demharter, 64 S., zahlreiche Farbabbildungen, kart. ●●

Airbrush Seidenmalerei
Mit Vorlagen für Schablonen
(**1356**-6) Von C. M. Mette, ca. 80 S., zahlr. Farbabbildungen, kartoniert. ●●●

Seidenmalerei Bäume und Blätter
(**5249**-9) Von D. Kosik, 32 S., 5 Farbfotos, 23 Farb- u. 13 s/w-Zeichungen, kart. ●

Seidenmalerei Landschaften
(**5153**-0) Von D. Kosik, 32 S., 50 Farbfotos, 12 Zeichnungen, mit Vorlagebogen in Originalgröße, kart. ●

Seidenmalerei Kissen
(**5151**-4) Von I. Demharter, 32 S., 42 Farbfotos, 2 Zeichnungen, mit Vorlagebogen in Originalgröße, kart. ●

Seidenmalerei Blusen und T-Shirts
(**5184**-0) Von A. Keller, 32 S., 28 Farbfotos, 12 Zeichnungen, mit Vorlagebogen in Originalgröße, kartoniert. ●

Seidenmalerei Tücher und Schals
(**5152**-2) Von R. Henge, 32 S., 36 Farbfotos, 1 Zeichnung, mit Vorlagebogen in Originalgröße, kart. ●

Seidenmalerei Tiermotive
(**5204**-9) Von A. Keller, 32 S., 37 Farbfotos, mit Vorlagebogen in Originalgröße, kart. ●

Serti Designo
Seidenmalerei mit Kreidestiften
(**5208**-1) Von S. Tichy-Gibley, 32 S., 46 Farbfotos, mit Vorlagebogen in Originalgröße, kart. ●

Seidenmalerei Lampenschirme
(**5154**-9) Von I. Walter-Ammon, 32 S., 47 Farbfotos, 1 Zeichnung, mit Vorlagebogen in Originalgröße, kart. ●

Seidenmalerei Blüten, Blätter, Ranken
(**5165**-4) Von D. Kosik, 32 S., 35 Farbfotos, 4 Zeichnungen, mit Vorlagebogen in Originalgröße, kart. ●

Seidenmalerei Schmuckkarten und Miniaturbilder
(**5166**-2) Von I. Walter-Ammon, 32 S., 37 Farbfotos, 2 Zeichnungen, mit Vorlagebogen in Originalgröße, kart. ●

Akzente mit Perlen, Pailetten und Straß
Seidenmalerei
(**5248**-0) Von A. Keller, 32 S., ca. 50 Farbf., mit Vorlagebogen in Originalgröße, kart. ●

Seidenmalerei Bilder in Konturentechnik
(**5182**-4) Von I. Demharter, 32 S., 28 Farbfotos, 2 Zeichnungen, mit Vorlagebogen in Originalgröße, kart. ●

Seidenmalerei Applikationen
(**5224**-3) Von J. Bressau, 32 S., 50 Farbfotos, mit Vorlagebogen in Originalgröße, kart. ●

Malen auf Seide
kinderleicht
(**5218**-9) Von R. Henge, 32 S., 11 Farbfotos, 44 Farbzeichn., Vorlagebogen, kartoniert. ●

Moderne Stoffmalerei
(**1358**-2) Von H. Sander, 64 S., 73 Farbf., 50 s/w-Zeichn., kart. ●●

Perfekt Stricken
Mit Sonderteil Häkeln.
(**4250**-7) Von H. Jaacks, 256 S., 703 Farbfotos, 169 Farb- und 121 s/w-Zeichnungen, Pappband. ●●●●

Das moderne Standardwerk
Nähen
(**4709**-6) Von S. von Rudzinski, 176 S., vierfarbig, Pappband. ●●●●

Marionetten
selbst bauen und führen
(**1043**-5) Von D. Köhnen, 80 S., 150 Farbfotos, mit Schnittmusterbogen, kartoniert. ●●

Hampelmänner
Basteln mit Kindern ab 5 Jahren
(**5240**-5) Von F. Michalski, 32 S., ca. 50 Farbabb., mit Vorlagebg. in Originalgröße, kart. ●

Künstlerpuppen
im 20. Jahrhundert
(**4719**-3) Hrsg. R. Höckh, 160 S., 192 Farbfotos, 26 s/w-Fotos, Pappband. ●●●●●

Charakterpuppen
aus Cernit und Porzellan selbst gestalten
(**1156**-3) Von S. Becker, 64 S., 143 Farbfotos, 30 Zeichnungen, 13 Vignetten, mit Schnittmusterbogen, kartoniert. ●●

Puppen zum Liebhaben
(**5199**-9) Von B. Wehrle, 32 S., 27 Farbfotos, 9 s/w-Zeichnungen, mit Vorlagebogen in Originalgröße, kartoniert. ●

Neue zauberhafte Salzteig-Ideen
(**0719**-1) Von I. Kiskalt, 80 S., 324 Farbfotos, 12 Zeichnungen, Schablonen, kart. ●●

Die hier vorgestellten Bücher, Videokassetten und Software sind in folgende Preisgruppen unterteilt:

● Preisgruppe bis DM 10,–/S 79,–/SFr 11,–
●● Preisgruppe über DM 10,– bis DM 20,– S 80,– bis S 160,– SFr 10,– bis SFr 21,–
●●● Preisgruppe über DM 20,– bis DM 30,– S 161,– bis S 240,– SFr 21,– bis SFr 30,–
●●●● Preisgruppe über DM 30,– bis DM 50,– S 241,– bis S 400,– SFr 30,– bis SFr 50,–
●●●●● Preisgruppe über DM 50,–/S 401,–/SFr 50,–
* (unverbindliche Preisempfehlung)

Die Preise entsprechen dem Status beim Druck dieses Verzeichnisses (s. Seite 1) – Änderungen, im besonderen der Preise, vorbehalten –

Falken-Verlag GmbH · Postfach 1120 FALKEN **D-65521 Niedernhausen/Ts. · Tel.: 0 61 27 / 70 20**

Salzteig kinderleicht
(**0973**-9) Von I. Kiskalt, 80 S., 224 Farbfotos, 8 Zeichnungen, kart. ●●

Hobby Salzteig
(**0662**-4) Von I. Kiskalt, 80 S., 150 Farbfotos, 5 Zeichnungen und Schablonen, kart. ●●

Kreatives gestalten mit Ton
Töpfern ohne Scheibe – Aufbaukeramik
(**0896**-1) Von A. Riedinger, 80 S., 207 Farbfotos, 16 Zeichnungen, 7 Vignetten, kart. ●●

Kreatives Gestalten mit Ton
Töpfern auf der Scheibe
(**0971**-2) Von A. Riedinger, 80 S., 28 Farb- und 3 s/w-Zeichnungen, 178 Farbf., kart. ●●

Kneten und Modellieren
kinderleicht
(**5217**-0) Von V. Ettelt, 32 S., 12 Farbtafeln, 72 Farbzeichnungen, Vorlagebogen, kart. ●

Hobby Glaskunst in Tiffany-Technik
(**0781**-7) Von N. Köppel, 80 S., 194 Farbfotos, 6 s/w-Abb., kart. ●●

Tiffany-Lampen selbermachen
Arbeitsanleitung · Materialien · Modelle
(**0684**-5) Von I. Spliethoff, 32 S., 60 Farbfotos, 19 Zeichnungen, Pappband. ●

Fensterbilder in Tiffany-Technik
(**5168**-9) Von P. Matz, 32 S., 43 Farbfotos, mit Vorlagebogen in Originalgröße, kart. ●

Tiffany-Technik
und andere kunstvolle Arbeiten in Glas
(**0972**-0) Von D. Köhnen, 80 S., 176 Farbfotos, 5 s/w-Zeichnungen, kart. ●●

Rocailles
Perlenschmuck
(**5209**-X) Von L. und E. Weiler, 32 S., 45 Farbfotos, 2 Zeichnungen, mit Vorlagebogen in Originalgröße, kartoniert. ●

Masken
phantasievoll dekorieren
(**5155**-7) Von Chr. Familler, 32 S., 48 Farbf., mit Vorlagebg. in Originalgröße, kart. ●

Laubsägearbeiten für das Kinderzimmer
(**5245**-6) Von H.-P. Krafft, 32 S., ca. 50 Farbf., mit Vorlagebg. in Originalgröße, kart. ●

Schwingtiere aus Holz gestalten
(**5222**-7) Von der Arbeitsgem. Werken, 32 S., 50 Farbfotos, mit Vorlagebogen in Originalgröße, kartoniert. ●

FALKEN Video
Drachen
bauen und fliegen
(**6141**-2) VHS, ca. 45 Min., in Farbe, mit Broschüre. ●●●●*

Drachen
bauen und steigen lassen.
(**0767**-1) Von W. Schimmelpfennig, 80 S., 1 dreiseitige Ausklapptafel, 55 Farbfotos, 139 Zeichnungen, kart. ●●●

Lenkdrachen
bauen und fliegen
(**1011**-7) Von W. Schimmelpfennig, 64 S., 51 Farbf. und 126 Zeichnungen, kart. ●●

Neue Lenkdrachen und Einleiner
bauen und fliegen
(**1353**-1) Von W. Schimmelpfennig, 80 S., zahlr. Farbabbildungen, kart. ●●●

Drachen
Einfache Modelle für Kinder
(**5156**-5) Von W. Schimmelpfennig, 32 S., 11 Farbfotos, 31 Zeichnungen, mit Vorlagebogen, kart. ●

Das große farbige
Bastelbuch für Kinder
(**4254**-X) Von U. Barff, I. Burkhardt, J. Maier, 224 S., 157 Farbf., 430 Farb- und 60 s/w-Zeichn., m. Schnittmusterbg., Pappband. ●●●

Origami
Tiere aus aller Welt
(**5250**-2) Von J. Maier, 32 S., 19 Farbfotos, 68 Farb- u. 16 s/w-Zeichnungen, kart. ●

Hobby Origami
Papierfalten für groß und klein
(**0756**-6) Von Z. Aytüre-Scheele, 80 S., 820 Farbfotos, kart. ●●

Neue zauberhafte Origami-Ideen
Papierfalten für groß und klein
(**0805**-8) Von Z. Aytüre-Scheele, 80 S., 720 Farbfotos, kart. ●●

Zauberwelt Origami
Tierfiguren aus Papier
(**1045**-1) Von Z. Aytüre-Scheele, 80 S., 660 Farbfotos, kartoniert. ●●

Kreatives Gestalten mit **Papiermaché**
(**5246**-4) Von B. Jetzek-Berkenhaus, 32 S., ca. 50 Farbf., mit Vorlagebg. in Originalgröße, kartoniert. ●

Marmorieren
Muster · Techniken · Gestaltungsideen
(**5247**-2) Von T. Hartel, 32 S., ca. 50 Farbf., mit Vorlagebg. in Originalgröße, kart. ●

Heut basteln wir mit Pappe und Papier
(**4413**-5) Von U. Barff, J. Maier, 224 S., 117 Farbfotos, 480 Farbzeichn., 25 s/w-Abb., mit Schnittmusterbogen, Pappband. ●●●

Das große farbige Bastel- und Werkbuch
(**4439**-9) Von D. Rex, 256 S., 999 Farbfotos, 33 Farbzeichnungen, Pappband. ●●●●

Mein liebstes Spiel- und Bastelbuch
Die Welt der Dinosaurier
Tiere und Landschaften zum Selbermachen
Ausbrechen, aufstellen, spielen
(**4478**-X) Von B. Burkart, 8 Blatt mit herauslösbaren Motiven, 280-g-Karton mit Stanzung, 8 S. Bastelanleitung und Sachinformation. ●●

Das große farbige
Dinosaurierbastelbuch
(**4686**-3) Von S. Koter, ca. 128 S., zahlr. Farbabb., Vorlagebogen, Pappband. ●●●

Fensterbilder in Scherenschnitt
(**5169**-7) Von A. Hahn, 32 S., 52 Farbfotos, 3 s/w-Fotos, mit Vorlagebogen in Originalgröße, kartoniert. ●

Fensterbilder
Meine Lieblingstiere
(**5197**-2) Von Y. Thalheim, H. Nadolny, 32 S., 38 Farbfotos, mit Vorlagebogen in Originalgröße, kartoniert. ●

Fensterbilder Lustige Tiere
(**5210**-3) Von F. Michalski, 32 S., 47 Farbfotos, mit Vorlagebogen in Originalgröße, kart. ●

Fensterbilder Bauernhof
(**5264**-2) Von D. Köhnen, 32 S., zahlr. Farbabb., Vorlagebogen, kartoniert. ●

Fensterbilder Dinosaurier
(**5260**-X) Von C. Hüfner, 32 S., 8 Farbfotos, 47 Farbzeichnungen, Bastelbogen, kart. ●

Mit Farben und Papieren
Fenster dekorieren
(**5255**-3) Von K. Groß, 32 S., 8 Farbfotos, 59 Farbzeichnungen, kart. ●

Originelle Fensterbilder
aus Tonpapier und Tonkarton
(**1305**-1) Von D. Köhnen, 64 S., 70 Farbfotos, kartoniert. ●●

Die schönsten Fensterbilder
(**1066**-4) Von C. Kimmerle, 64 S., 100 Farbfotos, 7 Zeichnungen, kartoniert. ●●

Das Fensterbilder-Alphabet
Basteln mit Kindern ab 5 Jahren
(**5242**-1) Von E. Bohne, 32 S., ca. 50 Farbabb., mit Vorlagebogen in Originalgröße, kart. ●

Märchenhafte Fensterbilder
(**5185**-9) Von J. Maier, 32 S., 37 Farbfotos, mit Vorlagebogen in Originalgröße, kart. ●

Fensterbilder Blumen und Tiere
(**5186**-7) Von M. Twachtmann, 32 S., 41 Farbfotos, 3 Zeichnungen, mit Vorlagebogen in Originalgröße, kartoniert. ●

Fensterbilder rund um die Welt
(**1411**-2) Von D. Köhnen, ca. 64 S., 2 Vorlagebogen, kartoniert. ●●

Fensterbilder Zahlen
(**5268**-5) Von E. Bohne, 32 S., zahlr. Farbabbildungen, Vorlagebogen, kartoniert. ●

Fensterbilder Strand und Meer
(**5266**-9) Von B. Alex, 32 S., 57 Farbfotos, Vorlagebogen, kartoniert. ●

Fensterschmuck
Originelle Ideen für Dekorationen und Fensterbilder
(**1241**-1) Von D. Köhnen, 64 S., ca. 70 Farbfotos, Vorlagebogen, kart. ●●

Papierflieger
(**5157**-3) Von T. Gött, 32 S., 73 Farbfotos, 19 Zeichnungen, mit Vorlagebogen in Originalgröße, kart. ●

Windspielzeug
Bastelspaß mit Kindern ab 5 Jahren
(**5241**-3) Von D. Köhnen, 32 S., ca. 50 Farbabb., mit Vorlagebogen in Originalgröße, kartoniert. ●

Flieger und Schiffe aus Papier
falten, ausbalancieren und steuern
(**1410**-4) Von C. Hüfner, ca. 80 S., zahlr. Farbabb., kartoniert. ●●

Faltschnitte
(**5257**-X) Von B. Blankenburg, 32 S., 12 Farbfotos, 42 Farbzeichnungen, Vorlagebogen, kartoniert. ●

Laternen und Lampions
(**5206**-5) Von C. Hüfner, 32 S., 60 Farbfotos, mit Vorlagebogen in Originalgröße, kart. ●

Mobiles aus Papier
(**5183**-2) Von J. Maier, 32 S., 17 Farbfotos, 35 Farbzeichnungen, mit Vorlagebogen in Originalgröße, kartoniert. ●

Tiermobiles
(**5258**-8) Von C. Hüfner, 32 S., 57 Farbzeichnungen, Vorlagebogen, kart. ●

Bastelideen für Indianerspiele
(**5252**-9) Von B. Nelich, D. Velte, 32 S., 38 Farbfotos, Vorlagebogen, kart. ●

Der große Verkleidungsspaß
Kinderkostüme
(**1304**-3) Von C. Baumgarten, 53 Farbfotos, 183 Farbzeichn., Vorlagebogen, kart. ●●

Schachteln basteln und dekorieren
(**5170**-0) Von Chr. Adjano, 32 S., 55 Farbfotos, mit Vorlagebogen in Originalgröße, kart. ●

Lustige Geschenk- und Schultüten
(**5263**-4) Von F. Michalski, 32 S., 26 Farbfotos, Vorlagebogen, kartoniert. ●

Deco Art
Die Kunst, Geschenke zu verpacken
(**0949**-6) Von B. Niermann, 80 S., 78 Farbfotos, 191 Zeichnungen, kart. ●●

Geschenke wunderschön verpacken
(**1113**-X) Von P. Jansen, 80 S., 79 Farbfotos, 166 Farbzeichnungen, kart. ●●

Geschenke umweltfreundlich verpacken
(**1240**-3) Von P. Jansen, 64 S., vierfarbige Fotos und Illustrationen, kart. ●●

Geldgeschenke
phantasievoll gestalten
(**5251**-0) Von P. Jansen, 32 S., 49 Farbfotos, Vorlagebogen, kart. ●

Geldgeschenke · Gutscheine · Geschenkanhänger
originell gestalten und verpacken
(**1115**-6) Von S. Haenitsch-Weiß, A. Weiß, 80 S., 176 Farbfotos, kart. ●●

Geschenke verpacken für Kinderfeste
(**5195**-6) Von C. Netolitzky, 32 S., 43 Farbf., mit Vorlagebogen in Originalgröße, kart. ●

Originelles Ambiente für Gäste
Festdekorationen
(**1049**-4) Von B. Niermann, 80 S., 125 Farbfotos, 59 Farbzeichn., kartoniert. ●●

Dekorative Schleifen
aus Bändern und Papier
(**5205**-7) Von M. Schorege, 32 S., 28 Farbfotos, 31 Farbzeichnungen, mit Vorlagebogen in Originalgröße, kartoniert. ●

Dekorieren und Arrangieren mit
Seidenblumen
(**5200**-6) Von M. L. Sprang, 32 S., 37 Farbfotos, 14 Farbzeichnungen, mit Vorlagebogen in Originalgröße, kartoniert. ●

Schmuck- und Glückwunschkarten
Papierarchitektur · Collagen · Faltschnittkarten
(**1114**-8) Von C. Sanladerer, 64 S., 55 Farbfotos, 31 Zeichnungen, kart. ●●

Einladungs-, Tisch- und Menükarten
selbst gestalten
(**1302**-7) Von S. Haenitsch-Weiß, 80 S., zahlreiche Farbabbildungen, kart. ●●

Der neue Bastelspaß
Moosgummi
(**1354**-X) Von S. Boczkowski-Sigges, 64 S., zahlr. Farbabb., kartoniert. ●●

Osterschmuck
Neue Ideen für Kränze, Sträuße, Gestecke
(**5267**-7) Von I. Gleim, ca. 32 S., zahlreiche Farbabbildungen, kartoniert. ●

Ostereier originell dekorieren
(**5219**-7) Von W. Velte, 32 S., 44 Farbfotos, mit Vorlagebogen in Originalgröße, kart. ●

Dekorationen für Ostern
(**5198**-0) Von Y. Thalheim, H. Nadolny, 32 S., 48 Farbfotos, mit Vorlagebogen in Originalgröße, kartoniert. ●

Fensterbilder für die Osterzeit
(**5244**-8) Von R. Lübke, D. Lübke, 32 S., ca. 50 Farbfotos, mit Vorlagebogen in Originalgröße, kart. ●

Basteln für Ostern
(**5164**-6) Von Chr. Adjano, 32 S., 47 Farbfotos, mit Vorlagebogen in Originalgröße, kart. ●

Ostereier
Basteln mit Kindern ab 5 Jahren
(**5243**-X) Von Vera Ettelt, 32 S., mit Spielebogen, kartoniert. ●

Tischdekorationen für Ostern
(**5220**-0) Von Chr. Adjano, 32 S., 49 Farbfotos, mit Vorlagebogen in Originalgröße, kartoniert. ●

Basteln und dekorieren für
Advent und Weihnachten
(**4446**-1) Von G. Teusen, C. Netolitzky, 176 S., 285 Farbfotos, mit Bastelvorlagebogen, Pappband. ●●●

Kinderbastelbuch
für Advent und Weihnachten
(**4687**-1) Von S. Wetzel-Maesmanns, 104 S., ca. 120 Farbfotos, ca. 300 Anleitungsillustrationen, Vorlagebogen, Pappband. ●●

Lustige Bastelideen für die
Weihnachtszeit
(**5256**-1) Von B. Löschenkohl, 32 S., 8 Farbf., 69 Farbzeichn., Vorlagebogen, kart. ●

Basteln für Weihnachten
(**5162**-X) Von Chr. Adjano, 32 S., 44 Farbfotos, mit Vorlagebogen in Originalgröße, kart. ●

Fensterbilder Winter und Weihnachten
(**5275**-8) Von F. Michalski, 48 S., ca. 28 Farbfotos, Vorlagebogen, kartoniert. ●

Fensterdekorationen für die Weihnachtszeit
(**5181**-6) Von Y. Thalheim, H. Nadolny, 32 S., 33 Farbfotos, mit Vorlagebogen in Originalgröße, kartoniert. ●

Fensterbilder für Advent und Weihnachten
(**5211**-1) Von M. Schorege, 32 S., 24 Farbfotos, 15 Zeichnungen, mit Vorlagebogen in Originalgröße, kartoniert. ●

Strohsterne
in bunter Vielfalt
(**5273**-1) Von M. Schorege, 48 S., zahlr. Farbabb., Vorlagebogen, kartoniert. ●

Adventskalender
(**5178**-6) Von Y. Thalheim,H. Nadolny, 32 S., 35 Farbfotos, mit Vorlagebogen in Originalgröße, kartoniert. ●

Duftender Weihnachtsschmuck
aus Tonpapier und Potpourris
(**5254**-1) Von S. Wetzel-Maesmanns, 32 S., 38 Farbfotos, Vorlagebogen, kartoniert. ●

Duftsträuße und Potpourris
(**1239**-X) Von A. Effelsberg, 80 S., ca. 200 vierfarbige Abb., kartoniert. ●●

Potpourris
Rezepturen und Geschenkideen
(**5265**-0) Von U. Altmann, 32 S., zahlr. Farbabb., kartoniert. ●

Trockenblumenideen
Gewürzsträuße, Gestecke, Kränze, Buketts
(**0643**-8) Von R. Strobel-Schulze, 88 S., 170 Farbfotos, kartoniert. ●●

Phantasievolles Schminken
Verzauberte Gesichter für Maskeraden, Laienspiele und Kinderfeste
(**0907**-0) Hrsg.: H. u. Y. Nadolny, 64 S., 227 Farbfotos, kartoniert. ●●

Schminken für Kinder
(**5177**-8) Von Y. Thalheim, H. Nadolny, 32 S., 68 Farbfotos, mit Vorlagebogen in Originalgröße, kartoniert. ●

Do it yourself und Technik

Moderne Fotopraxis
(**4401**-1) Von G. Koshofer, Prof. H. Wedewardt, 224 S., 363 Farbfotos, 106 s/w-Fotos, 5 Farb- und 24 s/w-Zeichnungen, Pappband. ●●●●

Mach dir ein Bild
Praxistips für Foto, Film und Video
(**4410**-0) Von G. Staab, 208 S., 202 Farbfotos, 175 s/w-Fotos, 1 Zeichnung, Pappband. ●●●●

So macht man bessere Fotos
(**1158**-X) Von G. Koshofer, 144 S., 259 Farbfotos, 25 s/w-Fotos, kartoniert. ●●

Videografieren
Filmen mit Video 8. Technik – Bildgestaltung – Schnitt – Vertonung.
(**0843**-0) Von M. Wild, K. Möller, 120 S., 101 Farbfotos, 22 s/w-Fotos, 52 Zeichnungen, kart. ●●●

Videografieren perfekt
Profitricks für Aufnahmetechnik und Nachbearbeitung
(**0969**-0) Von W. Schild, 120 S., 144 Farbabb., 5 s/w-Zeichnungen, kart. ●●●

Videofilmen wie ein Profi
Technik · Motive · Filmaufbau · Nachbearbeitung
(**4506**-9) Von T. Pehle, 232 S., 444 Farbfotos, 61 zweifbg. Zeichnungen, Pappband. ●●●●

Do it yourself
Heimwerken
(**4117**-9) Von T. Pochert, 456 S., 1103 Farbfotos, 100 Farbabb., Pappband. ●●●●

Drechseln
Material · Technik · Beispiele
(**1306**-X) Von O. Maier, 72 S., 195 Farbabbildungen, 14 s/w-Zeichnungen, kart. ●●

Do it yourself
Dachgeschoß- und Innenausbau
(**1243**-8) Von M. Maurer, 96 S., 314 Farbf., 35 Zeichn., kartoniert. ●●

Do it yourself
Sanitärinstallationen
(**1118**-0) Von W. Kawlath, 96 S., 214 Farbabbildungen, kartoniert. ●●

Do it yourself
Metall bearbeiten
(**1119**-9) Von O. Maier, 96 S., 230 Farbfotos, 6 s/w-Zeichnungen, kartoniert. ●●

Do it yourself
Elektroarbeiten
(**0975**-5) Von K. H. Schubert, 120 S., 193 Farbfotos, 40 Zeichnungen, kartoniert. ●●

Möbel im Designer-Stil
entwerfen und bauen
(**1360**-4) Von H.-W. Bastian, ca. 64 S., zahlr. Farbabb., kartoniert. ●●●

Schnitzen
Hölzer · Muster · Werkzeuge
(**1414**-7) Von O. Maier, ca. 64 S., zahlr. Farbabb., kartoniert. ●●

Modellbauelektronik
Fernsteuerungen für Autos, Schiffe, Flugzeuge
(**1361**-2) Von W. Kawlath, 80 S., zahlr. Farbabbildungen, kartoniert. ●●

Alarmanlagen
für Wohnung, Haus, Auto
(**1308**-6) Von H.-W. Bastian, 64 S., 81 Farbf., 32 Zeichn., kartoniert. ●●

Hifi-Boxen
(**1307**-8) Von U. Hilgefort, 96 S., 160 Farbf., 49 Zeichn., kart. ●●

Technik im Garten
Pumpen · Filter · Beleuchtung
(**1238**-1) Von H.-W. Bastian, 64 S., 90 Farbf., 17 Farbzeichnungen, kartoniert. ●●

Restaurieren von Möbeln
Stilkunde, Materialien, Techniken, Arbeitsanleitungen in Bildfolgen.
(**4120**-9) Von E. Schnaus-Lorey, 152 S., 37 Farbf., 75 s/w-Fotos, 352 Zeichnungen, Pappband. ●●●●

Elektronik als Hobby
Von der Grundlagenschaltung zum integrierten Schaltkreis
Mit 8 wichtigen Universalplatinen
(**4293**-0) Von W. Priesterath, 264 S., 80 s/w-Fotos, 128 Zeichn., Pappband. ●●●●

Die Super-Sportwagen der Welt
(**4423**-2) Von H. G. Isenberg, 194 S., 184 Farbfotos, 4 farbige Ausklapptafeln, 32 s/w-Fotos, Pappband. ●●●●

Die Super-Rennwagen der Welt
(**4707**-X) Von H. G. Isenburg, 194 S., 189 Farbfotos, 31 s/w-Fotos, Pappband. ●●●●

Die Super-Trucks der Welt
(**4257**-4) Von H. G. Isenberg, 194 S., 205 Farbfotos, 87 s/w-Fotos, 7 Farbzeichnungen, 4 farb. Ausklapptafeln, Pappband. ●●●●

Die Super-Motorräder der Welt
(**4193**-4) Von H. G. Isenberg, 192 S., 170 Farb- und 100 s/w-Fotos, 8 Zeichnungen, Pappband. ●●●●

Die Super-Eisenbahnen der Welt
(**4287**-6) Von W. Kosak, H. G. Isenberg, 224 S., 269 Farbfotos, 79 s/w-Fotos, 8 Vignetten, 5 farb. Ausklapptafeln, Pappband. ●●●●

Die Super-Dampfloks der Welt
(**4480**-1) Von H. Faust, H. G. Isenberg, 194 S., 193 Farbfotos, mit vier Ausklapptafeln, Pappband. ●●●●

Plastikmodellbau
Autos, Schiffe, Flugzeuge in vollendeter Technik.
(**1116**-4) Von W. Kawlath, 96 S., 272 Farbabbildungen, kartoniert. ●●

Spiele und Denksport

Spielbare Witze für Kinder
(**0824**-4) Von H. Schmalenbach, 112 S., 30 Zeichnungen, kart. ●

Neue spielbare Witze für Kinder
(**1173**-3) Von H. Schmalenbach, 96 S., 31 Zeichnungen, kart. ●

Scherzfragen, Drudel und Blödeleien
gesammelt von Kindern.
(**0506**-7) Hrsg. von W. Pröve, 80 S., 57 Zeichnungen, kart. ●

Kinderspiele
die Spaß machen
(**2009**-0) Von H. Müller-Stein, 104 S., 28 Abbildungen kart. ●

Kinderspiele mit Buchstaben und Wörtern
(**1041**-9) Von Dr. U. Vohland, 96 S., 54 Zeichnungen, kartoniert. ●

Spiel und Spaß am Krankenbett
für Kinder und die ganze Familie
(**2035**-X) Von H. Eücken, 96 S., 97 Zeichnungen, kart. ●

Spiele im Freien
(**2038**-4) Von G. Wagner, 88 S., 20 zweif. Zeichnungen, kartoniert. ●

Spiel und Spaß zu Hause
(**2039**-2) Von U. Geißler, 80 S., 90 zweifbgAbbildungen, kartoniert. ●

Spiel und Spaß auf Reisen
Für Kinder und die ganze Familie
(**1085**-0) Von U. Geißler, 80 S., 107 zweifbg.-Zeichnungen, kartoniert. ●

Kleine Spiele ganz groß
(**1330**-2) Von U. Vohland, 80 S., 93 s/w-Zeichnungen, kart. ●

Entdeckungsspiele für die ganze Familie
Rallyes zu Fuß und mit dem Fahrrad
(**1393**-0) Von U. Vohland, 96 S., 117 Zeichnungen, kartoniert. ●●

Kinder spielen Theater
(**4696**-0) Von G. Walter, 160 S., zahlr. Farbabb., Pappband. ●●●

Guten Tag, Kinder!
Neue Texte mit Spielanleitungen fürs Kasperletheater.
(**0861**-9) Von U. Lietz, 96 S., 18 s/w-Zeichnungen, kart. ●

Kasperletheater
Spieltexte und Spielanleitungen · Basteltips für Theater und Puppen.
(**0641**-1) Von U. Lietz, 114 S., 4 Farbtafeln, 12 s/w-Fotos, 39 Zeichnungen, kart. ●

Kindergeburtstage, die keiner vergißt
Planung, Gestaltung, Spielvorschläge.
(**0698**-5) Von G. und G. Zimmermann, 104 S., 80 Vignetten, kart. ●

Kindergeburtstag
Vorbereitung, Spiel und Spaß.
(**0287**-4) Von Dr. I. Obrig, 136 S., 40 Abb., 11 Zeichn., 9 Lieder mit Noten, kart. ●●

Unvergeßliche Kindergeburtstage
(**4705**-3) Von G. Hennekemper, 176 S., 116 Farbfotos, 134 Farbzeichn., Pappband. ●●●

Unvergeßliche Kinderfeste
Tolle Dekorationen, Spiele, Sketche für drinnen und draußen
(**4457**-7) Von Dr. G. Hennekemper, 192 S., 111 Farbfotos, 214 Farb- und 14 s/w-Zeichn., 4 S. Schnittmuster, Pappband. ●●●

Spielen mit den Allerkleinsten
(**4691**-X) Von S. Horak, ca. 112 S., zahlr. Farbabb., Pappband. ●●●

Lauter tolle Sachen, die Kinder gerne machen
(**4731**-2) Hrsg. U. Barff., 352 S., 117 Farbf., 778 Farbzeichn., Pappband. ●●●

Das große bunte Spielebuch
für Kinder von 2 bis 6 Jahren
(**4543**-3) Von R. Grabbet, 160 S., 312 Farbabbildungen, Pappband. ●●●

Neues Buch der siebzehn und vier Kartenspiele
(**0095**-2) Von K. Lichtwitz, 96 S., kartoniert. ●

Alles über Pokern
Regeln und Tricks.
(**2024**-4) Von C. D. Grupp, 112 S., 29 Kartenbilder, kart. ●

Rommé und Canasta
in allen Variationen.
(**2025**-2) Von C. D. Grupp, 88 S., 24 Zeichnungen, kart. ●

Doppelkopf, Schafkopf, Binokel, Cego, Tarock und andere Stammtischspiele.
(**2015**-5) Von C. D. Grupp, 112 S., kart. ●

Black Jack
Regeln und Strategien des Kasinospiels.
(**2032**-3) Von K. Kelbratowski, 88 S., kart. ●

Das Skatspiel
Eine Fibel für Anfänger
(**0206**-8) Von K. Lehnhoff, 96 S., kartoniert. ●

Spielend Skat lernen
unter freundlicher Mitarbeit des Deutschen Skatverbandes
(**2005**-8) Von Th. Krüger, 120 S., 181 s/w-Fotos, 22 Zeichn., kart. ●●

Patiencen
in Wort und Bild. (**2003**-1) Von I. Wolter-Rosendorf, 120 S., kart. ●

Neue Patiencen
(**2036**-8) Von H. Sosna, 160 S., 43 Farbtafeln, kart. ●●

Spielend Bridge lernen
(**2012**-0) Von J. Weiss, 96 S., 58 Zeichnungen, kartoniert. ●

Spieltechnik im Bridge
(**2004**-X) Von V. Mollo und N. Gardener, dt. Adaption von D. Schröder, 152 S., kart. ●●●

Neue Kartentricks
(**2027**-9) Von K. Pankow, 104 S., 20 Abb., kart. ●

Das japanische Brettspiel Go
(**2020**-1) Von W. Dörholt, 104 S., 182 Diagramme, kart. ●

Spielend Go lernen
(**2041**-4) Von H. Otake, S. Futakuchi, ca. 186 S., kartoniert.

Mah-Jongg
Das chinesische Glücks-, Kombinations- und Gesellschaftsspiel. (**2030**-9) Von U. Eschenbach, 80 S., 30 s/w-Fotos, 5 Zeichn., kart. ●

Backgammon
für Anfänger und Könner. (**2008**-2) Von G. W. Fink und G. Fuchs, 104 S., 41 Abb., kart. ●

Einführung in das Schachspiel
(**0104**-5) Von W. Wollenschläger und K. Colditz, 112 S., 116 Diagramme, kart. ●

Schach, das königliche Spiel
Von den Grundzügen zum strategischen Spiel.
(**1105**-9) Von T. Schuster, 192 S., 302 Diagramme, kart. ●●

Spielend Schach lernen
(**2002**-3) Von T. Schuster, 96 S., , kartoniert. ●

Kinder- und Jugendschach
Offizielles Lehrbuch des Deutschen Schachbundes zur Erringung der Bauern-, Turm- und Königsdiplome.
(**0561**-X) Von B. J. Withuis, H. Pfleger, 144 S., 220 Zeichnungen und Diagramme, kart. ●●

Zug um Zug
Schach für jedermann 1
Offizielles Lehrbuch des Deutschen Schachbundes zur Erringung des Bauerndiploms.
(**0648**-9) Von H. Pfleger, E. Kurz, 80 S., 24 s/w-Fotos, 8 Zeichnungen, 60 Diagramme, kartoniert. ●

Zug um Zug
Schach für jedermann 2
Offizielles Lehrbuch des Deutschen Schachbundes zur Erringung des Turmdiploms.
(**0659**-4) Von H. Pfleger, E. Kurz, 128 S., 7 s/w-Fotos, 13 Zeichn., 78 Diagr., kart. ●●

Zug um Zug
Schach für jedermann 3
Offizielles Lehrbuch des Deutschen Schachbundes zur Erringung des Königsdiploms.
(**0728**-0) Von H. Pfleger, G. Treppner, 128 S., 4 s/w-Fotos, 84 Diagr., 10 Zeichn., kart. ●●

Schach für Fortgeschrittene
Taktik und Probleme des Schachspiels
(**0219**-X) Von R. Teschner, 88 S., 85 Diagramme, kartoniert. ●

Neue Schacheröffnungen
(**0478**-8) Von T. Schuster, 104 S., 100 Diagramme, kart. ●

Würfelspiele
für jung und alt. (**2007**-4) Von F. Pruss, 112 S., 21 s/w-Zeichnungen, kart. ●

Roulette richtig gespielt
Systemspiele, die Vermögen brachten.
(**0121**-5) Von M. Jung, 96 S., zahlreiche Tabellen, kart. ●

Spiele für Party und Familie
(**2014**-7) Von Rudi Carrell, 80 S., 22 Zeichnungen, kart. ●

Neue Spiele für Ihre Party
(**2022**-8) Von G. Blechner, 120 S., 54 Zeichnungen, kartoniert. ●

Lustige Tanzspiele und Scherztänze
für Partys und Feste.
(**0165**-7) Von E. Bäulke, 80 S., 53 Abb., kart. ●

Das Spiel mit der Schwerkraft
Jonglieren
Mit Bällen, Keulen, Ringen und Diabolo.
(**1009**-5) Von S. Peter, 80 S., 149 Farbfotos, kartoniert. ●

Zaubern
einfach – aber verblüffend.
(**2018**-X) Von D. Bouch, 84 S., 41 Zeichnungen, kart. ●

Tips, Tricks und Gewinnstrategien für Game-Boy-Spiele
(**1235**-7) Von René Zey, 176 S., 100 Zeichnungen, kart. ●●

Neue Game-Boy-Spiele
Sport, Action und Adventure
(**1325**-6) Von R. Zey, 176 S., 21 s/w-Zeichnungen, kart. ●●

Alles über Super-Nintendo-Spiele
Technik, Tips und Facts
(**1340**-X) Von D. Mark, 104 S., zahlreiche Farbabbildungen, kart. ●●

Das 3. Glücksrad Rätselbuch
(**1391**-4) Ca. 176 S., kartoniert. ●●

Rätselspiele
Quiz- und Scherzfragen für gesellige Stunden
(**1270**-5) Von K. H. Schneider, ca. 80 S., ca. 80 s/w-Abb., kart. ●

Knobeleien und Denksport
(**2019**-8) Von K. Rechberger, 142 S., 105 Zeichnungen, kart. ●

So feiert man Feste fröhlicher
Heitere Vorträge und Gedichte
(**0098**-7) Von Dr. Allos, 96 S., 15 Abb., kart. ●

Die große Lachparade
Neue Texte für heitere Vorträge und Ansagen
(**0188**-6) Von E. Müller, 80 S., kart. ●

Rat und Wissen

Der gute Ton
in Gesellschaft und Beruf.
(**0063**-4) Von I. Wolter, 80 S., 42 s/w-Fotos, 7 Zeichnungen, kartoniert. ●

Der gute Ton
im Privatleben.
(**1111**-3) Von I. Wolter, bearbeitet von Wolf Stenzel, 104 S., 42 s/w-Abb., kart. ●

Umgangsformen heute
Die Empfehlungen des Fachausschusses für Umgangsformen.
(**4015**-6) 252 S., 108 s/w-Fotos, 17 Zeichnungen, Pappband. ●●●

Benehmen bei Tisch
(**0988**-7) Von I. Cording, 80 S., 90 Farbfotos, 5 s/w-Zeichnungen, kartoniert. ●●

Krawatten
Fliegen, Schals und Tücher gekonnt binden
(**1072**-9) Von Y. Thalheim, H. Nadolny, 48 S., 129 Farbfotos, 1 s/w-Foto, Pappband. ●

freundin
Farbberatung
Alle Farben, die Ihnen wirklich stehen
(**4520**-4) Von Chr. Buscher, 128 S., 175 Farbfotos, Pappband. ●●●●

freundin
Das perfekte Make-up
(**4727**-4) Von M. Rüdiger, H. Kirchberger, G. Mergenburg, 128 S., 271 Farbfotos, Pappband. ●●●●

freundin Ratgeber
Hochzeit feiern
(**4702**-2) Von C. von Hoerner-Nitsch, I. Weber, K. Riebartsch, C. von Bernuth, 128 S., 188 Farbf., 28 s/w-Fotos, Pappband. ●●●●

freundin
Typ & Frisur
(**4695**-2) Von E. Bolz, 128 S., zahlr. Farbabb., Pappband. ●●●●

Gedichte, Reden und Sketche
für grüne, silberne u. goldene Hochzeitstage
(**1269**-1) Von F. Rieder, 160 S., durchgehend vierfarbig, Pappband. ●●

Wir heiraten
Ratgeber zur Vorbereitung und Festgestaltung der Verlobung und Hochzeit.
(**4188**-8) Von C. Poensgen, 216 S., 8 s/w-Fotos, 30 s/w-Zeichnungen, 8 Farbtafeln, Pappband. ●●●

Von der Verlobung zur Goldenen Hochzeit
(**0393**-5) Von E. Runge, 112 S., kartoniert. ●

Hochzeitszeitungen
Tolle Ideen für Leute von heute
(**1379**-5) Ca. 80 S., zahlr. zweifbg. Abbildungen, kartoniert. ●●

Die Silberhochzeit
Vorbereitung · Einladung · Geschenkvorschläge · Dekoration · Festablauf · Menüs · Reden · Glückwünsche. (**0542**-3) Von K. F. Merkle, 112 S., 41 Zeichnungen, kart. ●

Geburtstagsfeiern für jedes Alter
Planung und Festgestaltung
(**1382**-5) Von S. Ahrndt, 120 S., 145 Farbfotos, 28 Farbzeichnungen, kart. ●●

Geburt und Taufe feiern
Planung und Festgestaltung
(**1443**-0) Von S. Ahrendt, ca. 128 S., ca. 90 Farbabb., kartoniert. ●●

Wie soll es heißen?
(**0211**-4) Von D. Köhr, 136 S., kartoniert. ●

Unsere beliebtesten Vornamen
(**1023**-0) Von A. F. W. Weigel, 160 S., 75 s/w-Fotos, Pappband. ●●

Kindergedichte, Lieder und Sketche für Hochzeitsfeiern
(**1112**-1) Von B. Lins, 72 S., 26 farbige Abbildungen, 15 Lieder, kartoniert. ●

Neue Kindergedichte und Lieder für Hochzeitsfeste
(**1431**-7) Von A. Schweiggert, ca. 80 S., kart. ●

Kindergedichte rund ums Jahr
(**1040**-0) Von A. Schweiggert, 80 S., 49 Zeichnungen, 6 Vignetten, kartoniert. ●

Ins Gästebuch geschrieben
(**0576**-8) Von K. H. Trabeck, 96 S., 24 Zeichnungen, kartoniert. ●

Der Verseschmied
Kleiner Leitfaden für Hobbydichter.
(**0597**-0) Von T. Parisius, 96 S., 28 Zeichnungen, kartoniert. ●

Mach' dir einen Reim
Der moderne Verseschmied
(**1433**-3) Von G. Rudorf, ca. 160 S., Pappband. ●●

Die schönsten Volkslieder
(**0432**-X) Hrsg. D. Walther, 128 S., mit Noten und Zeichnungen, kartoniert. ●

Alte und neue
Wanderlieder
(**1268**-3) Von P. G. Walter, 96 S., zweifarbig, kartoniert. ●●

Neue Glückwunschfibel
für groß und klein.
(**0156**-8) Von R. Christian-Hildebrandt, 96 S., 13 Vignetten, kartoniert. ●

Großes Buch der Glückwünsche
(**0255**-6) Hrsg. von O. Fuhrmann, 176 S., 77 Zeichnungen und viele Gestaltungsvorschläge, kartoniert. ●●

Wetter und Wind ändern sich geschwind
Beliebte Bauernregeln
(**1267**-5) Von G. Haddenbach, ca. 80 S., ca. 30 zweifarbige Illustrationen, kart. ●

Beliebte Verse fürs Poesiealbum
Rosen, Tulpen, Nelken …
(**0431**-1) Von W. Pröve, 96 S., 11 Faksimile-Abb., kartoniert. ●

Verse fürs Poesiealbum
(**0241**-6) Von I. Wolter, 120 S., 20 Abbildungen, kartoniert. ●

Heiter und besinnliche
Verse fürs Poesiealbum
(**1069**-9) Von B. H. Bull, 160 S., 70 zweifarbige Illustrationen, Pappband. ●●

Klassische Verse und Zitate
Für Glückwünsche, Briefe, Reden und Poesiealben
(**1223**-3) Von P. Motzan, 224 S., 40 Abbildungen, Pappband. ●●

Die Kunst der freien Rede
Ein Intensivkurs mit vielen Übungen, Beispielen und Lösungen.
(**4189**-6) Von G. Hirsch, 232 S., 11 Zeichnungen, Pappband. ●●●

Trinksprüche, Gästebuchverse, Richtsprüche
(**0224**-6) Von D. Kellermann, 96 S., kart. ●

Glückwünsche, Toasts und Festreden zu Polterabend und Hochzeit
(**0264**-5) Von I. Wolter, 112 S., 18 Zeichnungen, kartoniert. ●

Trinksprüche und Festreden
(**1321**-3) Von L. Metzner, 144 S., 13 zweifarbige Zeichnungen, Pappband. ●●

Grußworte
für Gemeindefeiern, Vereinsjubiläen und andere offizielle Anlässe
(**4741**-X) Von M. Adam, 192 S., ca. 15 Illustrationen, Pappband. ●●

Moderne Reden und Ansprachen
(**4742**-8) Von M. Adam, 464 S., Pappband. ●●●●

Reden zu Familienfesten
Musteransprachen für viele Gelegenheiten
(**0675**-6) Von G. Georg, 112 S., kartoniert. ●

Reden im Verein
Musteransprachen für viele Gelegenheiten
(**0703**-5) Von G. Georg, 112 S., kartoniert. ●

Reden zum Jubiläum
Musteransprachen für viele Gelegenheiten
(**0595**-4) Von G. Georg, 112 S., kartoniert. ●

Reden und Sprüche zu Grundsteinlegung, Richtfest und Einzug
(**0598**-0) Von A. Bruder, G. Georg, 96 S., kartoniert. ●

Die überzeugende Rede
Mehr Erfolg durch bessere Rhetorik
(**0076**-6) Von K. Wolter, G. Kunz, 96 S., kartoniert. ●

Moderne Korrespondenz
Handbuch für erfolgreiche Briefe
(**4014**-8) Von H. Kirst und W. Manekeller, 544 S., Pappband. ●●●●

Musterbriefe
für alle Gelegenheiten.
(**0231**-9) Hrsg. von O. Fuhrmann, 240 S., kartoniert. ●●

Der moderne Brief
Geschäfts- und Privatkorrespondenz empfängerorientiert schreiben
(**1440**-6) Von Dr. G. Reinert-Schneider, ca. 144 S., ca. 15 s/w-Zeichn., kartoniert. ●●

Geschäftsbriefe
zeitgemäß und stilsicher
(**1323**-X) Von G. Briese-Neumann, 152 S., kartoniert. ●●

Geschäftliche Briefe
für Privatleute, Handwerker und Kaufleute
(**0041**-3) Von G. Briese-Neumann, ca. 120 S., kartoniert. ●

FALKEN-Software
Musterkorrespondenz in Deutsch, Englisch, Französisch, Italienisch, Spanisch
(**7041**-1) Diskette 5 1/4" für IBM-PC + Kompatible, mit Begleitbroschüre. ●●●●*
(**7051**-9) Diskette 3 1/2" für IBM-PC + Kompatible, mit Begleitbroschüre. ●●●●*

Privatbriefe
Muster für alle Gelegenheiten.
(**0114**-2) Von I. Wolter-Rosendorf, 112 S., kartoniert ●

Erfolgstips für den Schriftverkehr
Briefgestaltung · Rechtschreibung · Zeichensetzung · Stil. (**0678**-0) Von U. Schoenwald, 112 S., kart. ●

Behördenkorrespondenz
Musterbriefe · Anträge · Einsprüche
(**0412**-5) Von E. Ruge, 112 S., kart. ●

Worte und Briefe der Anteilnahme
(**0464**-8) Von E. Ruge, M. Adam, 88 S., mit vielen Abb., kart. ●

Briefe zu Geburt und Taufe
Glückwünsche und Danksagungen. (**0802**-3) Von H. Beitz, 96 S., 12 Zeichnungen, kart. ●

FALKEN Rechtsberater
Fallbeispiele · Musterbriefe · Gerichtsurteile
(**4734**-7) Hrsg. S. von Hasseln, 756 S., Pappband. ●●●●

Alles, was man über Erziehungsgeld, Mutterschutz, Erziehungsurlaub wissen muß
Das neue Recht für Eltern
(**0835**-X) Von K. Möcks, A. Schmitt, 144 S., kartoniert. ●●

Alles, was man über die nichteheliche Lebensgemeinschaft wissen muß
(**1071**-0) Von T. Drewes, 104 S., 8 s/w-Zeichnungen, kartoniert. ●●

Scheidung und Unterhalt
nach dem neuen Eherecht.
(**0403**-6) Von T. Drewes, 112 S., mit Kosten und Unterhaltstabellen, kart. ●

Alles, was man über Scheidung und Unterhalt wissen muß
(**1264**-0) Von T. Drewes, 128 S., kart. ●●

Alles, was man über Renten wissen muß
Mit Rentenreformgesetz 1992
(**1265**-9) Von K. Möcks, A. Schmitt, 112 S., kartoniert. ●●

Wolfgang Büsers Erfolgstips
Rentenreform '92
(**1244**-6) Von W. Büser, 80 S., kartoniert. ●

Wolfgang Büsers Erfolgstips
Teilzeitarbeit
(**1266**-7) Von W. Büser, 80 S., kart. ●●

Wolfgang Büsers Erfolgstips
(Lohn-) Einkommensteuer '92
Aktuell: Zinssteuer '93
(**1324**-8) Von W. Büser, 176 S., kart. ●●

Vermögensbildung mit System
Anlageformen · Strategien · Praxistips
(**1445**-7) Von W. Schwanfelder, ca. 160 S., kartoniert. ●●

Alles, was man über BAföG wissen muß
(**1387**-6) Von A. Mengeringhausen, 144 S., kartoniert. ●●

Testament und Erbschaft
Erbfolge, Rechte und Pflichten der Erben, Erbschafts- und Schenkungssteuer, Mustertestamente. (**4139**-X) Von T. Drewes, R. Hollender, 304 S., Pappband. ●●●

Erbrecht und Testament
(**0046**-4) Von H. Wandrey, 124 S., kart. ●

Alles, was man über Testament und Erbschaft wissen muß
(**0939**-9) Von T. Drewes, 136 S., 9 s/w-Zeichnungen, kart. ●●

Mietrecht
Leitfaden für Mieter und Vermieter
(**0479**-6) Von J. Beuthner, 196 S., kart. ●●

Haushaltstips
praktisch und umweltfreundlich
(**1046**-X) Von K. Winkel, 96 S., 36 Zeichnungen, kartoniert. ●

Texte für den Anrufbeantworter
(**1389**-2) Von G. Kunz, 80 S., 12 s/w-Zeichnungen, kartoniert. ●

Alles, was man über den Umgang mit Behörden wissen muß
(**1390**-6) Von K. Möcks, A. Schmitt, 132 S., kartoniert. ●●

Wege zum Börsenerfolg
Aktien · Anleihen · Optionen
(**4275**-2) Von H. Krause, 252 S., 4 s/w-Fotos, 86 Zeichnungen, Pappband. ●●●●

FALKEN-Software
Börsenfieber
Spielend spekulieren mit Geld und Aktien
(**7016**-0) IBM-PC und Kompatible, Diskette 5 1/4", mit Begleitheft. ●●●●●*
(**7044**-6) für IBM-PC + Kompatible, Diskette 3 1/2", mit Begleitheft. ●●●●●*

FALKEN Software
Broker King
Cash und crash an der Terminbörse. Mit Warentermingeschäft und Optionshandel
(**7058**-6) Diskette 3 1/2" für IBM-PC + Kompatible, mit Begleitbroschüre. ●●●●●*

Wörter und Unwörter
Sinniges und Unsinniges der deutschen Gegenwartssprache
(**1401**-7) Hrsg. Gesellschaft für deutsche Sprache, 176 S., kartoniert. ●●●

Richtige Groß- und Kleinschreibung
durch neue, vereinfachte Regeln. Erläuterungen der Zweifelsfragen anhand vieler Beispiele.
(**0897**-X) Von Prof. Dr. Ch. Stetter, 96 S., kartoniert. ●

Gutes Deutsch schreiben und sprechen
(**4432**-1) Von W. Manekeller, Dr. G. Reinert-Schneider, 416 S., durchgehend zweifarbig, Pappband. ●●●●

Mehr Erfolg in der Schule
Deutsche Rechtschreibung und Grammatik
Übungen und Beispiele für die Klassen 5–10.
(**4407**-0) Von K. Schreiner, 256 S., durchgehend zweifarbig, Pappband. ●●●●

Diktate besser schreiben
Übungen zur Rechtschreibung für die Klassen 4 bis 8
(**0469**-9) Von K. Schreiner, 152 S., 31 Zeichnungen, kartoniert. ●●

FALKEN Software
Deutsche Grammatik
Mit fremdsprachiger Bedienerführung
(**7079**-9) Disk. 5 1/4" für IBM-PC + Kompatible, mit Begleitheft. ●●●●●*
(**7080**-9) Disk. 3 1/2" für IBM-PC + Kompatible, mit Begleitheft. ●●●●●*

Deutsche Grammatik
Ein Lern- und Übungsbuch
(**0704**-3) Von K. Schreiner, 122 S., kart. ●●

Aufsätze besser schreiben
Förderkurs für die Klassen 4 – 10
(**0429**-X) Von K. Schreiner, 144 S., 31 Abb., kartoniert. ●●

Mehr Erfolg in der Schule
Der Deutschaufsatz
Übungen und Beispiele für die Klassen 5 – 10.
(**4271**-X) Von K. Schreiner, 240 S., 4 s/w-Fotos, 51 Zeichnungen, Pappband. ●●●●

Mehr Erfolg in der Schule
Deutsch
Textinterpretation, Literaturgeschichte und Stilkunde
(**4483**-6) Von K. Schreiner, 272 S., 43 zweifarbige Zeichnungen, Pappband. ●●●●

Mehr Erfolg in der Schule
Deutsche Rechtschreibung und Grammatik
(**4407**-0) Von K. Schreiner, 256 S., Pappband. ●●●●

Gedächtnistraining mit Eselsbrücken
(**1388**-4) Von W. Ettig, 96 S., 36 s/w-Zeichnungen, kartoniert. ●

Geschichte
Von der Französischen Revolution bis zur Gegenwart
(**4723**-1) Von K. Schreiner, 256 S., 50 s/w-Fotos, 10 Farbzeichnungen, 6 zweifarbige Landkarten, Pappband. ●●●●

Geographie
Natürliche Grundlagen · Gestaltung der Umwelt · Die Staaten der Erde
(**4724**-X) Von V. Disch, 256 S., ca. 40 Karten und Grafiken, Pappband. ●●●●

Mehr Erfolg in der Schule
Mathematik 1
Arithmetik und Algebra. Übungen, Beispiele und Lösungen für die Klassen 5 bis 10.
(**4420**-8) Von R. Müller-Fonfara, 256 S., 193 Zeichn., 2 s/w-Fotos, Pappband. ●●●●

Mehr Erfolg in der Schule
Mathematik 2
Geometrie, Statistik, Wahrscheinlichkeitsrechnung und kaufmännisches Rechnen
(**4456**-9) Von R. Müller-Fonfara, W. Scholl, 256 S., 6 s/w-Fotos, 304 Zeichnungen, Pappband. ●●●●

Mathematische Formeln für Schule und Beruf
Mit Beispielen und Erklärungen.
(**0499**-0) Von R. Müller-Fonfara, 156 S., 210 Zeichnungen, kart. ●●

Schülerlexikon der Mathematik
Formeln, Übungen und Begriffserklärungen für die Klassen 5 – 10
(**0430**-3) Von R. Müller-Fonfara, 176 S., 96 Zeichnungen, kartoniert. ●●

Mehr Erfolg in der Schule
Mathematik 3
Analysis, analytische Geometrie und lineare Algebra
(**4541**-7) Von R. Müller-Fonfara, W. Scholl, 240 S., 140 zweifbg. Grafiken, Pappband. ●●●●

Mehr Erfolg in der Schule
Mathematik 4
Für die Klassen 11 bis 13
(**4701**-0) Von R. Müller-Fonfara, W. Scholl, 240 S., 91 Zeichnungen, 3 s/w-Fotos, Pappband. ●●●●

Mathematik-Textaufgaben leicht gelöst
Aufgaben · Lösungsstrategien · Anwendungsbeispiele
(**1022**-2) Von R. Müller-Fonfara, 128 S., 4 Zeichnungen, kartoniert. ●●

Rechnen aufgefrischt für Schule und Beruf.
(**0100**-2) Von H. Rausch, 144 S., kart. ●

Mehr Erfolg in der Schule
Physik
Mechanik · Wärmelehre · Optik · Elektrizität · Atomphysik
(**4448**-8) Von Dr. T. Neubert. 240 S., 219 Zeichnungen, Pappband. ●●●●

Physik verständlich
Förderkurs für die Klassen 7 bis 10
(**0926**-7) Von Dr. Th. Neubert, 136 S., 146 s/w-Zeichn., 166 Aufgaben, kart. ●●

Besseres Englisch
Grammatik und Übungen für die Klassen 5 bis 10.
(**0745**-0) Von E. Henrichs, 144 S., kart. ●●

Mehr Erfolg in der Schule
Englisch
Textinterpretationen
(**4518**-2) Von E. Heinrichs-Kleinen, 256 S., Pappband. ●●●●

Mehr Erfolg in der Schule
Englische Grammatik
Regeln und Übungen für die Klassen 5 bis 13
(**4431**-3) Von E. Henrichs-Kleinen, 256 S., durchgehend zweifarbig, Pappband. ●●●●

FALKEN Software
Business English for Secretaries
Lernen und üben in berufsbezogenen Situationen (**7035**-7) Diskette 5 1/4" für IBM-PC + Kompatible, mit Begleitbroschüre. ●●●●●*
(**7059**-4) Diskette 3 1/2" für IBM-PC + Kompatible, mit Begleitbroschüre. ●●●●●*

FALKEN Software
The Grammar-Master
Englische Grammatik üben und beherrschen
(**7002**-0) Diskette für den C 64/C 128 PC ●●●●*
(**7030**-6) Diskette für IBM-PC + Kompatible, mit Begleitheft. ●●●●*

FALKEN-Software
Vokabeltrainer Englisch
Von B. Hoppius. (**7001**-2) 2 Disketten für C 64/C 128 PC mit Begleitheft. ●●●●*
(**7034**-9) Diskette 5 1/4" für IBM-PC + Kompatible, mit Begleitheft. ●●●●*
(**7084**-5) Diskette 3 1/2" für IBM-PC + Kompatible, mit Begleitheft. ●●●●*

FALKEN-Software
Vokabeltrainer Französisch
Über 2000 Vokabeln und Redewendungen frei erweiterbar
(**7019**-5) Diskette 5 1/4" für IBM-PC und Komp., mit Begleitheft. ●●●●●*

FALKEN-Software
Je finis, tu finis ... maitrisez la grammaire française
Französische Grammatik lernen und beherrschen
(**7053**-5) Diskette 5 1/4" für IBM-PC + Kompatible, mit Begleitbroschüre. ●●●●*
(**7069**-1) Diskette 3 1/2" für IBM-PC + Kompatible, mit Begleitbroschüre. ●●●●*

FALKEN-Software
Le monde des affaires en français
Wirtschaftsfranzösisch leicht gelernt
(**7054**-3) Diskette 5 1/4" für IBM-PC + Kompatible, mit Begleitbroschüre. ●●●●●*
(**7068**-3) Diskette 3 1/2" für IBM-PC + Kompatible, mit Begleitbroschüre. ●●●●●*

Besseres Französisch
Grammatik und Übungen für die Klassen 9 bis 11
(**1039**-7) Von R. Lübke, 114 S., durchgehend zweifarbig, kartoniert. ●●

Mehr Erfolg in der Schule
Französische Grammatik
Für die Klassen 7 bis 13
(**4703**-7) Von R. Lübke, ca. 256 S., durchgehend zweifarbig, Pappband. ●●●●

FALKEN-Software
Vokabeltrainer Italienisch
Über 2000 Vokabeln und Redewendungen frei erweiterbar.
(**7065**-9) Diskette 5 1/4" für IBM-PC + Kompatible, mit Begleitbroschüre. ●●●●*
(**7064**-0) Diskette 3 1/2" für IBM-PC + Kompatible, mit Begleitbroschüre. ●●●●*

FALKEN-Software
Vokabeltrainer Latein
Über 2000 Vokabeln und Redewendungen frei erweiterbar
(**7033**-0) Diskette 5 1/4" für IBM-PC + Kompatible, mit Begleitheft. ●●●●*
(**7085**-3) Diskette 3 1/2" für IBM-PC + Kompatible, mit Begleitheft. ●●●●*

Schnell und sicher zum Führerschein
Tips und Tricks aus 30jähriger-Fahrlehrer-Praxis.
(**1232**-2) Von O. Einert, 152 S., 156 Farbfotos, 161 z.T. farb. Zeichnungen, kart. ●●

Der Test-Knacker bei Führerscheinverlust
(**1262**-4) Von T. Rieh, 128 S., kart. ●●

Erfolgreiche Bewerbung um einen Ausbildungsplatz
(**0715**-9) Von H. Friedrich, 128 S., kart. ●

Bewerbungsstrategien
Erfolgreiche Konzepte für Karrierebewußte
(**1027**-3) Von Dr. W. Reichel, 128 S., kart. ●●

Karriereplanung mit System
Bewerbungsstrategien für Frauen
(**4455**-0) Von R. Ibelgaufts, 144 S., 20 Cartoons, Pappband. ●●

Die Bewerbung
Der moderne Ratgeber für Bewerbungsbriefe, Lebenslauf und Vorstellungsgespräche.
(**4138**-1) Von W. Manekeller, 264 S., Pappband. ●●●

Die erfolgreiche Bewerbung
Bewerbung und Vorstellung
(**0173**-8) Von W. Manekeller, U. Schoenwald, 144 S., kartoniert. ●●

Lebenslauf und Bewerbung
Beispiele für Inhalt, Form und Aufbau
(**0428**-1) Von H. Friedrich, 112 S., kart. ●

Bewerbungsbriefe und Stellengesuche
Für handwerkliche, gewerblich-technische und kaufmännische Berufe
(**0138**-X) Von Dr. W. Reichert, ca. 96 S., kartoniert. ●

Erfolgreiche Bewerbungsbriefe und Bewerbungsformen
(**0138**-X) Von W. Manekeller, U. Schoenwald, 88 S., kartoniert. ●

Das überzeugende
Vorstellungsgespräch
Erfolgreiche Strategien für den ersten Eindruck
(**1261**-6) Von R. Ibelgaufts, 144 S., kart. ●●

Vorstellungsgespräche
sicher und erfolgreich führen.
(**0636**-5) Von H. Friedrich, 144 S., kart. ●

Einstellungstests und andere Methoden der Bewerberauswahl
(**1263**-2) Von Dr. R. Hilke, H. Hustedt, 160 S., 27 Zeichnungen, kart. ●●

Keine Angst vor Einstellungstests
Ein Ratgeber für Bewerber.
(**0793**-6) Von Ch. Titze, 120 S., 67 Zeichnungen, kartoniert. ●

freundin Ratgeber
Psychoterror am Arbeitsplatz
Mobbing
(**1434**-1) Von B. Huber, ca. 144 S., kart. ●●

freundin
Kind und Beruf:
(K)ein Problem
(**1322**-1) Von I. Weber, 168 S., 14 Zeichnungen, kartoniert. ●●

freundin Ratgeber
Neu um Job:
So überzeugen Sie
(**1259**-4) Von G. Teusen, 160 S., kart. ●●

Die ersten Tage am neuen Arbeitsplatz
Ratschläge für den richtigen Umgang mit Kollegen und Vorgesetzten
(**0855**-4) Von H. Friedrich, 104 S., kart. ●

Zeugnisse im Beruf
richtig schreiben, richtig verstehen
(**0544**-X) Von H. Friedrich, 112 S., kart. ●

Arbeitszeugnisse
verstehen und interpretieren
(**1444**-9) Von A. Nasemann, ca. 112 S., kartoniert. ●●

So lernt man leicht und schnell
Maschinenschreiben
Lehrbuch für Schulen, Lehrgänge und Selbstunterricht. (**0568**-7) Von M. Kempkes, 112 S., 48 Zeichnungen, kartoniert. ●●

FALKEN-Software
Maschinenschreiben und Tastaturtraining für Computer
(**7009**-8) Von B. Hoppius, Diskette 5 1/4" u. 3 1/2" für IBM-PC + Kompatible, mit Begleitheit. ●●●●●*

Leicht und schnell gelernt
Maschinenschreiben im Selbstunterricht
(**0170**-3) Von O. Fonfara, 88 S., kartoniert. ●

Buchführung leicht gemacht
Ein methodischer Grundkurs für den Selbstunterricht (**4238**-8) Von D. Machenheimer, R. Kersten, 252 S., Pappband. ●●●●

Buchführung leicht gefaßt
Für Handwerker, Gewerbetreibende und freiberuflich Tätige.
(**0127**-4) Von R. Pohl, 104 S., kartoniert. ●

Stenografie leicht gelernt
im Kurus oder Selbstunterricht
(**0266**-1) Von H. Kaus, 64 S., kartoniert. ●

Gitarre spielen
Ein Grundkurs für den Selbstunterricht
(**0534**-2) Von A. Roßmann, 96 S., 1 Schallfolie, 150 Zeichnungen, kart. ●●●

Faszinierendes Erlebnis
Tierwelt
(**4706**-1) Von U. und W. Dolder, 196 S., 314 Farbzeichnungen, Pappband. ●●●●

Mein Dschungelbuch
(**4537**-9) Von W. Fend, 360 S., 561 Farbfotos, Pappband. ●●●●

Das große Buch der
Antworten auf Kinderfragen
(**4477**-1) Von H. Hofmann, U. Kopp, G. Jankovics u.a., 192 S., 308 Farbzeichnungen, Pappband. ●●●

Spiele des Lebens?
Verhaltensweisen und Überlebenskampf der Tiere
(**4524**-7) Von D. Attenborough, 320 S., 163 Farbfotos, Pappband. ●●●●

FALKEN LEXIKON
Das Wissen unserer Zeit
(**4736**-3) Hrsg. Lexikographisches Institut, 1008 S., ca. 3000 Farbabb., Karten und Tabellen, Pappband. ●●●●

Das neue, farbige
Jugendlexikon
(**4472**-0) Von J. Frey, D. Rex, 304 Seiten, 269 und 52 s/w-Fotos, 6 Farbzeichn., Pappband. ●●●●

Das große farbige Kinderlexikon
(**4195**-0) Von U. Kopp, 320 S., 493 Farbabb., 17 s/w-Fotos, Pappband. ●●●

Briefmarken sammeln
(**0481**-8) Von D. Stein, 120 S., 4 Farbtafeln, 98 s/w-Abbildungen, kartoniert. ●

Umweltexperimente für Kinder und Jugendliche
(**4708**-8) Von F. Jantzen, ca. 80 S., ca. 100 farbige Fotos und Zeichnungen, Pappband. ●●●

Telefonkartenlexikon für Sammler
(**1406**-6) Von M. Burzan, ca. 160 S., zahlr. Farbabb., kartoniert. ●●●

Telefonkarten sammeln
Serien · Preise · Sammeltips
(**1326**-4) Von M. Burzan, 128 S., 251 Farbfotos, kart. ●●

Die Handschrift als Spiegel des Charakters
Graphologie
(**1025**-7) Von Dr. W. Busch, 104 S., 87 Schriftproben, kartoniert. ●

Familienforschung · Ahnentafel · Wappenkunde
Wege zur eigenen Familienchronik
(**0744**-2) Von P. Bahn, 128 S., 8 Farbtafeln, 30 Abbildungen, kart. ●●

Familienforschung und Wappenkunde
(**4485**-2) Von P. Bahn, 224 S., 114 zweifarbige Abbildungen, Pappband. ●●●●●

freundin Ratgeber
Allein auf Achse
(**1260**-8) Von H. Guilino, 176 S., kart. ●●

Brain Building
Das Supertraining für Gedächtnis, Logik, Kreativität
(**4704**-5) Von M. vos Savant, 256 S., Pappband. ●●●

Traumdeutung
Die Bildersprache unserer Traumwelt entschlüsseln
(**4486**-0) Von G. Fink, 384 S., 74 zweifarbige Fotos, Pappband. ●●●●

Kinderträume
Ein Ratgeber für Eltern
(**4505**-0) Von G. Fink, ca. 176 S., Pappband. ●●●

Wahrsagen
mit den Karten der Madame Lenormand
(**1328**-0) Von B. A. Mertz, 108 S., 39 s/w-Abbildungen, kartoniert. ●●

Wahrsagen mit Tarot-Karten
(**0482**-6) Von E. J. Nigg, 112 S., 52 s/w-Abb., Pappband. ●

Die 12 Tierzeichen
Chinesisches Horoskop
(**0423**-0) Von G. Haddenbach, 88 S., kartoniert. ●

Partnerschaftshoroskop
Glück und Harmonie mit Ihrem Traumpartner.
(**0587**-3) Von G. Haddenbach, 112 S., 11 Zeichnungen, kartoniert. ●

Im Zeichen der Sterne
(**0951**-8) Der feurige Widder
(**0952**-6) Der willensstarke Stier
(**0953**-4) Die vielseitigen Zwillinge
(**0954**-2) Der feinfühlige Krebs
(**0955**-0) Der königliche Löwe
(**0956**-9) Die zuverlässige Jungfrau
(**0957**-7) Die charmante Waage
(**0958**-5) Der leidenschaftliche Skorpion
(**0959**-3) Der temperamentvolle Schütze
(**0960**-7) Der treue Steinbock
(**0961**-5) Der selbstbewußte Wassermann
(**0962**-3) Die romantischen Fische
Von G. Haddenbach, 64 S., 35 Farbfotos, Pappband. ●

Essen und Trinken

Unsere Kochschule
(**4526**-3) Von M. Kaltenbach, F. W. Ehlert, 308 S., 736 Farbfotos, Pappband. ●●●●

Kochen für 1 Person
Rationell wirtschaften, abwechslungsreich und schmackhaft zubereiten.
(**0586**-5) Von M. Nicolin, 104 S., 8 Farbtafeln, 23 Zeichnungen, kart. ●

Rezepte für 1 Person
(**1294**-2) Hrsg. M. Sauerborn, 64 S., 75 Farbfotos, kartoniert. ●

Schnell und individuell
Die raffinierte Single-Küche
(**4266**-3) Von F. Faist, 160 S., 151 Farbfotos, Pappband. ●●●●

Für Kenner und Genießer **Lamm**
(**1090**-7) Von H. Imhof, 64 S., 50 Farbfotos, Pappband. ●

Frischer Fang aus Fluß und Meer **Fisch**
(**0964**-X) Von L. Grieser, 48 S., 52 Farbfotos, Pappband. ●●

Zart und edel
Lachs
(**1403**-1) Von H. Imhof, 64 S., ca. 50 Farbfotos, Pappband. ●●

Geflügelgerichte
(**1348**-5) Hrsg. E. Meyer zu Stieghorst, 64 S., 71 Farbfotos, kartoniert. ●

Gaumenfreuden Tag für Tag
Pfannengerichte
(**1007**-9) Von S. Fabke, 64 S., 54 Farbfotos, Pappband. ●●

Schnitzel, Steaks & Co.
(**1417**-1) Von N. Frank, 64 S., ca. 50 Farbfotos, kartoniert. ●

Köstliches aus dem Tontopf
(**1332**-9) Hrsg. S. Kieslich, 64 S., ca. 50 Farbfotos, kartoniert. ●

Aus eigener Küche **Gute Wurst**
(**0948**-8) Von J. Bessel, G. Quaas, 80 S., 8 Farbtafeln, kart. ●

Aus lauter Lust und Liebe **Knoblauch**
(**0867**-8) Von L. Reinirkens, 64 S., 45 Farbfotos, Pappband. ●●

Bintje, Irmgard und Sieglinde
Kartoffeln
(**1032**-X) Von S. Fabke, 64 S., 43 Farb- und 1 s/w-Foto, Pappband. ●

Kartoffelgerichte
(**1297**-7) Hrsg. I. Feldhaus, 64 S., 64 Farbfotos, kartoniert. ●

Nudelgerichte
(**1293**-4) Hrsg. E. Fuhrmann, 64 S., 66 Farbfotos, kartoniert. ●

Pasta in Höchstform **Nudeln**
(**0884**-8) Von M. Kirsch, 64 S., 62 Farbfotos, Pappband. ●●

Reis
Basmati, Patna und Arborio
(**1209**-8) Von K. Iden, 64 S., ca. 50 Farbfotos, Pappband. ●●

Kräftig klar und cremig zart **Feine Suppen**
(**1031**-1) Von H. Imhof, 64 S., 48 Farbfotos, Pappband. ●

Spezialitäten unter knuspriger Decke
Aufläufe
(**0882**-1) Von C. Adam, 48 S., 33 Farbfotos, Pappband. ●●

Aufläufe
(**1295**-0) Hrsg. E. Fuhrmann, 64 S., 62 Farbfotos, kartoniert. ●

Die Krönung der feinen Küche **Saucen**
(**0817**-1) Von G. Cavestri, 48 S., 40 Farbfotos, Pappband. ●●

Schlank und köstlich **Spargel**
(**1005**-2) Von M. Kirsch, 64 S., 44 Farbfotos, Pappband. ●●

Von Aubergine bis Zucchini **Gemüse**
(**1061**-3) Von H. Cohrs, 64 S., 39 Farbfotos, Pappband. ●

Gemüsegerichte
(**1347**-7) Hrsg. E. Fuhrmann, 64 S., 58 Farbfotos, kartoniert. ●

Gemüseaufläufe
(**1365**-5) Hrsg. E. Fuhrmann, 64 S., ca. 50 Farbfotos, kartoniert. ●

Statt Breakfast und Lunch **Brunch**
(**1033**-8) Von C. Adam, 64 S., 49 Farbfotos, Pappband. ●

Genießen unter freiem Himmel
Picknick
(**1208**-X) Von A. Ilies, 64 S., ca. 50 Farbfotos, Pappband. ●●

Die schönsten Rezepte für
Frühstück und Brunch
(**1063**-X) Von K. Kruse-Schorling, 80 S., 8 Farbtafeln, kart. ●

Schnelle Küche
Für 2 Personen
(**4718**-5) freundin-Kochstudio, 80 S., 105 Farbf., Pappband. ●●

Kochen auf der richtigen Welle im
Grill-Mikrowellengerät
(**1395**-7) Von T. Peters, 96 S., 79 Farbfotos, kartoniert. ●●

Fritieren
(**1350**-7) Hrsg. I. Teitge, 64 S., ca. 50 Farbfotos, kartoniert. ●

Schnell auf den Tisch gezaubert
Kochen mit Mikrowellen
(**0818**-X) Von A. Danner, 64 S., 52 Farbfotos, Pappband. ●

Italienische Vorspeisen **Antipasti**
(**1006**-0) Von S. Reiter-Westphal, 64 S., 47 Farbfotos, Pappband. ●●

Italienische Küche
(**1299**-3) Hrsg. E. Fuhrmann, 64 S., 65 Farbfotos, kartoniert. ●

Schlemmerreise durch die
Italienische Küche
(**4172**-1) Von V. Pifferi, 160 S., 109 Farbfotos, Pappband. ●●●●

Spaghetti, Tagliatelle + Co.
Pasta all'Italiana
(**1004**-4) Von I. Seyric, 64 S., 57 Farbfotos, Pappband. ●●

Pizza
(**1352**-3) Hrsg. M. Sauerborn, 64 S., 72 Farbfotos, kartoniert. ●

Tradition mit Charme
Wiener Spezialitäten
(**1343**-4) Von G. Scolik, 64 S., 46 Farbfotos, Pappband. ●●

Schlemmerreise durch die
Französische Küche
(**4296**-5) Von H. Imhof, 160 S., 147 Farbfotos, 3 s/w-Fotos, Pappband. ●●●●

Schlemmerreise durch die
Spanische Küche
(**4500**-X) Von A. Puente, 160 S., ca. 120 Farbfotos, Pappband. ●●●●

Vom Bosporus zum Ararat
Türkische Spezialitäten
(**1191**-1) Von S. Dogan, 64 S., 44 Farbfotos, Pappband. ●●

Indische Küche
(**1404**-X) Von C. Zingerling, 64 S., ca. 50 Farbfotos, kartoniert. ●

Schlemmerreise durch die
Thailändische Küche
(**4722**-3) Von C. Zingerling, 144 S., 164 Farbf., Pappband. ●●●●

Köstlich fernöstlich
Asiatische Spezialitäten
(**1286**-1) Von M. Carroll, E. Mognol, 64 S., 49 Farbf., Pappband. ●●

Chinesische Küche
(**1289**-6) Hrsg. M. Sauerborn, 64 S., 73 Farbfotos, kartoniert. ●

Schlemmerreise durch die
Chinesische Küche
(**4184**-5) Von K. H. Jen, 160 S., 117 Farbfotos, Pappband. ●●●

Gerichte aus dem
Wok
(**1291**-8) Hrsg. M. Sauerborn, 64 S., 76 Farbfotos, kartoniert. ●

Mit Lust und Liebe **Chinesisch Kochen**
(**4441**-0) Von Ho Fu-Lung, Uli Franz, 176 S., 189 Farbfotos, 29 Zeichnungen, Pappband. ●●●●

Fernöstliche Küche
(**1384**-1) Hrsg. R. Faller, 64 S., ca. 50 Farbfotos, kartoniert. ●

Rezepte für Tisch- und Gartengrill
(**1351**-3) Hrsg. V. Müller, 64 S., 59 Farbfotos, kartoniert. ●

Braten auf dem heißen Stein
(**1300**-0) Hrsg. R. Donhauser, 64 S., 56 Farbfotos, kartoniert. ●

Rezepte rund um Raclette und Doppeldecker
(**0420**-6) Von J.W. Hochscheid, 72 S., 8 Farbtafeln, kartoniert. ●

Schlemmen in geselliger Runde
Fleischfondues
(**0966**-6) Von M. Spötter, 64 S., 62 Farbfotos, Pappband. ●●

Fondues und Raclettes
(**4253**-1) Von F. Faist, 160 S., 125 Farbfotos, Pappband. ●●●●

Fondues
(**1298**-5) Hrsg. E. Meyer zu Stieghorst, 64 S., 69 Farbf., kart. ●

Rezepte fürs Raclette
(**1290**-X) Hrsg. S. Kieslich, 64 S., 59 Farbfotos, kartoniert. ●

Schmelzendes Käsevergnügen **Raclette**
(**0881**-3) Von F. Faist, 48 S., 33 Farbfotos, Pappband. ●

Gartenfrisch genießen
Feine Salate
(**4450**-X) Von P. Nikolay, 160 S., 122 Farbfotos, Pappband. ●●●●

Köstliche Salate
zum Verwöhnen
(**0222**-X) Von Chr. Schönherr, 96 S., 8 Farbtafeln, 30 Zeichnungen, kartoniert. ●

Salate
(**1346**-9) Hrsg. E. Furhmann, 64 S., 62 Farbfotos, kartoniert. ●

Frisch und leicht als Hauptgericht
Schlemmersalate
(**0934**-8) Von C. Adam, 64 S., 49 Farbfotos, Pappband. ●●

Köstlich frisch auf den Tisch
Rohkostsalate
(**0865**-1) Von C. Adam, 48 S., 26 Farbfotos, Pappband. ●●

Gesund und vielseitig **Alles mit Joghurt**
täglich selbstgemacht, mit vielen Rezepten
(**0382**-6) Von G. Volz, 64 S., 8 Farbtafeln, kartoniert. ●

Locker, flockig, leicht...
Müsli & Co
(**0965**-8) Von C. Adam, 64 S., 42 Farbfotos, Pappband. ●●

Bärenstark und kerngesund
Vollwertkost für Kinder
(**0968**-2) Von S. Reiter, 64 S., 44 Farbfotos, Pappband. ●●

Gesunde Ernährung für mein Kind
(**0776**-6) Von M. Bustorf-Hirsch, 112 S., 8 Farbtafeln, 5 s/w-Zeichnungen, kart. ●●

Eßschule
Gesunde Ernährung für Kinder im Grundschulalter
(**1314**-0) Von A. Roßmeier, 80 S., 44 Farbf., 50 fbg. Vignetten, Pappband. ●●

Lieblingsgerichte für Kinder
Mit Sonderteil: Gesunde Kost für Babys ab 6 Monaten
(**4497**-6) Von G. Righi-Spanfellner, 112 S., 27 Farbzeichnungen, Pappband. ●●●

Das essen Kinder gern
(**1405**-8) Hrsg. S. Faust, 64 S., ca. 50 Farbfotos, kartoniert. ●

Mit Lust und Liebe...
Vollwertküche für Genießer
(**4412**-4) Von Prof. Dr. C. Leitzmann, H. Million, 256 S., 329 Farbfotos, Pappband. ●●●●

Vegetarisch kochen und genießen
Alle Gerichte für 2 Personen
(**4715**-0) Von Prof. Dr. C. Leitzmann, K. Dittrich, C. u. G. Kurz, 128 S., 132 Farbf., Pappband. ●●●●

Das große FALKEN
Vitaminkochbuch
für Genießer
(**4714**-2) Von Prof. Dr. troph. M. Hamm, A. Roßmeier, ca. 208 S., zahlr. Farbabb., Pappband. ●●●●

Die feine Vegetarische Küche
(**4235**-3) Von F. Faist, 160 S., 191 Farbfotos, Pappband. ●●●●

Schmackhafte Vollwertkost ohne tierisches Eiweiß
(**0993**-3) Von M. Bustorf-Hirsch, 96 S., 54 Farbfotos, kartoniert. ●●

Cholesterinarm kochen und genießen
(**4442**-9) Von R. Unsorg, 168 S., 132 Farbfotos, kartoniert. ●●●●

Die aktuelle **Cholesterintabelle**
(**1088**-5) Von Dr. H. Oberritter, 84 S., 12 zweifarbige Grafiken, kartoniert. ●

Die aktuelle Vitamin- und Mineralstofftabelle
Mit Angaben zu den wichtigsten Vitaminen und Mineralstoffen
(**1110**-5) Von Dr. H. Oberritter, 88 S., 1 zweifarbige Grafik, kart. ●

Die aktuelle E-Zusatzstoff-Tabelle
Über 750 Angaben zu Herkunft, Verwendung und möglichen Nebenwirkungen
(**1233**-0) Von T. Pilgram, E.Dahl, 80 S., zweifarbig, kartoniert. ●

Vollwertküche für Diabetiker
Köstlich kochen und backen für die ganze Familie
(**4473**-9) Von Prof. Dr. C. Leitzmann, Prof. Dr. H. Laube, H. Million, 168 S., 172 Farbfotos, 8 Zeichnungen, Pappband. ●●●●

Kochen und backen für Diabetiker
Gesund und schmackhaft für die ganze Familie
(**4467**-4) Von Dr. med. M. Toeller, W. Schumacher, A. Groote, Dr. troph. A. Klischan, 176 S., 182 Farbfotos, Pappband. ●●●●

Würzig kochen ohne Salz
(**0922**-4) Von S. Roediger-Streubel, 160 S., 16 Farbtafeln, kartoniert. ●●

Die Sojaküche
Gesund und abwechslungsreich essen
(**0553**-9) Von U. Kolster, 80 S., 8 Farbtafeln, kartoniert. ●

Gesund kochen mit Keimen und Sprossen
(**0794**-9) Von M. Bustorf-Hirsch, 96 S., 4 Farbtafeln, 13 s/w-Zeichnungen, kart. ●

Keime und Sprossen in der Naturküche
(**4299**-X) Von M. Bustorf-Hirsch, 96 S., 144 Farbfotos, Pappband. ●●●

Waffeln
Hörnchen, Pfannkuchen und Crèpes.
(**0522**-9) Von C. Stephan, 64 S., 8 Farbtafeln, kartoniert. ●

Waffeln
(**1296**-9) Hrsg. L. Steiger, 64 S., 73 Farbfotos, kartoniert. ●

Mehr Freude und Erfolg beim
Brotbacken
(**4148**-9) Von A. und G. Eckert, 160 S., 177 Farbfotos, Pappband. ●●●●

Meine Vollkornbackstube
Brot · Kuchen · Aufläufe. (**0616**-0) Von R. Raffelt, 96 S., 4 Farbtafeln, 12 Zeichnungen, kartoniert. ●

Meine Weihnachtsbackstube
(**5163**-8) Von M. Sauerborn, 32 S., 23 Farbfotos, mit Vorlagebogen in Originalgröße, kartoniert. ●

Mit Honig, Nuß und Mandelkern
Weihnachtsplätzchen
(**1287**-X) Von H. Jaacks, 64 S., 48 Farbf., Pappband. ●●

Backen ohne Zucker
(**1234**-9) Von H. Erkelenz, 80 S., 8 Farbtafeln, kart. ●

Süße Verführungen **Desserts**
(**0885**-6) Von M. Bacher, 64 S., 75 Farbfotos, Pappband. ●

Süße Geheimnisse eiskalt gelüftet
Eis und Sorbets
(**0870**-8) Von H. W. Liebheit, 48 S., 38 Farbfotos, Pappband. ●●

Raffiniertes mit
Eis
Drinks/Desserts/Eissorten
(**1029**-X) Von F. Hoffmann, 64 S., 74 Farbfotos, Pappband. ●●

Haltbarmachen in der Öko-Küche
Gesunde Konservierungsmethoden für Obst, Gemüse, Kräuter und Pilze. (**0923**-2) Von M. Bustorf-Hirsch, 120 S., 92 Farbabbildungen, kartoniert. ●●

Komm, koch und back mit mir
Kunterbuntes Kochvergnügen für Kinder. (**4285**-X) Von S. und H. Theilig, illustriert von B. v. Hayek, 112 S., 45 Farbabb., Pappband. ●●

Lieblingsgerichte für Kinder
Kerngesund und kunterbunt
(**4497**-6) Von G. Righi-Spanfellner, 112 S., 27 Farbzeichnungen, Pappband. ●●●

Lirum, larum, Löffelstiel...
Kinder kochen mit Knuddel
(**1094**-X) Von U. Bültjer, 80 S., 27 zweifarbige Zeichnungen, kartoniert. ●

Backe, backe Kuchen...
Kinder backen mit Knuddel
(**1301**-9) Von U. Bültjer, 64 S., 34 Farbf., 60 Farbzeichn., kartoniert. ●

Mit Lust und Liebe
Garnieren und Verzieren
Dekoratives zu vielen Anlässen
(**4496**-8) Von M. Müller, E. Pratsch, H. Krieg, 160 S., ca. 100 Farbfotos, Pappband. ●●●●

Mit Lust und Liebe **Kalte Platten & Buffets**
Anrichten und Garnieren
(**4427**-5) Von P. Grotz, 176 S., 228 Farbfotos, Pappband. ●●●●

Garnieren und Verzieren
(**4236**-1) Von R. Biller, 160 S., 329 Farbfotos, 57 Zeichnungen, Pappband. ●●●●

Köstlichkeiten für Gäste und Feste
Kalte Platten
(**4200**-0) Von I. Pfliegner, 160 S., 130 Farbfotos, Pappband. ●●●●

Wenn Gäste kommen...
Kalte Küche
(**1060**-5) Von A. Ilies, 64 S., 49 Farbfotos, Pappband. ●

Raffiniert und vielseitig
Toasts und Sandwiches
(**1109**-1) Von R. und T. Donhauser, 64 S., 52 Farbfotos, Pappband. ●●

Sandwichtoasts
(**1331**-0) Von F. Faist, 64 S., ca. 50 Farbfotos, kartoniert. ●

Quiches, Tartes
und andere pikante Kuchen
(**1407**-4) Hrsg. I. Teitge, 64 S., ca. 50 Farbfotos, kartoniert. ●

freundin
Snacks
(**4521**-2) Von V. Müller, 80 S., 87 Farbfotos, Pappband.●●●

Raffiniert kombiniert, schön dekoriert
Käseplatten
(**1192**-X) Von S. Carlsson, 64 S., 57 Farbfotos, Pappband.●●

Festlich kochen und Backen
für Advent und Weihnachten
(**4443**-7) Von A. Guter, 96 S., 66 Farbfotos, 1 s/w-Foto, Pappband. ●●●

FALKEN
Festival der schön gedeckten Tische
(**4738**-X) Von A. F. Endress, ca. 202 S., ca. 80 Farbfotos, 4 Ausklapptafeln, Pappband. ●●●●

Der perfekt gedeckte Tisch
(**1028**-1) Von H. Tapper, 80 S., 161 Farbfotos, 13 Zeichnungen, kartoniert. ●●

Der schön gedeckte Tisch
Vom einfachen Gedeck bis zur Festtafel stimmungsvoll und perfekt arrangiert.
(**4246**-1) Von H. Tapper, 112 S., 206 Farbfotos, 21 s/w-Abbildungen, Pappband. ●●●

Servietten falten
80 Ideen für schön gedeckte Tische
(**1042**-7) Von M. Müller, O. Mikolasek, 80 S., 289 Farbfotos, 50 Zeichnungen, kart. ●●

Phantasievolle Tischdekorationen selber machen
(**0984**-4) Von Y. Thalheim, H. Nadolny, 80 S., 174 Farbfotos, 21 Zeichnungen, kart. ●●

Servietten dekorativ falten
Geschmackvolle Anregungen aus Stoff und Papier. (**0804**-X) Von H. Tapper, 32 S., 134 Farbfotos, Pappband. ●

Weine und Säfte, Liköre und Sekt
selbstgemacht.
(**0702**-7) Von P. Arauner, 232 S., 76 Abb., kartoniert. ●●●

Was Weinfreunde wissen wollen
Fragen und Antworten rund um den Wein
(**1224**-1) Von Prof. Dr. K. Röder, H.-G. Dörr, ca. 224 S., kartoniert. ●●

FALKEN Mixbuch
(**4733**-9) Hrsg. P. Bohrmann, 560 S., 227 Farbfotos, Pappband. ●●●

Vitamindrinks
(**1408**-2) Von H. Reith, W. Hubert, 64 S., ca. 50 Farbfotos, kartoniert. ●

Köstlich, cremig, sahnig, frisch
Mixen mit Milch
(**1151**-2) Von S. Carlsson, 64 S., 45 Farbfotos, Pappband. ●

Cocktails und Drinks
(**1292**-6) Hrsg. S. Kieslich, 64 S., 70 Farbfotos, kartoniert. ●

Fruchtig, spritzig, eisgekühlt
Mixen ohne Alkohol
(**0935**-6) Von S. Späth, 64 S., 44 Farbfotos, Pappband. ●●

Longdrinks
(**1345**-0) Hrsg. E. Meyer zu Stieghorst, 64 S., ca. 50 Farbfotos, kartoniert. ●

Light Drinks
Mixen mit und ohne Alkohol
(**1222**-5) Von S. Edelberg, Heike Reith, 64 S., 48 Farbfotos, Pappband. ●●

Cocktails
(**4267**-1) Von W. R. Hoffmann, W. Hubert, U. Lottring, 160 S., 164 Farbfotos, 1 s/w-Foto, Pappband. ●●●●

Cocktails und Mixereien
für häusliche Feste und Feiern. (**0075**-8) Von J. Walker, 96 S., 4 Farbtafeln, kart. ●

Schlank werden nach Dr. Hay **Trennkost**
Die bewährten Vollwert-Rezepte von Ursula Summ. (**4298**-1) Von U. Summ, 96 S., 54 Farbfotos, 1 Zeichnung, kart. ●●

Das große Buch der Trennkost
Neue Rezepte von Ursula Summ
(**4498**-4) Von U. Summ, 144 S., ca. 100 Farbfotos, Pappband. ●●●

Gesund leben nach Dr. Hay
Cholesterinarme Trennkost
Neue Vollwert-Rezepte von Ursula Summ
(**4475**-5) Von U. Summ, 96 S., 52 Farbfotos, kartoniert. ●●

Die neue Trennkost
(**4685**-5) Von U. Summ, 96 S., ca. 100 Farbfotos, kartoniert. ●●●

Schlank nach Maß
mit der Diät-Computerwaage
(**1064**-8) Von K. Alisch, 104 S., 8 Farbtafeln, kartoniert. ●

Gesundes Essen für Berufstätige
Die 4-Wochen-Vollwertkur (**1065**-6) Von M. Weber, ca. 80 S., 8 Farbtafeln, kart. ●

Garten und Tiere

FALKEN Gartenjahr
(**4730**-4) Von K. Greiner, A. Weber, P. Michaeli-Achmühle, 320 S., 380 Farbabbildungen, Pappband. ●●●●

Garten heute
Der moderne Ratgeber · Über 1000 Farbbilder. (**4283**-3) Von H. Jantra, 384 S., über 1000 Farbabb., Pappband. ●●●●

Helmut Jantras Gartenbuch
Obst · Gemüse · Blumen
(**4522**-0) Von H. Jantra, 200 S., 395 Farbfotos, 123 Farbzeichnungen, 25 Tabellen, Pappband. ●●

1000 ganz bewährte Garten-Tips
(**4453**-4) Von H. Jantra, 320 S., 288 zweifbg. und 62 s/w-Zeichn., , Pappband. ●●●

Obst, Gemüse, Blumen, Gras
Gärtnern macht den Kindern Spaß
(**4517**-4) Von U. Krüger, 95 S., 85 Farbfotos, 180 Farbzeichznungen, Pappband. ●●

Rosen
(**4692**-8) Von H. Steinhauer, ca. 144 S., zahlr. Farbabb., Pappband. ●●●●●

Rosen
Auswahl · Pflege · Gestaltung
(**1183**-0) Von H. Jantra, 120 S., 200 Farbfotos, 20 Farbzeichnungen, 8 Bepflanzungspläne, kartoniert. ●●

Bunte Pracht der Stauden
Auswahl · Pflege · Gestaltung
(**1376**-0) Von H. Jantra, ca. 112 S., ca. 140 Farbabb., kartoniert. ●●●

Erfolgstips für den Obstgarten
Gesunde Früchte durch richtige Sortenwahl und Pflege
(**0827**-9) Von F. Mühl, 184 S., 16 Farbtafeln, 33 Zeichnungen, kartoniert. ●●

Erfolgstips für den Gemüsegarten
Mit naturgemäßem Anbau zu höherem Ertrag. (**0674**-8) Von F. Mühl, 80 S., 30 s/w-Fotos, 4 Zeichnungen, kartoniert. ●●

Obstgehölze sachgemäß schneiden
(**1127**-X) Von P. G. Wilhelm, 136 S., 8 s/w-Abb., 367 Zeichnungen, kart. ●●

Kompost im Hausgarten
herstellen und anwenden
(**1258**-6) Von H. Abels, J. Jöstingmeier, ca. 30 zweifarbige Zeichnungen, kart. ●

Der naturgemäße Zier- und Wohngarten
Anlegen · Gestalten · Pflegen
(**0748**-5) Von I. Gabriel, 128 S., 72 Farbfotos, 46 Farbzeichnungen, kartoniert. ●●

Natürlich gärtnern unter Glas und Folie
Anbauen und ernten rund ums Jahr
(**0722**-1) Von I. Gabriel, 128 S., 62 Farbfotos, 45 Farbzeichnungen, kartoniert. ●●

Schneckenbekämpfung
giftfrei und naturgemäß
(**1378**-7) Von B. Meyer, Y. Thalheim, 64 S., 25 s/w-Zeichnungen, 8 Farbtafeln, kartoniert. ●●

Dekorative Kübelpflanzen
Auswahl und Pflege
(**1074**-5) Von H. Jantra, 112 S., 180 Farbfotos, 35 Farbzeichnungen, kartoniert. ●●

Blütenpracht auf Balkon und Terrasse
(**0928**-3) Von M. Haberer, 88 S., 139 Farbfotos, kartoniert. ●●

Moderne Gartengestaltung
(**1255**-1) Von K. Greiner, A. Weber, 128 S., mit Rasterbogen und Planelementen zum Ausschneiden, ca. 120 Farbfotos, ca. 20 vierfarbige Pläne, kart. ●●●

Gestaltungsideen für
Schöne Gärten
(**4482**-8) Von H. Jantra, 168 S., 309 Farbfotos, 3 s/w-Fotos, , Pappband. ●●●●●

Der pflegeleichte Hausgarten
(**1170**-9) Von H. Jantra, 112 S., vierfarbige Abb., kart. ●●

Schöne Kräutergärten
(**1256**-X) Von H. Jantra, 112 S., vierfarbige Abb., kart. ●●

Kleingärten
Planen · Anlegen · Pflegen
(**1015**-X) Von H. Jantra, 88 S., 123 Farbfotos, 1 s/w-Foto, 14 Farbzeichnungen, , kart. ●●

Reihenhausgärten
Planen · Anlegen · Pflegen
(**1016**-8) Von H. Jantra, 104 S., 134 Farbfotos, 45 Farbzeichnungen, kart. ●●

Kletterpflanzen
Mit Sonderteil Dachbegrünung
(**4546**-8) Von U. Mehl, K. Werk, 128 S., ca. 150 Farbfotos, farbige und s/w-Zeichnungen, Pappband. ●●●●●

Steingärten Wirkungsvoll gestalten und sachgerecht pflegen
(**4452**-6) Von A. Throll-Keller, 128 S., 203 Farbf., 56 Farbzeichn., Pappband. ●●●●

Gartenteiche, Tümpel und Weiher
naturnah anlegen und pflegen
(**1073**-7) Von Dr. F. Liedl, H. Goos, 80 S., 87 Farbfotos, 39 Farbzeichnungen, kart. ●●

Wasser im Garten
Von der Vogeltränke zum Naturteich · Natürliche Lebensräume selbst gestalten.
(**4230**-2) Von H. Hendel, P. Keßeler, 240 S., 315 Farbabb., 11 s/w-Fotos, Pappband. ●●●●●

Pflanzen und Tiere für den Gartenteich
(**1171**-7) Von W. Costa, 128 S., 169 Farbfotos, 40 Farbzeichnungen, 8 Bepflanzungspläne, kartoniert. ●●

Wintergärten
Das Erlebnis, mit der Natur zu wohnen. Planen, Bauen und Gestalten.
(**4256**-6) Von LOG ID, 136 S., 130 Farbfotos, 107 Zeichnungen, Pappband. ●●●●●

Rund ums Jahr erfolgreich gärtnern
Gewächshäuser
planen · bauen · einrichten · nutzen
(**4408**-9) Von Dr. G. Schoser, J. Wolff, 232 S., 368 Farbabb., 5 s/w-Fotos, Pappband. ●●●●●

Das moderne Handbuch **Zimmerpflanzen**
(**4416**-X) Von H. Jantra, 304 S., 766 Farbfotos, 64 Farb- und 19 s/w-Zeichnungen, Pappband. ●●●●

365 Erfolgstips für schöne Zimmerpflanzen
(**0893**-7) Von H. Jantra, 144 S., 215 Farbfotos, kartoniert. ●●

Dekorative Blattpflanzen
Auswahl und Pflege
(**1128**-8) Von H. Jantra, 128 S., 198 Farbfotos, 20 Farbzeichnungen, kartoniert. ●●

Prof. Stelzers grüne Sprechstunde
Gesunde Zimmerpflanzen
Krankheiten erkennen und behandeln. Mit neuem Diagnosesystem.
(**4274**-4) Von Prof. Dr. G. Stelzer, 192 S., 410 Farbfotos, 10 s/w-Zeichn., Pappband. ●●●●

Hydrokultur
Pflanzen ohne Erde – mühelos gepflegt.
(**0944**-5) Von H.-A. Rotter, 144 S., 167 Farbfotos, 13 Farbzeichnungen, kart. ●●

Gesunde Pflanzen in
Hydrokultur
(**1257**-8) Von H.-A. Rotter, 80 S., ca. 60 s/w-Zeichnungen, 8 Farbtafeln, kart. ●

Bonsai Japanische Miniaturbäume und Miniaturlandschaften. Anzucht, Gestaltung und Pflege.
(**4091**-1) Von B. Lesniewicz, 160 S., 106 Farbfotos, 46 s/w-Fotos, 115 Zeichnungen, gebunden. ●●●●●

Kakteen
Auswahl · Pflege · Vermehrung
(**1429**-5) Von G. Andersohn, ca. 120 S., zahlr. Farbabb., kartoniert. ●●●

Grzimek Juniors **BUNTE TIERWELT**
(**4295**-7) Von Chr. Grzimek, 208 S., 308 Farbfotos, Pappband. ●●●●

Hunde
Rassen · Ausbildung · Pflege · Zucht
(**4118**-7) Von H. Bielfeld, 192 S., 222 Farb- und 73 s/w-Abb., Pappband. ●●●●

Das neue Hundebuch
Rassen · Aufzucht · Pflege (**0009**-X) Von W. Busack, überarbeitet von Dr. med. vet. A. H. Hacker und H. Bielfeld, 112 S., 8 Farbtafeln, 27 s/w-Fotos, 6 Zeichnungen, kartoniert. ●

Alles über Dackel, Teckel und Dachshunde
(**1079**-6) Von M. Wein-Gysae, 80 S., 46 Farbfotos, 2 zweifarbige Zeichnungen, kart. ●●

Hundeausbildung
Verhalten · Gehorsam · Ausbildung
(**0346**-3) Von R. Menzel, 88 S., 26 Fotos, kartoniert. ●

Grundausbildung für Gebrauchshunde
Schäferhund, Boxer, Rottweiler, Dobermann, Riesenschnauzer, Airedaleterrier, Hovawart und Bouvier.
(**0801**-5) Von M. Schmidt und W. Koch. 104 S., 8 Farbtafeln, 51 s/w-Fotos, 5 s/w-Zeichnungen, kartoniert. ●●

Der Hund in der Familie
(**1014**-1) Von J. Werner, 128 S., 106 Farbfotos, kartoniert. ●●

Der Deutsche Schäferhund
(**1091**-5) Von U. Förster, 112 S., 47 Farbzeichnungen, 2 s/w-Fotos, kartoniert. ●●

Der Deutsche Schäferhund
Aufzucht · Pflege und Ausbildung
(**0073**-1) Von A. Hacker, 104 S., 56 Abbildungen, kartoniert. ●

Alles über junge Hunde
(**0863**-5) Von Dr. med. vet. E. M. Bartenschlager, 64 S., 49 Farbfotos, 6 Zeichnungen, kartoniert. ●●

Richtige Hundeernährung
(**0811**-2) Von Dr. med. vet. E. M. Bartenschlager, 80 S., 51 Farbf., 4 Farbzeichn, kart. ●●

Hundekrankheiten
(**1077**-X) Von Dr. med. vet. R. Spangenberg, 96 S., 44 Farb- und 1 s/w-Foto, 22 Farbzeichnungen, kartoniert. ●●

Von Ajax bis Zamperl
Die beliebtesten Hunde-Namen
(**1174**-1) Von H.-J. Schließke, ca. 80 S., kart. ●

Die Katze in der Familie
(**1076**-1) Von U. Birr, 128 S., zahlr. Farbabb., kartoniert. ●●

Katzen
Rassen · Verhalten · Pflege · Zucht
(**4158**-6) Von B. Gerber, 176 S., 294 Farb- und 88 s/w-Fotos, Pappband. ●●●●

Das neue Katzenbuch
Rassen · Aufzucht · Pflege.
(**0427**-3) Von B. Eilert-Overbeck, 120 S., 14 Farbfotos, 26 s/w-Fotos, kartoniert. ●

Katzenkrankheiten
erkennen und behandeln
(**1078**-8) Von Dr. med. vet. R. Spangenberg, 104 S., 40 Farbfotos und 11 Farbzeichnungen, kartoniert. ●●

Junge Katzen
(**0862**-7) Von Dr. med. vet. E. M. Bartenschlager, 72 S., 40 Farbfotos, 4 Farbzeichnungen, kartoniert. ●●

Pferde
(**4186**-1) Von H. Werner, 176 S., 196 Farb- und 50 s/w-Fotos, 100 Zeichnungen, Pappband. ●●●●

Reiten im Bild
(**0415**-X) Von H. Werner, 128 S., 142 Farbfotos, 107 Farbzeichnungen, kartoniert. ●●

Der Hobby-Imker
(**0978**-X) Von Dr. R. F. A. Moritz, 144 S., 106 zweifarbige Zeichnungen, kartoniert. ●●

Geflügelhaltung als Hobby
(**0749**-3) Von M. Baumeister, H. Meyer, 184 S., 8 Farbtafeln, 47 s/w-Fotos, 15 zweifarbige Zeichnungen, kartoniert. ●●●

Sittiche und kleine Papageien
(**0864**-3) Von Dr. med. vet. E. M. Bartenschlager, 88 S., 84 Farbfotos, 9 Zeichnungen, kartoniert. ●●

Alles über Großsittiche
(**1320**-5) Von H. Bielfeld, 88 S., 88 Farbfotos, 3 Farbzeichnungen, kart. ●●

Alles über Wellensittiche
(**1129**-6) Von H. Bielfeld, 64 S., 53 Farbfotos, 3 Zeichnungen, kartoniert. ●●

Alles über Kanarienvögel
(**0901**-1) Von H. Schnoor, 64 S., 58 Farbfotos und Zeichnungen, kartoniert. ●●

Die Tiersprechstunde
Artgerechte Vogelfütterung im Winter
(**0908**-9) Von Dr. W. Keil, 64 S., 51 Farbfotos und Zeichnungen, kartoniert. ●

Elternlose Jungvögel
Erste Hilfe · Aufzucht · Auswilderung
(**1319**-1) Von I. Polaschek, 80 S., 80 Farbfotos, 5 Farbzeichnungen, kart. ●●

Diskusfische
Arten · Haltung · Pflege
(**1432**-5) Von H. Hirsch, 60 S., ca. 50 Farbfotos, kartoniert. ●●

Süßwasser-Aquarium
(**4191**-8) Von H. J. Mayland, 288 S., 564 Farbfotos, 75 Zeichnungen, Pappband. ●●●●●

Die Tiersprechstunde
Gesunde Fische im Süßwasseraquarium
(**1013**-3) Von H. J. Mayland, 96 S., 73 Farbfotos, 10 Zeichnungen, kartoniert. ●●

Alles über Zwerg- und Goldhamster
(**1012**-5) Von M. Mettler, 96 S., 96 Farbfotos, kartoniert. ●●

Alles über Chinchillas und Degus
(**1130**-X) Von M. Mettler, 96 S., 80 Farbfotos, 3 Zeichnungen, kartoniert. ●●

Alles über Meerschweinchen
(**0809**-0) Von Dr. med. vet. E. M. Bartenschlager, 72 S., 43 Farbfotos, 11 Farbzeichnungen, kartoniert. ●●

Alles über Zwergkaninchen
(**1075**-3) Von M. Mettler,. 64 S., 52 Farbfotos, kartoniert. ●●

Alles über Rennmäuse
(**1318**-3) Von M. Mettler, 80 S., 74 Vignetten, kart. ●●

Sport und Fitneß

Neue Lehrmethoden der Judo-Praxis
(**0424**-9) Von P. Herrmann, 223 S., 475 Abb., kartoniert. ●●

Judo perfekt 1
(**1249**-7) Von K. Fuchs, 128 S., kart. ●●

Fußwürfe
für Judo, Karate und Selbstverteidigung.
(**0439**-7) Von H. Nishioka, übers. von H. J. Heese, 96 S., 260 Abb., kart. ●●

Karate 1
zur Selbstverteidigung
(**1312**-4) Von M. Nakayama, 96 S., 315 s/w-Fotos, 5 Zeichn., kart. ●●

Karate 2
zur Selbstverteidigung
(**1362**-0) Von M. Nakayama, 96 S., 245 s/w-Fotos, kart. ●●

Nakayamas Karate perfekt 1
Einführung.
(**0487**-7) Von M. Nakayama, 136 S., 605 s/w-Fotos, kart. ●●

Nakayamas Karate perfekt 2
Grundtechniken.
(**0512**-1) Von M. Nakayama, 136 S., 354 s/w-Fotos, 53 Zeichnungen, kart. ●●

Nakayamas Karate perfekt 3
Kumite 1: Kampfübungen.
(**0538**-5) Von M. Nakayama, 128 S., 424 s/w-Fotos, kart. ●●

Nakayamas Karate perfekt 4
Kumite 2: Kampfübungen.
(**0547**-4) Von M. Nakayama, 128 S., 394 s/w-Fotos, kart. ●●

Nakayamas Karate perfekt 5
Kata 1: Heian, Tekki.
(**0571**-7) Von M. Nakayama, 144 S., 1229 s/w-Fotos, kart. ●●

Nakayamas Karate perfekt 6
Kata 2: Bassai-Dai, Kanku-Dai.
(**0600**-4) Von M. Nakayama, 144 S., 1300 s/w-Fotos, 107 Zeichnungen, kart. ●●

Nakayamas Karate perfekt 7
Kata 3: Jitte, Hangetsu, Empi.
(**0618**-7) Von M. Nakayama, 144 S., 1988 s/w-Fotos, 105 Zeichnungen, kart. ●●

Nakayamas Karate perfekt 8
Gankaku, Jion.
(**0650**-0) Von M. Nakayama, 144 S., 1174 s/w-Fotos, 99 Zeichnungen, kart. ●●

Karate
(**2308**-1) Von A. Pflüger, 96 S., 134 Farbfotos, 4 s/w-Zeichnungen, kart. ●●

Bo-Karate
Habo-Jitsu – die Techniken des Stockkampfes.
(**0447**-8) Von G. Stiebler, 176 S., 424 s/w-Fotos, 38 Zeichnungen, kart. ●●

Karate 1
Einführung · Grundtechniken.
(**0227**-0) Von A. Pflüger, 144 S., 195 s/w-Fotos, 120 Zeichnungen, kart. ●

Karate 2
Kombinationstechniken · Katas.
(**0239**-4) Von A. Pflüger, 176 S., 452 s/w-Fotos und Zeichnungen, kart. ●●

Karate Kata 1
Heian 1–5, Tekki 1, Bassai-Dai.
(**0683**-7) Von W.-D. Wichmann, 164 S., 703 s/w-Fotos, kart. ●●

Karate Kata 2
Jion, Empi, Kanku-Dai, Hangetsu.
(**0723**-X) Von W.-D. Wichmann, 140 S., 661 s/w-Fotos, 4 Zeichnungen, kart. ●●

Karate Kata 3
Bassai Sho, Kanku Sho, Nijushiho, Sochin.
(**1120**-2) Von W.-D. Wichmann, 144 S., 598 s/w-Fotos, 4 Grafiken, kart. ●●

Dragon – der Drache
Die Bruce-Lee-Story
(**1415**-5) Von L. Lee, ca. 192 S., zahlr. s/w-Abb., kartoniert. ●●●

Bruce Lees Kampfstil 1
Grundtechniken
(**0473**-7) Von B. Lee, M. Uyehara, 109 S., 220 Abb., kart. ●

Bruce Lees Kampfstil 2
Selbstverteidigungs-Techniken
(**0486**-9) Von B. Lee, M. Uyehara, 128 S., 310 Abb., kart. ●

Bruce Lees Kampfstil 3
Trainingslehre
(**0503**-2) Von B. Lee, M. Uyehara, 112 S., 246 Abb., kart. ●

Bruce Lees Kampfstil 4
Kampftechniken
(**0532**-7) Von B. Lee, M. Uyehara, 104 S., 211 Abb., kart. ●

Bruce Lee Kung-Fu
zur Selbstverteidigung
(**1399**-X) Von B. Lee, 104 S., 120 s/w-Abb., kartoniert. ●●

Shaolin Kung-Fu 1
Grundlagen chinesischer Kampfkunst
(**1363**-9) Von C. D. Yao, R. Fassi, 124 S., 207 s/w-Fotos, 30 s/w-Zeichnungen, kartoniert. ●●●

Shaolin Kung-Fu 2
Kampftechniken für Angriff und Abwehr
(**1416**-3) Von C. D. Yao, R. Fassi, ca. 144 S., ca. 600 s/w-Abb., kartoniert. ●●

Kung-Fu 1
Legende · Philosophie · Grundtechniken
(**0891**-0) Von Chr. Yim, 152 S., 401 s/w-Fotos, 2 s/w-Zeichnungen, kart. ●●

Kung-Fu und Thai-Chi
Grundlagen und Bewegungsabläufe
(**0367**-6) Von B. Tegner, 182 S., 370 s/w-Fotos, kart. ●●

Kung Fu
Theorie und Praxis klassischer und moderner Stile
(**0376**-5) Von M. Pabst, 160 S., 330 Abbildungen, kartoniert. ●●

Bruce Lees Jeet Kune Do
(**0440**-0) Von B. Lee, 192 S., mit 105 eigenhändigen Zeichnungen von B. Lee, kartoniert. ●●

Shaolin-Kempo – Kung-Fu
Chinesisches Karate im Drachenstil.
(**0395**-1) Von R. Czerni, K. Konrad, 246 S., 723 Abb., kart. ●●

Kickboxen
Fitneßtraining und Wettkampfsport.
(**0795**-7) Von G. Lemmens, 96 S., 208 s/w-Fotos, 23 Zeichnungen, kart. ●●

Ninja 1
Die Lehre der Schattenkämpfer.
(**0758**-2) Von S. K. Hayes, übers. von J. Schmit, 144 S., 137 s/w-Fotos, kartoniert. ●●

Ninja 2
Die Wege zum Shoshin.
(**0763**-9) Von S. K. Hayes, übers. von J. Schmit, 160 S., 309 s/w-Fotos, 2 Zeichnungen, kartoniert. ●●

Ninja 3
Der Pfad des Togakure-Kämpfers.
(**0764**-7) Von S. K. Hayes, übers. von J. Schmit, 144 S., 197 s/w-Fotos, 2 Zeichnungen, kartoniert. ●●

Ninja 4
Das Vermächtnis der Schattenkämpfer.
(**0807**-4) Von S. K. Hayes, übers. von J. Schmit, 196 S., 466 s/w-Fotos, kart. ●●

Taekwondo perfekt 1
Die Formenschule bis zum Blaugurt.
(**0890**-2) Von K. Gil, Kim Chul-Hwan, 176 S., 439 s/w-Fotos, 107 Zeichnungen, kart. ●●

Taekwondo perfekt 2
Die Formenschule vom Blau- bis zum Schwarzgurt.
(**0976**-3) Von K. Gil, K. Chul-Hwan, 192 S., 461 s/w-Fotos, 112 Zeichnungen, kart. ●●

Taekwondo perfekt 3
(**1068**-0) Von K. Gil, K. Chul-Hwan, 200 S., 429 s/w-Fotos, kartoniert. ●●●

Taekwondo perfekt 4
(**1250**-0) Von K. Gil, 160 S., zahlreiche s/w-Fotos und Schrittdiagramme, 17 Übungstafeln zum Herausnehmen, kart. ●●●

Ju-Jutsu 1
Grundtechniken · Moderne Selbstverteidigung.
(**0276**-9) Von W. Heim, F. J. Gresch, 164 S., 450 s/w-Fotos, 8 Zeichn., kartoniert. ●

Ju-Jutsu 2
für Fortgeschrittene und Meister.
(**0378**-1) Von W. Heim, F. J. Gresch, 160 S., 798 s/w-Fotos, kartoniert. ●●

Ju-Jutsu 3
Spezial-, Gegen- und Weiterführungs-Techniken · Stockkampfkunst.
(**0485**-0) Von W. Heim, F. J. Gresch, 200 S., über 600 s/w-Fotos, kartoniert. ●●

Aikido
Lehren und Techniken des harmonischen Weges.
(**0537**-7) Von R. Brand, 280 S., 697 Abb., kartoniert. ●●

Hap Ki Do
Koreanische Selbstverteidigung nach dem Lehrsystem des Großmeisters.
(**0379**-X) Von Kim Sou Bong, 112 S., 152 Abb., kartoniert. ●●

Dynamische Tritte
Grundlagen für den Zweikampf.
(**0438**-9) Von C. Lee, 96 S., 398 s/w-Fotos, 10 Zeichnungen, kart. ●●

Super-Tritte
(**1248**-9) Von W. Wallace, 136 S., kart. ●●

Selbstverteidigung
Abwehrtechniken für Sie und Ihn.
(**0853**-8) Von E. Deser, 96 S., 259 s/w-Fotos, kartoniert. ●

Die Faszination athletischer Körper
Bodybuilding
mit Weltmeister Ralf Möller.
(**4281**-7) Von R. Möller, 128 S., 169 Farbfotos, 14 s/w-Fotos, 1 Farbzeichnung, Pappband. ●●●●

Ladyfitneß
Das neue Körperbewußtsein der Frau
Bodyshaping · Körperpflege · Ernährung · Entspannung
(**4433**-X) Von Prof. Dr. S. Starischka, B. Grabis, D. von Cramm, G. W. Kienitz, 128 S., 227 Farbfotos, Pappband. ●●●●

Bodybuilding für Frauen
Wege zu Ihrer Idealfigur
(**0661**-6) Von H. Schulz, 112 S., 84 s/w-Fotos, 4 Zeichnungen, kart. ●

Bodybuilding
Anleitung zum Muskel- und Konditionstraining für sie und ihn
(**0604**-7) Von R. Smolana, 160 S., 171 s/w-Fotos, kartoniert. ●●

Bodybuilding
(**2314**-6) Von L. Spitz, 112 S., 203 Farbabbildungen, 10 Tabellen. ●●

Leistungsfähiger durch Krafttraining
Eine Anleitung für Fitness-Sportler, Trainer und Athleten.
(**0617**-9) Von W. Kieser, 96 S., 20 s/w-Fotos, 62 Zeichnungen, kart. ●

Krafttraining
Wirbelsäulengerechte Übungen an und mit Geräten
(**1309**-4) Von A. Balk, 48 S., 8 Bildtafeln, Spiralbindung. ●●●

Muskeltraining mit Hanteln
Leistungssteigerung für Sport und Fitneß
(**0676**-4) Von H. Schulz, 104 S., 92 s/w-Fotos, 2 Zeichnungen, kartoniert. ●

Ausdauertraining
Einführung und Grundtechniken
(**1396**-5) Von G. Eyting, 32 S., 41 Farbfotos, 21 Farbzeichn., kartoniert. ●●●

Hanteltraining zu Hause
(**0800**-7) Von W. Kieser, 80 S., 71 s/w-Fotos, 4 Zeichnungen, kartoniert. ●

Fit und gesund
Fitneßtraining und Bodybuilding zu Hause. Trainingsprogramme für Ihr Wohlbefinden.
(**0782**-5) Von Prof. Dr. S. Starischka, 80 S., 100 Farbfotos, 3 Zeichnungen, kart. ●●

Optimale Ernährung
für Krafttraining und Bodybuilding.
(**0912**-7) Von B. Dahmen, 88 S., 8 Farbtafeln, 8 Zeichnungen, kart. ●●

Erfolgstraining
Mentale und körperliche Vorbereitung sportlicher Höchstleistungen
(**1162**-8) Von M. Regner, 128 S., 65 s/w-Fotos und Zeichnungen, kartoniert. ●●●

Aufwärmen
Übungen und Programme für Sport und Spiel
(**1311**-6) Von Dr. H. Wolff, 40 S., 8 Bildtafeln, Spiralbindung. ●●●

Fitneßtraining
Empfohlen vom Deutschen Sportbund
(**1245**-4) Von Marianne Schreiber, 32 S., Spiralbindung mit Ausklapptafeln. ●●

Wirbelsäulengymnastik
Empfohlen vom Deutschen Sportbund
(**1246**-2) Von L. Keller, 40 S., Spiralbindung mit Ausklapptafeln. ●●

Stretching
Empfohlen vom Deutschen Sportbund
(**1247**-0) Von A. Balk, 40 S., Spiralbindung mit Ausklapptafeln. ●●

Gesund und fit durch **Konditionstraining und Wirbelsäulengymnastik**
(**0844**-9) Von R. Milser und K. Grafe, 104 S., 99 Farbfotos, 12 Farbzeichnungen, 5 s/w-Zeichnungen, kart. ●●

Isometrisches Training
Übungen für Muskelkraft und Entspannung.
(**0529**-6) Von L. M. Kirsch, 104 S., 150 s/w-Fotos, kartoniert. ●●

Stretching
Mit Dehnungsgymnastik zu Entspannung, Geschmeidigkeit und Wohlbefinden.
(**0717**-5) Von H. Schulz, 80 S., 90 s/w-Fotos, kartoniert. ●

Stretching
(**2304**-9) Von B. Kurz, 96 S., 255 Farbfotos, kartoniert. ●●

Gesund und fit durch Gymnastik
(**0366**-8) Von H. Pilss-Samek, 88 S., 130 Abb., kartoniert. ●

Funktionelles Körpertraining
Grundlagen und Bewegungsprogramme
(**1367**-1) Von A. Balk, 40 S., 100 Farbfotos, kartoniert. ●●●

Spielerisch zur Kondition
Über 100 Trainingsspiele zur Verbesserung von Ausdauer, Schnelligkeit, Kraft und Beweglichkeit
(**1214**-4) Von U. Stumpp, 120 S., 30 Grafiken, kartoniert. ●●●

AOK-Videothek
Top-Form Gymnastik
Ein Bewegungsprogramm für pfundige Leute
(**6144**-7) VHS, ca. 30 Min., in Farbe. ●●●●*

Fit und frisch
Gymnastik für die ganze Familie
(**6501**-9) Von G. Sieber, 104 S., 306 Farbfotos, 5 Farbzeichnungen, kart., mit Audiokassette, Laufzeit 30 Min. ●●●

Sportjahr 93
Rekorde · Siege · Schicksale · Ergebnisse
Mit Sonderteil Leichtathletik-WM (**4690**-1)
Ca. 176 S., zahlr. Farbabb., Pappband. ●●●

Freeclimbing
Technik und Training
(**1251**-9) Von T. Strobl, 144 S., durchgehend vierfarbig, kart. ●●●

Skateboard
Material · Technik · Fahrpraxis
(**1104**-0) Von F. Böhm, M. Rieger, 96 S., 321 Farbabbildungen, kartoniert. ●●●

Fechten
Florett · Degen · Säbel.
(**0449**-4) Von E. Beck, 88 S., 185 Fotos, 10 Zeichnungen, kartoniert. ●●

SportRegeln Volleyball
(**1368**-X) 88 S., 5 Farbtafeln, 19 s/w-Fotos, kartoniert. ●●

Fußball
(**2309**-X) Von H. Obermann, P. Walz, 112 S., 47 Farbfotos, 18 Farb- und 25 s/w-Zeichnungen, kart. ●●

Sepp Maier
Super-Torwart-Training
(**4451**-8) Von S. Maier, 168 S., 30 Farb- und 34 s/w-Fotos, 236 zweifarbige Zeichnungen, Pappband. ●●●

SportRegeln
American Football
(**1165**-2) 136 S., 18 s/w-Fotos, kartoniert. ●

Handball
Technik · Taktik · Regeln.
(**0426**-5) Von F. und P. Hattig, 128 S., 91 s/w-Fotos, 121 Zeichnungen, kart. ●●

Handball
Grundlagen für Training und Spiel
(**2321**-9) Von H.-P. Oppermann, 120 S., 39 Farbtafeln, 12 s/w-Fotos, 108 Farbzeichnungen, kartoniert. ●●

SportRegeln Handball
Die offiziellen Regeln
Wissenswertes von A bis Z
(**1099**-6) 88 S., 32 s/w-Fotos, 14 Zeichnungen, kartoniert. ●

SportRegeln Rugby
Die offiziellen Regeln
Wissenswertes von A bis Z
(**1216**-0) 96 S., zahlr. zweifbg. Abb., kart. ●

Tennis
Technik · Taktik · Regeln.
(**0375**-7) Von W. u. S. Taferner, 112 S., 81 Abb., kartoniert. ●

SportRegeln Tennis
Die offiziellen Regeln
Wissenswertes von A bis Z
(**1097**-4) 88 S., 24 s/w-Fotos, 6 Zeichnungen, kartoniert. ●

Tischtennis-Technik
Der individuelle Weg zu erfolgreichem Spiel.
(**0775**-2) Von M. Perger, 144 S., 296 Abb., kartoniert. ●●

SportRegeln Tischtennis
Die offiziellen Regeln
Wissenswertes von A bis Z (**1252**-7) 96 S., zahlreiche zweifarbige Abb., kart. ●

Badminton
Technik · Taktik · Training.
(**0699**-3) Von K. Fuchs, L. Sologub, 168 S., 51 Abbildungen, kartoniert. ●●

SportRegeln Badminton
(**1101**-6) 84 S., kartoniert.●

Squash
(**2311**-1) Von P. Langhammer, R. Michna, 96 S., 86 Farbfotos, 13 Farbzeichn., kart. ●●

Squash
Ausrüstung · Technik · Regeln
(**0539**-3) Von D. von Horn, H.-D. Stünitz, 96 S., 55 s/w-Fotos, 25 Zeichnungen, kart. ●

SportRegeln Squash
Die offiziellen Regeln
Wissenswertes von A bis Z
(**1100**-8) 64 S., 11 s/w-Fotos, 23 Zeichnungen, kartoniert. ●

Golf
Neue Wege zum erfolgreichen Spiel
(**4509**-3) Von O. Heuler, ca. 144 S., zahlr. Farbabb., Pappband. ●●●●

SportRegeln Golf
(**1315**-9) 96 S., 19 s/w-Fotos, kartoniert. ●

Golf
Ausrüstung und Technik.
(**0343**-9) Von J. C. Jessop, 96 S., 57 Abb., Anhang Golfregeln des DGV, kart. ●

Eishockey
Lauf- und Stocktechnik, Körperspiel, Taktik, Ausrüstung und Regeln.
(**0414**-1) Von J. Capla, 264 S., 548 s/w-Fotos, 163 Zeichnungen, kart. ●●●

SportRegeln Eishockey
(**1098**-2) 116 S., kartoniert.●

Billard
Grundstöße · Viertelbillard und Freie Partie
(**1313**-2) Von Dr. H. Stingel, 112 S., 196 Zeichn., kart., ●●●

Grundlagen für Training und Spiel
Pool-Billard
(**2318**-9) Von B. Pejcic, R. Meyer, 96 S., durchgehend vierfarbig, kart. ●●

Pool-Billard
(**0484**-2) Herausgegeben vom Deutschen Pool-Billard-Bund. Von M.Bach, K.-W. Kühn, 104 S., 64 Abb., kart. ●

FALKEN Video
Reiten
Von der ersten Stunde bis zum Ausritt
(**6097**-1) VHS, ca. 60 Min., in Farbe, mit Begleitheft.●●●●*

Reiten
(**2322**-7) Von T. Eckholt, 128 S., durchgehend vierfarbig, kart. ●●

Tanzstunde
Das Welttanzprogramm leicht gelernt
(**4409**-2) Von G. Hädrich, 164 S., 489 s/w-Fotos, 63 Zeichnungen, Pappband. ●●●

Wir lernen Tanzen
(**0200**-9) Von E. Fern, 152 S., 119 s/w-Fotos, 47 Zeichnungen, kartoniert. ●●

Anmutig und fit durch
Bauchtanz
(**0911**-9) Von Marta, 120 S., 229 Farbfotos, 6 s/w-Zeichnungen, kartoniert. ●●●

Sporttauchen
Theorie und Praxis des Gerätetauchens
(**0647**-0) Von S. Müßig, 144 S., 8 Farbtafeln, 35 s/w-Fotos, 89 Zeichnungen, kart. ●●

Fit mit Sporttauchen
(**2320**-0) Von Dr. F. Naglschmid, 112 S., 71 Farbfotos, 21 Zeichnungen, kart. ●●

Angelfischerei von Aal bis Zander
Fische · Geräte · Technik.
(**0324**-2) Von H. Oppel, 72 S., 16 Farbtafeln, 49 s/w-Abb., kartoniert. ●●

Angeln
Kleine Fibel für den Sportfischer.
(**0198**-3) Von E. Bondick, 80 S., 4 Farbtafeln, 116 Abbildungen, kartoniert. ●

Fit mit Surfen
(**2317**-3) Von H. Mönster, K.-H. Eden, B. Bohr, 104 S., 110 Farbfotos, 23 s/w-Zeichnungen, kartoniert. ●●

Skifitneß
Konditionstraining und Skigymnastik für Piste und Loipe
(**1418**-X) Von G. Stangassinger, ca. 40 S., ca. 8 Bildtafeln, kartoniert. ●●●

Snowboarding
Ausrüstung · Fahrtechnik · Wettkämpfe
Videokassette (**6139**-0) VHS, ca. 45 Min., in Farbe. ●●●●*

Fibel für Kegelfreunde
Sport- und Freizeitkegeln · Bowling
(**0191**-6) Von G. Bocsai, 72 S., 62 Abb., kart. ●

111spannende Kegelspiele
(**2031**-7) Von H. Regulski, 80 S., 53 Zeichnungen, kartoniert. ●

Beliebte und neue
Kegelspiele
(**0271**-8) Von H. Regulski, 92 S., 62 Abbildungen, kartoniert. ●

Mensch und Gesundheit

Der moderne Ratgeber
Wir werden Eltern
Schwangerschaft · Geburt · Erziehung des Kleinkindes.
(**4269**-8) Von B. Nees-Delaval, 376 S., 335 2-farbige Abb., Pappband. ●●●●

Ich freue mich auf mein Baby
Ratgeber und Tagebuch für die Schwangerschaft
(**4711**-8) Von E. Portz-Schmitt, 184 S., 18 Farbfotos, 72 Farbzeichn., Pappband. ●●●●

Ich bekomme ein Baby
Wegweiser für Schwangerschaft und Geburt
(**1254**-3) Von B. Nees-Delaval, 144 S., durchgehend zweifarbig, kart. ●●

Wenn der Mensch zum Vater wird
Ein heiter-besinnlicher Ratgeber
(**4259**-0) Von D. Zimmer, 160 S., 20 Zeichnungen, Pappband. ●●●

AOK Bibliothek
Schwangerschaftsgymnastik und Geburtsvorbereitung
(**1423**-6) Von L. Keller, ca. 112 S., zahlr. Farbabb., kartoniert. ●●●

Vorbereitung auf die Geburt und
Schwangerschaftsgymnastik
Atmung, Rückbildungsgymnastik,
(**0251**-3) Von S. Buchholz, 112 S., 98 s/w-Fotos, kartoniert. ●

Die Kunst des Stillens
nach neuesten Erkenntnissen (**0701**-9) Von Prof. Dr. med. E. Schmidt, S. Brunn, 112 S., 20 Fotos und Zeichnungen, kart. ●

Das Babybuch
Pflege · Ernährung · Entwicklung
(**0531**-8) Von A. Burkert, 96 S., 76 zweifbg. Zeichnungen, 22 s/w-Zeichnungen, kart. ●●

Babyfitneß
Massage, Spiele, Gymnastik und Schwimmen für Kinder im 1. Lebensjahr
(**1034**-6) Von G. Zeiß, 112 S., 179 zweifarbige Illustrationen, , kartoniert. ●●

Wenn Kinder krank werden
Medizinischer Ratgeber für Eltern
(**4240**-X) Von B. Nees-Delaval, 232 S., 163 Zeichnungen, Pappband. ●●●

Keinen Mann um jeden Preis
Das neue Selbstverständnis der Frau in der Partnerbeziehung
(**4440**-2) Von Shere Hite, Kate Colleran, 208 S., Pappband. ●●●

Total verknallt ... und keine Ahnung?
Alles über Liebe, Sex und Zärtlichkeit
(**1024**-9) Von H. Bruckner, R. Rathgeber, 104 S., 38 Abbildungen, kartoniert. ●●

Streicheleinheiten für Körper und Seele
Partnermassage
(**4444**-5) Von Chr. Unseld-Baumanns, 136 S., 145 Farbfotos, Pappband. ●●●●

freundin Ratgeber
Glück braucht Mut
Die Psycho-Logik des Jens Corssen
(**1176**-8) Von J. Corssen, B. Schmidt, 160 S., kartoniert. ●●

Angst und Panik
Ursachen · Symptome · Therapie
(**1422**-8) Von Prof. Dr. H.-R. Lückert, ca. 160 S., zahlr. Abb., kartoniert. ●●●

Wörterbuch der Medizin
(**4535**-2) 400 S., 229 Farbf., Pappband. ●●●●

Bildatlas des menschlichen Körpers
(**4177**-2) Von G. Pogliani, V. Vannini, 112 S., 402 Farbabb., 28 s/w-Fotos, Pappband. ●●●●

Nahrungsmittelallergien
So ernähren Sie sich richtig!
(**0913**-5) Von Priv.-Doz. Dr. med. Dr. med. habil. J. von Mayenburg, Prof. Dr. med. Dr. phil. S. Borelli, E. Polster, 136 S., kart. ●●

Neurodermitis
Ursachen · Ganzheitliche Behandlung · Selbsthilfe
(**1218**-7) Von Prof. Dr. med. Dr. phil. S. Borelli, 144 S., kartoniert.●●

Bluthochdruck
Risikofaktoren · Vorbeugung · Behandlung
(**1125**-3) Von Prof. Dr. med. D. Klaus, R. Unsorg, G. Leibold, 152 S., 25 Farbfotos, 22 Farbzeichnungen, kartoniert.●●●

Arteriosklerose
Risikofaktoren/Vorbeugung/Therapie
Richtige Ernährung bei erhöhtem Cholesterinspiegel.
(**1020**-6) Von Prof. Dr. med. G. Assmann, Dr. troph. U. Wahrburg, 192 S., 84 farb. Abb., 4 s/w-Zeichnungen, kartoniert. ●●●

Asthma
Pseudokrupp, Bronchitis und Lungenemphysem
Krankheitsbilder · Diagnose · Therapie
(**1126**-1) Von Prof. Dr. med. W. Schmidt, S. Ertelt, 152 Seiten, 110 zweifarbige Zeichnungen, kartoniert. ●●●

Risiko Herzinfarkt
Empfohlen von der Deutschen Herzstiftung
(**1217**-9) Von C. Halhuber, M. J. Halhuber, 152 S., 38 Farb- und 8 s/w-Zeichnungen, kartoniert.●●●

So arbeitet das Immunsystem
Funktionsweise · Störungen · Natürliche Stärkung
(**1253**-5) Von V. Friebel, J. Ledvina, A. Roßmeier, 168 S., 18 Farbtafeln, 38 zweifbg. Zeichnungen, kartoniert.●●●

Diabetes
Krankheitsbild, Therapie, Kontrollen, Schwangerschaft, Sport, Urlaub, Alltagsprobleme. Neueste Erkenntnisse der Diabetesforschung. (**0895**-3) Von Dr. med. H. J. Krönke, 120 S., 4 Farbtafeln, 14 s/w-Fotos, 13 s/w-Zeichnungen, kartoniert. ●

Naturkosmetik
Die Grundlagen gesunder und natürlicher Hautpflege.
(**1080**-X) Von N. E. Haas, 120 S., 63 Farbabb., kartoniert. ●●

Die sanfte Art des Heilens
Homöopathie
Praktische Anwendung und Arzneimittellehre
(**4418**-X) Von J. H. P. Kreuter, 216 S., 49 Zeichnungen, Pappband. ●●●

Aromatherapie
Gesundheit und Entspannung durch ätherische Öle.
(**1131**-8) Von K. Schutt, 96 S., 40 zweifarbige Abbildungen, kartoniert. ●●

Heilatmen
Ein Weg zu Lebenskraft und innerer Harmonie
(**1047**-8) Von K. Schutt, 112 S., 57 zweifarbige Abb., kartoniert. ●●

Bewährte Naturheilverfahren bei
Herz-Kreislauf-Erkrankungen
(**1084**-2) Von Dr. med. O. Wolff, G. Leibold, 104 S., kartoniert. ●

Risiko Herzinfarkt
(**1217**-9) Von Dr. C. Halhuber, Prof. Dr. M. J. Halhuber, 160 S., durchgehend zweifarbig, kart. ●●●

Krebsangst und Krebs behandeln
Mit einem Vorwort von Prof. Dr. med. Friedrich Douwes.
(**0839**-2) Von G. Leibold, 104 S., kartoniert. ●

Bewährte Naturheilverfahren bei
Krebs
(**1082**-6) Hrsg. H.-R. Heil gtag, 88 S., kartoniert. ●

Heilen mit Blütenenergien
nach Dr. Bach
(**1141**-5) Von J. Wenzel, ca. 96 S., kartoniert. ●

Bewährte Naturheilverfahren bei
Migräne und Schlafstörungen
(**1081**-8) Von G. Leibold, Dr. med. H. Chr. Scheiner, 112 S., kartoniert. ●

Gesunder Schlaf
Schlafstörungen ohne Medikamente erfolgreich behandeln.
(**1036**-2) Von D. H. Alke, 88 S., 22 s/w-Abb., mit Audiokassette, kartoniert. ●●●

Natürliche Behandlungsmethoden bei
Rückenschmerzen
Massage · Gymnastik · Entspannung
(**4447**-X) Von Prof. Dr. med. H. Hess, K. Eder, H.-J. Montag, K. Schutt, 152 S., 168 Farbabbildungen, Pappband. ●●●

TELE-Rückenschule
Wohlbefinden durch bewußte Körpererfahrung
(**1310**-8) Von K. Haak, 64 S., 19 Farb-, 24 s/w-Fotos, 24 Zeichn., 2 Ausklapptafeln, mit Audiokassette, kart. ●●●●

TELE-Rückenschule
Wohlbefinden durch bewußte Körpererfahrung
Videokassette (**6108**-0) VHS, ca. 60 Min., in Farbe, mit Broschüre. ●●●●*

Rheuma behandeln und lindern
Mit einem Vorwort von Dr. med. Max-Otto Bruker.
(**0836**-8) Von G. Leibold, 96 S., kartoniert. ●

Besser sehen durch Augentraining
Ein Gesundheitsprogramm zur Verbesserung des Sehvermögens.
(**0914**-3) Von K. Schutt, B. Rumpler, 96 S., 32 s/w-Zeichnungen, kartoniert. ●●

So arbeitet das
Immunsystem
(**1253**-5) Von V. Friebel, I. Ledvina, A. Roßmeier, 192 S., durchgehend zweifarbig, kartoniert. ●●●

Allergien behandeln und lindern
Mit einem Vorwort von Prof. Dr. med. Axel Stemmann.
(**0840**-6) Von G. Leibold, 96 S., 4 Zeichnungen, kartoniert. ●

Enzyme
Vitalstoffe für die Gesundheit
(**0677**-2) Von G. Leibold, 96 S., kartoniert. ●

Besser leben durch Fasten
(**0841**-4) Von G. Leibold, 96 S., kartoniert. ●

Die echte Schroth-Kur
(**0797**-3) Von Dr. med. R. Schroth, 88 S., 2 s/w-Fotos, kartoniert. ●

Massagetechniken und Heilanzeigen
Reflexzonentherapie
(**4404**-6) Von G. Leibold, 128 S., 53 Farbzeichnungen, Pappband. ●●●

Akupressur zur Eigenbehandlung
(**0417**-6) Von G. Leibold, 112 S., 78 Abb., kartoniert.●

Shiatsu-Massage
Harmonisierung der Energieströme im Körper
(**0615**-2) Von G. Leibold, 196 S., 180 Abb., kartoniert. ●●●

Fußsohlenmassage
Heilanzeigen · Technik · Selbsthilfe
(**0714**-0) Von G. Leibold, 96 S., 38 Zeichnungen, kartoniert. ●

Entspannung und Schmerzlinderung durch
Massage
(**0750**-7) Von B. Rumpler, K. Schutt, 112 S., 116 zweifarbige Zeichnungen, kart. ●

Gesundheit und Entspannung durch
Massage
(**1317**-5) Von K. Schutt, 168 S., 126 Farbf., 61 Farbzeichn., kart. ●●●

Entspannung
(**0834**-1) Von Dr. Med. Chr. Schenk, 88 S., 29 Zeichnungen, kart. ●

Autogenes Training
Ein Programm zur Streßbewältigung
(**1278**-0) Von Dr. P. Kruse, B. Pavlekovic, K. Haak, 112 S., durchgehend zweifarbig, kart. ●●●

Erfolg und Lebensfreude durch
Autogenes Training und Psychokybernetik
(**1035**-4) Von D. H. Alke, 80 S., 2 s/w-Zeichnungen, mit Audiokassette, kartoniert. ●●●

Chinesisches Schattenboxen
Tai-Ji-Quan
für geistige und körperliche Harmonie
(**0850**-3) Von F.T. Lie, 120 S., 221 s/w-Fotos, 9 s/w-Zeichnungen, Beilage: 1 s/w-Poster mit zahlreichen Abbildungen, kart. ●●

Yoga für jeden
(**1277**-2) Von K. Zebroff, 144 S., Spiralbindung, durchgehend vierfarbig, kart. ●●●

Yoga
Weg zur Harmonie
(**4417**-8) Von A. Harf, W. von Rohr, 176 S., 171 Farbfotos, 12 s/w-Zeichnungen, Pappband. ●●●●

Yoga gegen Haltungsschäden und Rückenschmerzen
(**0394**-3) Von A. Raab, 104 S., 215 Abb., kartoniert. ●

AOK-Bibliothek
Radwandern
für die Gesundheit
(**1369**-8) Von S. Kälberer, J.–U. Knoll, 128 S., 126 Farbfotos, kartoniert. ●●●

AOK-Bilbliothek
Osteoporose
Vorbeugen · Diagnose · Behandlung
(**1371**-X) Von A. Baumgarten, 96 S., 74 Farbfotos, 17 Farbzeichn., kartoniert. ●●●

AOK-Bibliothek
Erkältungskrankheiten
Vorbeugung und Behandlung
(**1372**-8) Von G. Leibold, 112 S., 74 Farbfotos, 7 Farbzeichn., kartoniert. ●●●

AOK-Bibliothek
Krankenpflege zu Hause
Anleitungen, Tips und Informationen
(**1373**-6) Von S. Hof, 104 S., 68 Farbfotos, 32 Farbzeichn., kartoniert. ●●●

PfundsKur Kochbuch
(**4726**-6) Von F. Metzler, 112 S., 81 Farbf., Pappband. ●●●

Fit ohne Fett
Die neue PfundsKur
(**1370**-1) Von Prof. Dr. V. Pudel, 128 S., kartoniert. ●

Die aktuelle
Ballaststofftabelle
(**1288**-8) Von Dr. H. Oberritter, 80 S., kart. ●

Neue Rezepte für **Diabetiker-Diät**
Vollwertig · abwechslungsreich · kalorienarm
(**0418**-4) Von M. Oehlrich, 96 S., 8 Farbtafeln, kartoniert. ●

Diät bei Herzkrankheiten und Bluthochdruck
Rezeptteil von B. Zöllner
(**3202**-1) Von Prof. Dr. med. H. Rottka, 92 S., 4 Farbtafeln, kartoniert. ●●

Diät bei Erkrankungen der Nieren, Harnwege und bei Dialysebehandlung
Rezeptteil von B. Zöllner.
(**3203**-X) Von Prof. Dr. med. Dr. h. c. H. J. Sarre und Prof. Dr. med. R. Kluthe, 96 S., 33 Farbfotos, 1 s/w-Zeichnung, kartoniert. ●●

Diät bei Darmkrankheiten
Durchfall · Divertikulose, Reizdarm und Darmträgheit · einheimische Sprue (Zöllakie) · Disaccharidasemangel · Dünndarmresektion · Dumping Syndrom, Rezeptteil von B. Zöllner.
(**3211**-0) Von Prof. Dr. med. G. Strohmeyer, 88 S., 4 Farbtafeln, kartoniert. ●●

Diät bei Gicht und Harnsäuresteinen
Rezeptteil von B. Zöllner.
(**3205**-6) Von Prof. Dr. med. N. Zöllner, 112 S., 35 Farbtafeln, kartoniert. ●●

Diät bei Zuckerkrankheit
Rezeptteil von B. Zöllner (**3206**-4) Von Prof. Dr. med. P. Dieterle, 112 S., 42 Farbfotos, 4 vierfarbige Vignetten, 1 s/w-Zeichnung, kartoniert. ●●

Diät bei Störungen des Fettstoffwechsels und zur Vorbeugung der Arteriosklerose
Rezeptteil von B. Zöllner.
(**3208**-0) Von Prof. Dr. med. G. Wolfram, 102 S., 32 Farbfotos, kartoniert. ●●

Ballaststoffreiche Kost bei Funktionsstörungen des Darms
Rezeptteil von B. Zöllner.
(**3212**-9) Von Prof. Dr. med. H. Kasper, 96 S., 34 Farbfotos, 1 s/w-Foto, kart. ●●

Diät bei Krankheiten des Magens und Zwölffingerdarms
Rezeptteil von B. Zöllner
(**3201**-3) Von Prof. Dr. med. H. Kaess, 96 S., 35 Farbfotos, 1 s/w-Zeichnung, kart. ●●

Diät bei Krankheiten der Gallenblase, Leber und Bauchspeicheldrüse
Rezeptteil von B. Zöllner.
(**3207**-2) Von Prof. Dr. med. H. Kasper, 88 S., 35 Farbfotos, 1 s/w-Zeichnung, , kart. ●●

Computerbücher

Das neue FALKEN
Computerlexikon
(**4356**-2) Von Dr. B. Kopp, 336 S., 121 s/w-Fotos, 184 Computergrafiken, Pappband. ●●●●

Computer-Grundwissen
Eine Einführung in Funktion und Einsatzmöglichkeiten
(**4359**-7) Von Chr. T. Wolff, 176 S., 182 Farbfotos, kartoniert.●●●●
(**4358**-9) Pappband.●●●●

Der PC
(**4732**-0) Von U. u. H. Freund, 336 S., 386 Farbfotos, Pappband. ●●●●●

freundin
Das Computerbuch für Frauen
(**4372**-4) Von M. Thiel, 176 S., 102 Farbfotos, 73 Zeichnungen, Pappband. ●●●●

Desktop Publishing: Typografie und Layout Seiten gestalten am PC · für Einsteiger und Profis (**4330**-9) Von Dr. H. D. Baumann, M. Klein, 320 S., zahlreiche zweifarbige Abb., Pappband. ●●●●●

PC HELP!
Wissenschaftliche Texte mit Word 5.5
(**4360**-0) Von P. Vogel, ca. 96 S., durchgehend zweifarbig, kartoniert. ●●

PC HELP!
Praktische Computernutzung mit Works 2.0
(**4369**-4) Von A. Görgens, ca. 96 S., durchgehend zweifarbig, kartoniert. ●●

PC HELP!
DFÜ mit dem PC
(**4370**-8) Von M. Hofmann, ca. 96 S., durchgehend zweifarbig, kart. ●●

PC HELP!
Zeichnen mit dem PC
(**4361**-9) Von M. Hofmann, ca. 96 S., durchgehend zweifarbig, kart. ●●

PC HELP!
Präsentation mit dem PC
(**4368**-6) Von M. Hofmann, 96 S., 47 zweifarbige screenshots, kart. ●●

PC HELP!
CONFIG. SYS. und AUTOEXEC. BAT
Optimale Systemkonfiguration
(**4338**-4) Von A. Görgens, 64 S., ca. 50 s/w-Abbildungen und Grafiken, kart. ●●

PC HELP!
DOS-Kommandos richtig nutzen
(**4339**-2) Von A. Görgens, 64 S., ca. 50 s/w-Abbildungen und Grafiken, kart. ●●

PC HELP!
Batch-Dateien – DOS-Abläufe selber festlegen
(**4341**-4) Von A. Görgens, 64 S., ca. 50 s/w-Abbildungen und Grafiken, kart. ●●

PC HELP!
Die ersten Schritte mit dem PC
(**4344**-9) Von P. Vogel, H. Ebsen, 64 S., ca. 50 s/w-Abbildungen und Grafiken, kartoniert. ●●

PC HELP!
Mehr Speicher unter DOS nutzen
(**4345**-7) Von K. O. Kuhl, 64 S., ca. 50 s/w-Abbildungen und Grafiken, kart. ●●

PC HELP!
Viren erkennen und beseitigen
(**4346**-5) Von M. Hofmann, 64 S., ca. 50 s/w-Abbildungen und Grafiken, kart. ●●

DTP-Lexikon für die Praxis
(**4373**-2) Ca. 96 S., durchgehend zweifarbig, kart. ●●●

Gestalten mit Pagemaker für Windows
(**4375**-9) Von M. Hofmann, R. Titius, 116 S., 53 zweifbg. screenshots, kart. ●●

Präsentationsprogramme richtig nutzen
(**4376**-7) Von M. Hofmann, 96 S., 60 zweifarbige screenshots, kartoniert. ●●

Datenaustausch 1
(**4378**-3) Von M. Hofmann, 104 S., 63 zweifbg. screenshots, kartoniert. ●●

Datenaustausch 2
(**4379**-1) Von M. Hofmann, 96 S., 34 zweifarbige screenshots, kart. ●●

WordPerfect 6.0 für Windows
(**4380**-5) Von U. Freund, ca. 96 S., kartoniert. ●●

Update
MS-DOS 6.0
Beilage: Kurzreferenz
(**4385**-6) Von M. Hofmann, ca. 96 S., kartoniert. ●●●

PC-Pannen selbst beheben
Hardware · Software
(**4383**-X) Von M. Hofmann, 144 S., kart. ●●

Windows für Workgroups
(**4381**-3) Von P. Vogel, 80 S., 40 Screenshots, kartoniert. ●●

Software

FALKEN Software
Maschinenschreiben und Tastaturtraining für Comuter
(**7009**-8) Von B. Hoppius, Diskette 5 1/4" u. 3 1/2" für IBM-PC + Kompatible, mit Begleitheft. ●●●●●*

FALKEN Software
Musterkorrespondenz in Deutsch, Englisch, Französisch, Italienisch, Spanisch
(**7041**-1) Diskette 5 1/4" für IBM-PC + Kompatible, mit Begleitbroschüre. ●●●●*
(**7051**-9) Diskette 3 1/2" für IBM-PC + Kompatible, mit Begleitbroschüre. ●●●●*

FALKEN Software
Vokabeltrainer Englisch
Über 2000 Vokabeln und Redewendungen
(**7001**-2) Disk. für C 64/C 128 PC, mit Begleitheft. ●●●●*

FALKEN Software
Take a Trip to Britain
Spielend Englisch lernen mit dem Computer
(**7039**-X) Diskette 5 1/4" für IBM-PC + Kompatible, mit Begleitheft. ●●●●●*

FALKEN Software
The Grammar Master
(**7002**-0) Diskette für C 64/C 128 PC, mit Begleitheft. ●●●●*
(**7030**-6) für IBM-PC + Kompatible, mit Begleitheft. ●●●●*
(**7032**-2) für Amiga, mit Begleitheft. ●●●●*

FALKEN Software
From Coast to Coast
Travelling through the USA
(**7061**-6) Diskette 3 1/2" für IBM-PC + Kompatible, mit Begleitbroschüre. ●●●●●*

FALKEN Software
Vokabeltrainer Französisch
Über 2000 Vokabeln und Redewendungen frei erweiterbar.
(**7019**-5) Disk. für IBM-PC + Kompatible, mit Begleitheft. ●●●●●*

FALKEN Software
Je finis, tu finis ... maîtrisez la grammaire française
Französische Grammatik lernen und beherrschen
(**7053**-5) Diskette 5 1/4" für IBM-PC + Kompatible, mit Begleitbroschüre. ●●●●*
(**7069**-1) Diskette 3 1/2" für IBM-PC + Kompatible, mit Begleitbroschüre. ●●●●*

FALKEN Software
Le monde des affaires en français
Wirtschaftsfranzösisch leicht gelernt
(**7054**-3) Diskette 5 1/4" für IBM-PC + Kompatible, mit Begleitbroschüre. ●●●●●*
(**7068**-3) Diskette 3 1/2" für IBM-PC + Kompatible, mit Begleitbroschüre. ●●●●●*

FALKEN Software
Vokabeltrainer Italienisch
Über 2000 Vokabeln und Redewendungen frei erweiterbar
(**7065**-9) Diskette 5 1/4" für IBM-PC + Kompatible, mit Begleitbroschüre. ●●●●*
(**7064**-0) Diskette 3 1/2" für IBM-PC + Kompatible, mit Begleitbroschüre. ●●●●*

FALKEN Software
Vokabeltrainer Latein
Über 2000 Vokabeln und Redewendungen frei erweiterbar
(**7033**-0) Diskette für IBM-PC + Kompatible, mit Begleitbroschüre. ●●●●*

FALKEN Software
Börsenfieber
Spielend spekulieren mit Geld und Aktien
(**7016**-0) für IBM-PC + Kompatible, Diskette 5 1/4", mit Begleitheft. ●●●●●*
(**7044**-6) für IBM-PC + Kompatible, Diskette 3 1/2", mit Begleitheft. ●●●●●*

FALKEN Software
Broker King
Cash und crash an der Terminbörse
(**7058**-6) Diskette 3 1/2" für IBM-PC + Kompatible, mit Begleitbroschüre. ●●●●●*

Video

Hobby Aquarellmalen
Landschaft und Stilleben
(**6022**-X) VHS, 40 Min., in Farbe, mit Begleitheft. ●●●●*

Hobby Ölmalerei
Landschaft und Stilleben
(**6025**-4) VHS, 40 Min., in Farbe, mit Begleitheft. ●●●●*

Basteln mit Kindern
(**6041**-6) VHS, 60 Min., in Farbe, mit Vorlagen in Originalgröße, mit Begleitheft. ●●●*

Die Modelleisenbahn
Anlagenbau in Modultechnik
(**6028**-9) VHS, 30 Min., in Farbe. ●●●●*

Golf
(**6053**-X) VHS, 60 Min., in Farbe, mit Begleitheft. ●●●●●*

Reiten
(**6097**-1) VHS, ca. 60 Min., in Farbe, mit Begleitbroschüre. ●●●●*

Skigymnastik perfekt
(**6052**-1) VHS, ca. 60 Min., in Farbe, mit Begleitbroschüre. ●●●●●*

Snowboarding
(**6139**-0) VHS, ca. 45 Min., in Farbe, mit Broschüre.●●●●*

Pflanzenjournal
Blumen- und Pflanzenpflege im Jahreslauf
(**6036**-X) VHS, 30 Min., mit Begleitheft. ●●●●*

Schnitt und Pflege
von Bäumen und Sträuchern
(**6050**-5) VHS, 45 Min., in Farbe, mit Begleitheft. ●●●●*

Erfolgreiche Streßbewältigung
Autogenes Training
Video 1: Einführung und Kurs
Video 2: Übungen
(**6132**-3) VHS, jeweils ca. 60 Minuten, in Farbe. ●●●●●*

Aktfotografie
Gestaltung/Technik/Spezialeffekte
Interpretationen zu einem unerschöpflichen Thema
(**6001**-7) VHS, 60 Min., in Farbe, mit Begleitheft. ●●●●●*

Videografieren
Technik/Bildgestaltung/Schnitt/Vertonung, Filmen mit Video 8 (**6031**-6) VHS, 60 Min., in Farbe, mit Begleitheft. ●●●●●*

Videografieren perfekt
Profitricks für Aufnahmetechnik und Nachbearbeitung
(**6042**-4) VHS, (**6044**-4) Video 8, 60 Min., in Farbe, mit Begleitheft. ●●●●●*

Top-Form Gymnastik
Ein Bewegungsprogramm für pfundige Leute
(**6144**-7) VHS, ca. 30 Min., in Farbe. ●●●●*

Fitt ohne Fett
PfundsKur Video
(**6142**-0) VHS, ca. 40 Min., in Farbe.●●●●*

Streicheleinheiten für Körper und Seele
Partnermassage
(**6051**-3) VHS, 45 Min., in Farbe, mit Begleitheft. ●●●●●*

Tele Partner Massage
Zärtliche Entspannung zu zweit
(**6131**-5) VHS, ca. 60 Minuten, in Farbe. ●●●●*

Sinnliche Stunden
(**6099**-8) VHS, ca. 60 Min., in Farbe, mit Begleitbroschüre. ●●●●●*

Nie wieder rauchen
(**6100**-5) VHS, ca. 45 Min., in Farbe, mit Begleitbroschüre. ●●●●*

New York
(**6151**-X) VHS, ca. 60 Min., in Farbe. ●●●●*

Kalifornien
(**6152**-8) VHS, ca. 60 Min., in Farbe. ●●●●*

USA Südwest
(**6153**-6) VHS, ca. 60 Min., in Farbe. ●●●●*

Florida
(**6154**-4) VHS, ca. 60 Min., in Farbe. ●●●●*

Hawaii
(**6164**-1) VHS, ca. 60 Min., in Farbe. ●●●●*

Irland
(**6167**-6) VHS, ca. 60 Min., in Farbe. ●●●●*

Norwegen
(**6161**-7) VHS, ca. 60 Min., in Farbe. ●●●●*

Kanarische Inseln
(**6162**-5) VHS, ca. 60 Min., in Farbe. ●●●●*

Mallorca
(**6143**-9) VHS, ca. 60 Min., in Farbe. ●●●●*

Toscana
(**6148**-X) VHS, ca. 60 Min., in Farbe. ●●●●*

Rom
(**6145**-5) VHS, ca. 60 Min., in Farbe. ●●●●*

Venedig
(**6146**-3) VHS, ca. 60 Min., in Farbe. ●●●●*

Florenz
(**6147**-1) VHS, ca. 60 Min., in Farbe. ●●●●*

Paris
(**6157**-9) VHS, ca. 60 Min., in Farbe. ●●●●*

Wien
(**6158**-7) VHS, ca. 60 Min., in Farbe. ●●●●*

London
(**6159**-5) VHS, ca. 60 Min., in Farbe. ●●●●*

Prag
(**6165**-X) VHS, ca. 60 Min., in Farbe. ●●●●*

Griechische Inseln
(**6166**-8) VHS, ca. 60 Min., in Farbe. ●●●●*

Kuba
(**6150**-1) VHS, ca. 60 Min., in Farbe. ●●●●*

Dominikanische Republik
(**6163**-3) VHS, ca. 60 Min., in Farbe. ●●●●*

Malediven
(**6156**-0) VHS, ca. 60 Min., in Farbe. ●●●●*

Bali
(**6149**-8) VHS, ca. 60 Min., in Farbe. ●●●●*

Thailand
(**6155**-2) VHS, ca. 60 Min., in Farbe. ●●●●*

Hongkong
(**6160**-9) VHS, ca. 60 Min., in Farbe. ●●●●*

Bestellschein

Erfüllungsort und Gerichtsstand für Vollkaufleute ist der jeweilige Sitz der Lieferfirma. Für alle übrigen Kunden gilt dieser Gerichtsstand für das Mahnverfahren. Falls durch besondere Umstände Preisänderungen notwendig werden, erfolgt Auftragserledigung zu dem bei der Lieferung gültigen Preis.

Ich bestelle hiermit aus dem Falken-Verlag GmbH, Postfach 1120, D-65521 Niedernhausen/Ts., durch die Buchhandlung:

Ex. __________

Ex. __________

Ex. __________

Ex. __________

Name: __________ Datum: __________

Straße: __________

Ort: __________ Unterschrift: __________

Die hier vorgestellten Bücher, Videokassetten und Software sind in folgende Preisgruppen unterteilt:

● Preisgruppe bis DM 10,–/S 79,–/SFr 11,–
●● Preisgruppe über DM 10,– bis DM 20,–, S 80,– bis S 160,–, SFr 10,– bis SFr 21,–
●●● Preisgruppe über DM 20,– bis DM 30,–, S 161,– bis S 240,–, SFr 21,– bis SFr 30,–
●●●● Preisgruppe über DM 30,– bis DM 50,–, S 241,– bis S 400,–, SFr 30,– bis SFr 50,–
●●●●● Preisgruppe über DM 50,–/S 401,–/SFr 50,–
* (unverbindliche Preisempfehlung)

Die Preise entsprechen dem Status beim Druck dieses Verzeichnisses (s. Seite 1) – Änderungen, im besonderen der Preise, vorbehalten –

Falken-Verlag GmbH · Postfach 1120 FALKEN **D-65521 Niedernhausen/Ts. · Tel.: 0 61 27 / 70 20**